名家简介

蔡　昌

中央财经大学财政税务学院教授，博士生导师。中央财经大学税收筹划与法律研究中心主任，中国税务学会学术委员，“中国税收与法律智库”编委会主任，国际注册高级会计师（ICSPA）。国内第一位税务会计与税收筹划方向博士，中国社会科学院财经战略研究院经济学博士后，国家税务总局全国税务领军人才培养导师，中国社会科学院研究生院税务专硕导师，中安联合博士后流动站合作导师，北京大学、清华大学、浙江大学、厦门大学、上海国家会计学院客座教授，哈尔滨金融学院金苑讲座教授，曾在美国斯坦福大学（Stanford University）、克莱姆森大学（Clemson University）作高级访问学者。

主要研究领域为税收理论与政策、税务会计、税收筹划与产权税收学，在《人民日报》《税务研究》等报刊发表学术论文100余篇，《中国会计年鉴》转载1篇，主持国家、省部级课题6项，2012年荣获“邓子基财税学术论文奖”，代表作有《契约视角的税收筹划研究》《税收信用论：基于产权与税收契约视角》《中国税史》《互联网税收生态》等。

当代税收名家丛书

税道溯源

蔡昌 ◎ 著

中国财经出版传媒集团
中国财政经济出版社

图书在版编目（CIP）数据

税道溯源／蔡昌著．—北京：中国财政经济出版社，2017.11
（当代税收名家丛书）
ISBN 978－7－5095－7516－1

Ⅰ．①税…　Ⅱ．①蔡…　Ⅲ．①税收管理－研究－中国
Ⅳ．①F812.42

中国版本图书馆 CIP 数据核字（2017）第 136490 号

责任编辑：杨　骁　　　　责任校对：黄亚青
封面设计：王　坦　王　颖　　　　版式设计：录文通

中国财政经济出版社 出版
URL：http：//ckfz.cfeph.cn
E－mail：ckfz@cfeph.cn

社址：北京市海淀区阜成路甲 28 号　邮政编码：100142
营销中心电话：88190406
天猫网店：中国财政经济出版社旗舰店
网址：https：//zgczjjcbs.tmall.com
北京富生印刷厂印刷　各地新华书店经销
880×1230 毫米　32 开　9.125 印张　210 000 字
2018 年 1 月第 1 版　2018 年 1 月北京第 1 次印刷
定价：46.00 元
ISBN 978－7－5095－7516－1
（图书出现印装问题，本社负责调换）
本社质量投诉电话：010－88190744
打击盗版举报热线：010－88190414　QQ：447268889

策划人语

税收事业与社会进步的推动者

税收在当下的中国已经成为一门显学，这归因于社会的进步与时代的机遇。十九大后新时代中国特色社会主义思想指引税制改革与经济发展，逢此良机，我们策划出版了这套“当代税收名家丛书”。

何谓税收名家？这里所讲的税收名家特指那些为推动税收事业和社会进步而摇旗呐喊的公共知识分子们。他们之所以被称为“名家”，自然有其过人之处，正所谓“石可破也，而不可夺坚；丹可磨也，而不可夺赤”。作为公共知识分子，他们独立思考，谦卑不忘弘毅，勇于进谏政府，积极投身公共事务；作为公共知识分子，他们坚守理想，怀揣忧患意识，努力追求真理，具有现实主义批判精神。

“铁肩担道义，妙手著文章”，这是对名家们性情特征的最好注解。引经据典，追根溯源，播其声，扬其道，释其理，忘却一己之利益，弘扬社会之正气。他们将家国情怀、人文关怀融入广阔的社会经济实践。在现代法治社会的丛林里，他们有可能成为一种相对独立、具有社会正能量和影响力、代表社会良知和人类理想的社会阶层。

我们对税收名家的遴选，其实并未有一成不变的标准，但始终秉承一项原则，即入选者必须勤于学、志于道、游于艺，在税收领域有相当造诣，其观点犀利，自成一派，非人云亦云之辈。入选者，或擅长财税法制，或精通大数据治税，或融汇会计与税收，或执著于税收治理……他们关注于世界、国家、人类、民族、社会的进步，其观点闪烁着独特的伦理之魂和道德之光。

本套丛书的每一分册均具有两大结构：一是学术研究篇，二是人文情怀篇，即从这两个视角反映入选者的学术思想和人文情怀。我们期待各路神仙指点，更希望结识、聚集各方神圣。

最后，让我们为那些推进国家治理和社会进步而坚守理想、永不言弃的公共知识分子们点赞，正是他们的思想和行动辉映着时代的曦光。

“当代税收名家丛书”策划人　樊清玉

Qingyuf@ sina. com

2017 年 10 月

前言

1

我从没想过自己会和“税”结下不解之缘，读税法，讲税课，做税案，游弋于税收天地，“税”及其衍生物成了我工作、生活的主旋律。曾记得儿时父母问及未来的志向，我一向说自己喜欢神秘莫测的宇宙，想做一名天文学家，研究隐藏在宇宙深处的奥秘。那份对自然科学的好奇与执着，至今仍存于我的心灵深处。读中学时，父辈们“学好数理化，走遍天下都不怕”的谆谆教导一直激励着我，我也因此培养了对自然科学的浓郁兴趣，有一颗敬畏自然之心。自然科学那种缜密、求真的境界一直深深地吸引着我。中学时代唯一的梦想就是能考进南京大学攻读天文学专业，因为那里有我向往的紫金山天文台，那里有我探究深邃宇宙苍穹的梦想。

世事往往并不如愿，中学毕业后阴差阳错地走进了财经院校，而且学的是我最不喜欢的会计学，自此后账房先生的形象和算盘的印记在脑海里从未消失过。税收总是与会计共生依存，演练会计账务时也必然操练税收业务。直到快要大学毕业了，才真正培养出一点对会计和税收的兴趣。但直到今天，我还对自然科学情有独钟，偶尔还兴致盎然地翻阅自然科学著作，像霍金的

《时间简史》、爱因斯坦的《相对论》、斯科特的《数学史》等，阅读这些著作能够锻炼思维能力，培养一种想象力。后来我才恍然大悟，原来一个人在青少年时期学什么专业无所谓，关键是培养一种敏锐的观察力和缜密的思维力，在复杂的事态变化中抓住主线、理出思路，培养一种解决问题的能力。

曾读日本管理大师大前研一的《专业主义》，很受启发。大前研一先生说，专家“不仅具备较强的专业知识和技能以及伦理观念”，而且“具有永不厌倦的好奇心和进取心”。其实，如果一个人学有所专，铸就浓厚的学科兴趣，并具备一点钻研精神创新意识，那么取得成功就是一件可望而可即的事。我喜欢创新，真正的创新是思维创新。思维创新有三种类型：一是引进式创新，即吸收外来思想、借鉴其他领域的知识实现创新；二是组合式创新，即把已有的知识、技能组合起来，创新形成新的知识；三是原创式创新，这是一种最高境界的创新。李嘉诚先生创办的长江商学院推崇“取势、明道、优术”，这体现着中国文化中特有的思维模式。在此基础上，长江商学院针对中国现状又倡导“从月亮上看地球”的差别化思维，这的确值得称道。视角独特，视野开阔，不仅展现着思维的深度和广度，还代表着一种思维的创新力。

2

创新离不开思想，思想富有价值。世人早已熟知“劳动创造价值”，其实在逻辑上，首先是“思想创造劳动”，后续才有“劳动创造价值”。因此，假如我们径直说是思想创造价值，不仅说得通，而且更接近于事实真相。当然，就人类而言，思想和劳动是密不可分的，当我们把人类本身看成是生产力的要素时，就可以把同为生产力要素的“劳动工具”的出现理解为“智力活动”的产物了。“智力活动”离不开“思想”，“思想”从一开始就参与生产力的构成。后来在人类漫长的进化过程中，“思想”似乎被逐渐从生产力那里剥离出来，竟至于不再有人把它当作生产力的诸要素之一。直到20世纪80年代，一位伟人提出“科学技术是第一生产力”，人们这才重新审视生产力的构成要素，从而“思想也是生产力”就成为顺理成章的事。试想想，没有思想，何来科技？既然科技是第一生产力，那么作为“科技”的母体的“思想”无疑也是生产力了。

大象无形，思想也是无形的。思想具有穿透力，蕴含着无穷的力量。思想通过书籍被记录，一本好书往往凝聚着作者的思想，蕴藏着作者的灵魂。我很喜欢林语堂先生的一句名言：“读书只读两极”。即读书要读最上流的和最下流的，中流的书不读。最上流的书如老庄孔孟之道，最下流的书如童谣民歌。两极的书清新自然，流淌着思想；而中流的书往往缺乏真性情，多人云亦云。透过林语堂先生的名家名传《苏东坡传》，我们依稀感觉到一位超凡脱俗的智者向我们走来，林语堂先生盛赞苏东坡先生，他“具有一个多才多艺的天才的深厚、广博、诙谐，有高度的智力，有天真烂漫的赤子之心——正如耶稣所说具有蟒蛇的智慧，兼有鸽子的温柔敦厚。”不容置疑的是，苏东坡的诗文辞赋之所以脍炙人口，流传至今，不仅在于其文采斐然，更多地缘于其真性情的自然流露。苏东坡对他弟弟子由说：“吾上可陪玉皇大帝，下可陪卑田院乞儿。眼前见天下无一个不好人。”虽千载而下，我们亦能与东坡先生神交，享受先生那份真性情。

3

我对“税”的理解源于历史，“税”敛之于民，民以“禾”为兑。美国法学家奥利弗·霍尔姆斯曾说过：“税收是我们为文明社会付出的代价（Taxes are what we pay for civilized society）”。可以说，税收是社会文明进步的标志。我们观察社会经济不能忽视税收的存在。税收是显性的，但税收是人类文明演化的产物，有其内在的逻辑规律：货劳税伴随着商品流通和服务过程，像缓缓细流一样，公平而合乎逻辑，体现着经济的繁盛；所得税体现着“量能”原则，税负取决于盈利能力，展示着税收公正的魅力。

税道深邃，犹如甘洌清泉，有其源头。马克思说：“捐税体现着经济上的国家存在，官吏和僧侣、士兵和女舞蹈家、教师和警察、希腊式的博物馆和哥特式的尖塔、王室费用和官阶表这一切童话般的存在物于胚胎时期就已安睡在一个共同的种子——捐税之中了。”任何事物的产生和存在都有其合理性和必要性，否则就不可能产生，更不可能长期存在。纵观人类发展史，税收始终和国家联结在一起，税收是政治权力的产物，也是国家运行的基础，无国无税，无税无国。唐代理财家杨炎认为：“财赋者，邦国之本，如生人之喉命，天下治乱轻重系焉。”

税道苍黄，亦如一盘棋局，有其思想人文。税收涵盖征纳双方以及社会民众，动态博弈无处不在。Klepper 和 Nagin（1989）有一句经典名言：人的一生中有三件事情是确定的：死亡、税收以及人类为逃避这两件事所作出的不懈努力。税道蕴含诸多税收原理，从契约根源到产权基础，从税制设计到税收征管，从税务风险到税收筹划，无处不昭示着税道光华。一部税收史，就是一部税收抗争史。税法犹如一张渔网，再结实的渔网都有网眼过大乃至破损之处，再完善的税法都有缺陷和漏洞。税收筹划体现着纳税人捕捉“税法漏洞”、寻觅“税收空间”的洞察力，是纳税人对税收环境的反应和适应。税收筹划也是税制公平与效率的试金石，能使政府意识到修补“税法之网”的迫切性，进而将其演变成一种税制变迁的推动力。

4

这部作品，是笔者观察经济社会中的税收现象以及研习税收学的一些思考和总结，更多的是对税收专业的探索和感悟。本书从经济学视角研究税收问题，围绕税收基本原理展开，共分为四个专题：“产权税收理论”“税制改革前瞻”“税务管理创新”“税收筹划前沿”，将研究视野拓展到经济学、法学、伦理学和管理学等领域，从战略理论、契约理论、产权理论、博弈论等角度重构税收理论框架，将税收放到一个更为开阔的空间里，从更深层次上提供一个理解税收与产权、契约、战略、法律之间彼此影响的理论框架。

本书以“税道溯源”为题，为探索税收之道，追根溯源之意。笔者的多数观点得益于研读经典著作，亦受益于和税务界前辈及同仁们的交流，笔者对此铭记于心。在此，特别感谢中央财经大学副校长李俊生教授，国家税务总局刘磊司长，中国注册税务师协会副会长、全国政协蓝逢辉委员，北京大学刘剑文教授，国务院参事刘桓教授，天津财经大学盖地教授，中国政法大学施正文教授，中国社会科学院研究生院李为人主任，首都经贸大学丁芸教授、吴少平教授，中国税务学会副秘书长焦瑞进研究员，南京财经大学李林木教授，京东集团蔡磊副总裁，北京市国家税务局邓远军处长，国家税务总局科研所付广军研究员，中国财经传媒集团中国财政经济出版社会计分社樊清玉社长，以及中央财经大学乔宝云教授、汤贡亮教授、王雍君教授、马海涛教授、杨志清教授、白彦锋教授、樊勇教授、温来成教授、杨虹教授、王玺教授、何杨教授、姜爱华教授等多年来的支持与厚爱。

最后，希望本书的出版能够起到抛砖引玉的作用，引发关心税收事业的政府、学术界和实务界换个角度、更深一层地去思考和实践。正如法国作家马塞尔·普鲁斯特（Marcel Proust）所言：真正的发现之旅不在于寻找新的风景，而在于拥有新的视角（The real voyage of discovery consists not in seeking new landscapes but in having new eyes）。

蔡昌

目 录

第一部分 学术研究篇

第二部分　人文情怀篇

第一部分

学术研究篇

第一章 产权税收理论

一、科斯定理、税收与资源配置

（一）科斯定理

1. 科斯第一定理

科斯认为，在交易费用为零的情况下，资源达到最优配置效率的结果与产权安排无关，而收益分配却与产权安排有关。这被后人称为“科斯第一定理”。科斯第一定理强调的是产权制度的明晰性，如果产权是明确界定的，在不考虑交易费用的情况下，无论产权是由交易的哪一方拥有，都能带来社会资源的有效配置，都会形成帕累托最优效率。

2. 科斯第二定理

在社会经济实践中，交易费用为零的假定

是很不现实的。市场交易一般都需要通过讨价还价缔结合约，并通过制度安排督促合约条款的严格履行等，这通常是要花费成本的。所以，一旦考虑到交易费用，产权的界定与归属必然会对社会资源的配置及经济效率产生影响。因此，在交易费用为正的情况下，合法产权的初始界定会对经济制度运行的效率产生影响。产权的一种调整可能会比最初的产权制度或其他的产权调整产生更多的产值或经济收益，但除非这是法律制度确认的产权安排，否则通过转移和合并产权达到同样后果的市场交易费用会很高，以至于最佳的产权配置以及由此带来的更高的产值也许永远不会实现。这被后人称为“科斯第二定理”。

科斯第二定理强调的是交易费用会对产权配置下的经济效率产生影响，即如果交易费用①为正，不同的产权安排必然会带来不同的资源配置，必然影响到经济效率。推而广之，不同的产权制度下，交易成本不同，从而会导致不同的资源配置效率，即产权制度是决定经济效率的重要内生变量。所以，为了优化资源配置，产权制度的安排和选择是至关重要的。

产权的安排方式主要有市场、企业和政府管制三种基本方式，而制度变迁也就是产权的重新安排，即一种产权安排向另一种产权安排的转化。企业与市场的区别主要体现在交易费用的差异上，在企业内部配置资源不需要交易费用，而资源的市场配置过程离不开交易费用。若没有企业，则所有的资源配置都要通过市场交易完成，交易费用会很高。若存在企业，则企业内部的资源配置会大大减少交易费用。所以，企业是对市场的一种替代。由于存在企业内部资源配置的组织费用，随着企业规模的不断扩

① 无论如何，交易费用都是社会财富或资源的一种浪费。交易费用的大小反映了交易的效率。

大，组织费用会越来越多，当组织费用超过交易费用时，企业反而不如市场配置资源更合适。所以，存在着一个最佳企业规模，最佳企业规模应该是边际交易费用与边际组织费用相等的那一均衡点，在该点上，整个社会的总成本最小。

3. 科斯第三定理

科斯第三定理通常被表述为：如果没有产权的界定、划分、保护、监督等规则，即没有产权制度，产权的交易就难以进行。即产权制度的供给是人们进行交易、优化资源配置的前提。[①]

不同产权制度下交易活动的交易费用是不一样的。合理清晰的产权界定有助于降低交易费用，因而激发了人们对制定产权规则、建立产权制度的热情。但产权制度的建立不是无代价的。对产权制度的设计、制定、实施和变革是需要耗费成本的，这就是制度成本。科斯第三定理给人的启示，是从产权制度的成本角度对产权制度作出选择。

科斯定理所要解决的问题就是如何通过产权关系的调整，安排合理而有效的产权制度，降低或消除市场机制运行的交易费用，提高运行效率，改善资源配置。“科斯第一定理”是“科斯第二定理”的反衬和铺垫，“科斯第二定理”将产权安排、交易费用与资源配置效率结合起来，使社会找到了资源优化配置的有效途径，即依赖政府的力量使社会经济生活中的各种产权得到清晰界定，并得到法律制度的支持和保护。“科斯第三定理”建立在“科斯第二定理”的基础之上，重点揭示了不同产权制度设计的成本差异及其与资源配置效率的相关性，告诉人们应该如何选择制度才是合理而有效的。

① 黄少安：《产权经济学导论》，经济科学出版社 2004 年版，第 284 页。

（二）税收、产权与资源配置效率

科斯定理的本质是关于产权安排与资源配置效率的定理，其核心是交易费用。基于交易费用存在且为正的分析，推演出产权安排与资源配置效率理论。在科斯定理的启示下，笔者对税收、产权与资源配置效率之间的关系提出如下三个推论：

推论1：在信息对称且税收中性的前提下，若交易费用（涵盖涉税交易费用）为零，则税收不会影响资源的配置效率。

推论2：在现实的社会经济环境中，交易费用（涵盖涉税交易费用）为正，则税收会对资源的配置效率产生巨大的影响，资源趋于流向税负较低的领域。

推论3：税收制度是对税收征纳双方权益的约定、保护和监督的一组规则，没有税收制度，不能保护正常交易的税收利益。

下面从六个方面阐释税收、产权与资源配置效率的三个推论：

第一，推论1所要表达的经济涵义是：在信息对称、税收中性的前提下，涉税交易费用为零的理想状态下，税收与资源配置效率不相关。这一理想结论是建立在信息充分有效的前提下的，此时，税收对交易及资源配置效率的可能影响恰好被当事人对交易的合理预期调整所抵消。其实，假定涉税交易费用为零是不现实的，但这一推论提供了一个相当严谨的分析框架。

第二，推论1、推论2中所提到的涉税交易费用，涵盖在交易费用之中，是交易费用的一部分。涉税交易费用主要指与征纳税相关的费用，而不包括应征缴的税款，其范围除了涵盖征税成本和纳税成本，还包括一部分隐性税收成本，比如因税收而调整交易的费用。

第三，税收是交易结构中强制性塞进来的“楔子”，起着阻碍交易的作用。没有税收可能交易会更流畅，因此，税收就好比是经济交易的“摩擦力”，税收不可避免地对资源配置效率有着重要影响。与推论 1 相比，推论 2 不仅承认税收对资源配置效率的影响，而且还给出了税收对资源配置起着资源流向的引导作用。推论 2 还说明税负降低可以利用税收筹划的合法手段来实施，且指明了税收筹划的重点，即从资源流向的角度去分析，实现资源在低税负领域积聚、沉淀并发挥作用。

第四，推论 3 从制度优势角度分析了最优税收制度对税收利益的保护作用。同时，也隐含了税收制度的建立是需要耗费交易费用的，尤其是建立、实施并维护具有公平、中性特质的税收制度更是代价高昂，成本不菲。实质上，税收是调节经济的一种手段，税收制度也可称之为配置资源的一种有效方式。

第五，税收是关于征纳双方权益保护的一组规则，体现着一种契约关系。税收制度的根本目的不仅在于保障财政收入，而且还在于实现资源配置的高效率。因此，税收制度可以归结为一种有效减少信息不对称的制度安排。

第六，税收制度作为“制度”中的一个方面，同样具有“制度”一般的属性和功能。税收制度的功能之一在于核定“交易”的转移数量及其涉税额。一项“制度”的选择和重新安排，是按照交易费用最小化原则来进行的。税收制度也不应例外，税收制度也应以“交易费用最小化”为原则来选择和重新安排。

二、税收与中国产权转型[①]

（一）中国产权的特征分析

1. 中国产权是残缺产权

产权通常被划分为四项权利构成，分别是所有权、使用权、收益权和处置权。所有权是指对资产的拥有权，它是首要的一项权利；使用权是允许使用资产的权利；收益权是产权主体依据自己享有的权能而获得收益的权利；处置权是产权主体对外处置资产的权利。

根据产权的权利构成情况，产权可以分为两大类：一类是完全产权，另一类是不完全产权。换言之，含有四项权利的产权称之为完全产权，少于四项权利的产权被称之为残缺产权或不完全产权。以国有企业产权和农村土地产权为代表的中国产权，是典型的不完全产权形式，这一产权特征给中国经济发展和社会进步带来诸多不利因素。

2. 中国存在大量非正式产权

正式产权是人们有意识建立起来的并以正式方式加以确立的各种产权安排，它通常有成文规定并由权力机构来保证实施。非正式产权是人们在长期社会经济交往过程中逐步形成，并得到社会认可的产权准则，一般缺乏严格的、明确的产权安排。非正式产权还有可能是一种政府对产权的限制性政策，该政策会影响产

① 节选自“中国产权转型、税收与产权保护”，原载于《税务研究》，2016 年第 1 期。

权的安全性与收益性。非正式产权是正式产权形成的基础，一些正式产权的法律法规就是在非正式产权的基础上形成的，而且正式产权在一定意义上受到非正式产权的制约。因此，产权变迁过程正是由非正式产权向正式产权的演化过程。

中国政府控制土地的最终用途，这其实就是一项典型的非正式产权。政府有权低价征用农田，然后按照市场价格批租给开发商或商业组织。政府拥有对土地用途的控制权剥夺了土地使用者的一部分土地收益权，严重损害了土地使用者的收入以及依赖于土地的保障功能。虽然政府对土地的控制权是有法律依据的，但这种权利已经超越产权，损害了土地产权的内在结构和功能。

（二）中国产权转型的基本路线图

中国产权转型指向有效产权，即实现产权配置的高效率和产权得到保护。笔者认为，从产权残缺和非正式产权出发，构建具有正式产权、完全产权特征的有效产权模式是中国产权转型的目标和方向。笔者以分析国有企业产权和农村土地产权为切入点，勾画出中国产权转型的基本路线图。

1. 废除损害产权主体利益的非正式产权，形成明晰化的正式产权

非正式产权一般会分享一部分产权利益，给产权主体造成不确定性的损失。因此，限制损害产权主体利益的非正式产权，是中国产权转型中必须解决的关键性问题。中国产权改革的方向是以正式产权替代非正式产权，实现产权明晰化。

国有资产所蕴含的非正式产权就是一个典型例子。国有资产的所有权掌握在国家手中，但国家是个虚拟的主体，于是政府成立国资委，代表国家行使产权主体的职能。由于政府对国有资产的管理采取委托代理制，造成国有资产的控制权和收益权分割以

及处置权难以行使，委托—代理成本居高不下，直接后果是导致资源配置效率和经济效率的下滑。国有资产代理人拥有一部分国有资产的控制权与收益权，这也构成一项非正式产权。虽然国家对国有资产实施审计监督，但监督的范围和深度还是有限的，并不能完全约束代理人的行为，也不可能完全杜绝代理人的腐败行为。

当前中国经济正处于改革攻坚阶段，经济发展放缓，下行压力加大，我国政府倡导积极实施“稳中有为、提质增效”经济战略，中共十八届三中全会决定明确提出“完善产权保护制度，积极发展混合所有制经济，推动国有企业完善企业制度，支持非公有制经济健康发展”，鼓励非公有制企业参与国有企业产权改革，鼓励发展非公有资本控股的混合所有制企业。无疑这是国有企业产权转型的一个信号，不仅突出了产权转型的理论创新，也体现着国家对混合经济的高度重视，这是对未来产权改革方向的新抉择。从实践来看，国有产权主体由于过于抽象而流于形式，民营经济大多实施“家族式管理”而乱了章法，导致所有权和经营权无法分离。实施混合所有制改革，有利于建立起产权明晰、责任分明的产权结构，以明晰的产权安排建立起有效的监督机制以及科学化的收益分配机制。

按照国有资本分类管理的思想，“国有资本投资运营要服务于国家战略目标，更多投向关系国家安全、国民经济命脉的重要行业和关键领域，重点提供公共服务、发展重要前瞻性战略性产业、保护生态环境、支持科技进步、保障国家安全”，描绘出了混合所有制经济发展的蓝图：第一，涉及国家安全的少数国有企业和国有资本投资公司、国有资本运营公司，可以采用国有独资的形式；第二，涉及国民经济命脉和重要行业及关键领域的国有企业，可以保持国有绝对控股；第三，涉及支柱产业、高新技术产业等行业的重要国有企业，可以保持国有相对控股；第四，国有资本不需要控制可以由社会资本控股的国有企业，可以采取国有参股的形式，或者可以全部退出。对国有资本运营的改革思路，体现着国有产权改革的目标与方向，既明确了国有企业依法享有的所有权的归属，又解决好了由所有权而派生的经营权、收益权的行使方式。

混合所有制经济是一种典型的正式产权，混合所有制经济的正常运行还必须建立和完善多层次、多功能的产权交易市场体系，建立健全审计评估、产权转让、股权登记、涉税鉴证等一体化的中介服务体系，提高产权交易的市场化程度，为混合所有制经济的发展提供有效运转的平台，保障产权交易在“公开、公平、公正”的基础上有序运转，打造适应混合经济发展的外部环境，促进混合所有制企业竞争力的不断提升。其实，从长远角度观察，国有产权转型的方向是，让国有产权逐渐退出一般性竞争领域，不与民争利。而将国有资产主要布局于关系国计民生的重点行业、公益垄断性领域，并在这些公共领域发挥引领作用。

2. 识别产权的残缺状况，逐步实现产权的完整性

产权残缺的危害性极大，它扭曲了产权规则，损害了产权主体的合法利益。中国农村土地产权的变迁过程恰好证明了这一点，下面将通过农村土地产权变迁过程论述中国产权转型的路径与方向。

自 1949 年新中国成立以来，中国采取的是土地公有制。1979 年之前的中国，土地被完全垄断在国家手中．采取“人民公社”模式的集体公有制，形成所谓的公共产权。公共产权与平均主义分配缺乏激励机制，为偷懒和“搭便车”创造了条件，导致了土地利用的低效率。1979 年之后，中国农村土地采取承包制，即土地相当于租赁来的，交足一定份额的国家公粮，剩余

的就是自己的。这标志着土地使用权回到农民手中，农民拥有生产的自主决策权和土地收益的剩余索取权，因此农民的生产积极性大大提高。但初期实施的承包制其实只是一种有限期的土地使用权，直到1993年，中央政府才决定在第一轮承包到期以后再延长30年，到2008年中央政府又提出了土地承包制长久不变。这样，中国的土地承包制就变成了永佃制。

2001年，中央政府颁布实施《物权法》，明确界定了土地承包权的物权性质，实现了承包权从债权到物权的转变，农村土地真正具有了产权性质。土地承包经营权流转遵循“平等协商、自愿、有偿”的原则，由承包方自主决定土地承包经营权是否流转和流转的方式。至此，中国农村土地的出售权才正式归属农民，农村土地也正式进入规范流转阶段。2003年，随着农村税费改革的推进，中国政府不仅取消了农业税，而且还对农民发放种地补贴，这是一次土地收益权的重大调整。由于种地的制度条件和成本收益发生了重大变化，在大多数传统农区，土地承包权流转仍以农户之间的自发流转为主，但租出户不仅获得种粮补贴，还能从承租户手中收取一定量的土地租金。

2008年，中国积极探索农村土地使用权的资本化道路，由各级政府对土地产权予以确认，允许土地产权在一定的期限内流转，可以土地按照市场价格作价投资入股、联营合作，从而实现农业的规模化、集约化与市场化经营。允许土地承包权按市场价格流转是土地产权的一个伟大飞跃，其实是否拥有土地所有权已经不重要了，即土地所有权被掏空了，土地使用者的权益就得到了充分保护。2013年，中国政府颁发1号文件，强调“建立归属清晰、权能完整、流转顺畅、保护严格的农村集体产权制度，是激发农业农村发展活力的内在要求”。与此同时，中国政府改革征地制度，即在缩小征地范围的基础上，改产值补偿为市场价值补偿。这是土地收益权的最新改革动态，体现了国家对土地使用权主体的尊重和对土地潜在价值的考虑，是一种合理的土地收益补偿机制。2014 年中国共产党第十八届三中全会进一步提出，“建立城乡统一的建设用地市场，在符合规划和用途管制前提下，允许农村集体经营性建设用地出让、租赁、入股，实行与国有土地同等入市、同权同价”，这更为清晰地明确了农村土地的产权问题，为新一轮土地改革指明了方向。

根据上述分析，中国农村土地产权的转型过程如图 1－1 所示：农村土地所有权始属于公有产权性质，但土地使用权、收益权、处置权逐步由国家让渡给产权使用者，这一过程从 1979 年算起，直至今日已历经了 38 年之久。中国农村土地产权变迁印证了中国产权逐步由不完全产权走向权能完整的产权形式，由非正式产权走向正式产权形式的变迁过程，这既体现了 38 年来经济改革所带动的产权变革要求，也彰显出产权效率与公平性要求是产权变迁的基本动力。

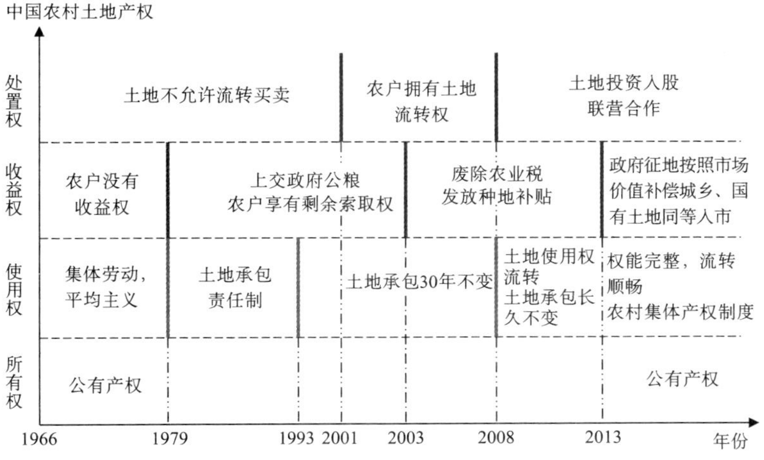

图 1－1　中国农村土地产权的转型过程

（三）税收在中国产权转型中的角色定位

1. 产权证人：税收作为一种产权确认工具

按照财政宪政思想，公共财产与私人财产呈现出此消彼长的关系。公共财产以征税为基础而逐步积累形成，马克思曾对此指出："赋税是政府机器的经济基础。"① 因此，承认与保护私有产权是国家实现征税权的前提，否则就不存在国家强制课征的对象，也就不存在税收②。税收意味着国家对私人财产的剥夺，私人财产权的存在是国家税收的逻辑起点。所以，如果没有私人产权保护就不能形成真正合法的征税权，所以也只有产权明确了，税收才能明确。

在产权转型中，如果要实现非正式产权向正式产权转变，国家通过征税的方式对产权的合法性予以确认，并由此形成正式产权予以法律保护，这是税收在产权确认中的工具性角色——产权证人。政府征税证明了国家对私人产权的认可，征税作为一个部分资源由私人产权转变为公共收入的过程，即国家通过征税过程实现对私人产权的承认。正所谓"税收明确是产权确认的前提"，这种逻辑关系体现了税收在产权确认中的作用，即税收扮演着产权证人的角色。

譬如，目前最为典型的例证是城市郊区的"小产权房"问题。"小产权房"因各种原因导致其产权不合法，政府不予确权登记颁发不动产证，也不允许在市场上公开流通转让。如何正确对待"小产权房"，如何妥善完成"小产权房"的非正式产权向

① 《马克思恩格斯全集》第19卷，人民出版社1956年版。

② 席晓娟："论财产权与征税权的冲突与协调——以权利（权力）性质的法律解析为视角"，《河北法学》，2008年第12期。

正式产权过渡，这是政府目前亟待解决的产权问题之一。

按照产权状况不同，“小产权房”应该根据不同背景情况予以区别对待，并实施分类管理：（1）对于不符合土地使用权政策而建造的“小产权房”，不受国家法律保护，一律不予确权登记，应作为非法建筑物强行拆除，以正本清源有力支持和保护合法产权；（2）对于符合土地使用权政策但缺少审批手续的“小产权房”，应允许补办相关手续（确权发证），并同时补缴土地出让金及相关的税费，实现“小产权房”从无产权过渡到合法产权。对此类“小产权房”，在未来交易时将其产权流转额及所得额纳入现行税收体系，即通过征税方式解决“小产权房”合法性及产权归属问题，这是对“小产权房”拥有者及集体建设用地使用权方的一种相对公平、效率的处理方式，也是保护私人产权的一种政策体现。值得说明的是，政府利用征税手段还能验证产权交易的合理性，因为产权流转时通常以产权流转额作为计税基础，这为验证产权交易价格的合理性提供了实践证据。

2. 产权保护人：税收作为一种产权保护屏障

产权制度是关于产权界定、运营、保护的一系列体制安排，是社会主义市场经济存在和发展的基础，完善产权保护制度是坚持和完善基本经济制度、完善社会主义市场经济的内在要求。产权保护是促进经济发展和社会进步的基础性条件，是市场机制正常运转和各种所有制经济公平竞争的前提条件。

税收作为一种产权保护屏障而存在，即政府对产权征税，喻示着国家不仅确认产权，也承担着保护产权的责任。税收作为宏观调节手段发挥着产权保护作用，税法的稳定性亦能说明保护产权的稳定性。税法还有调节经济、实现财富分配的功能，税收也承担着资源优化配置的重任。从税收调控角度出发，打破低效率的产权制度安排，对产权进行更有效率、更符合市场规律的配置和使用，也是一种更高层次、凸显价值导向的产权保护行为。

三、产权税收论的一个分析框架

（一）产权的本质与基本特征

1. 产权的本质

美国经济学家菲吕博腾和配杰威齐（E. G. Furubotn 和 S. Pejovich）认为，"产权不是人与物之间的关系，而是指由于物的存在和使用而引起的人们之间一些被认可的行为性关系……社会中盛行的产权制度便可以描述为界定每个在稀缺资源利用方面的地位的一组经济和社会关系。"[①] 配杰威齐（Svetozar Pejovich）认为，产权是因为存在着稀缺物品和其特定用途而引起的人们之间的关系。[②] 柯武刚和史漫飞（Kasper 和 Streit）认为，产权是个人和组织的一组受保护的权利，它们使所有者能通过收购、使用、抵押和转让资产的方式持有或处置资产，并占有在这些资产的运用中所产生的效益。[③]

美国经济学家科斯（Coase）被经济学界称为新制度经济学（New institutional economics）的开山大师。科斯的重要贡献在于揭示了产权、交易费用与资源配置效率之间的联系。关于产权的概念，德姆塞茨是较早对其进行研究的经济学家，他在《关于

① 科斯等：《财产权利与制度变迁》，上海三联书店 1991 年版，第 166 页。

② ［美］科斯等：《财产权利与制度变迁》，上海三联书店 1994 年版，第 204 页。

③ ［德］柯武刚、史漫飞：《制度经济学——社会秩序与公共政策》，商务印书馆 2000 年版，第 212 页。

产权的理论》中指出："所谓产权，意指使自己或他人受益或受损的权利。"[①] 诺斯认为："产权本质上是一种排他性权利。"[②] 被尊称为产权经济学之父的阿曼·阿尔钦（Alchian）则认为：在一个社会中，当两个或更多的个人都想得到同一种经济物品的好处时，必然隐含了竞争。竞争的冲突要通过这种或那种方式来解决。限制竞争的规则通常叫做产权规则[③]。

从理论上分析，产权意味着对特定财产拥有完整的一组权利，这组权利一般可分为财产的所有权、使用权、收益权和处置权。财产的所有权（ownership - right）是指财产所有者对财产的终极所有权，在产权的各种权利中占据核心地位，在其基础上派生出了财产的广义的经营权（operating - right），即包括使用权、收益权和处置权。

2. 产权的基本特征

产权作为以财产所有权为基础的权利集合体，是人们在交易过程中相互利益关系的体现。产权的基本特征主要体现在以下四个方面：

第一，产权界定的明确性。应在法律基础上，对产权主体和产权客体进行明确的界定，同时还应明确划清产权与产权之间的界限。其中，产权主体即拥有财产所有权或具体享有所有权某一项权能的一方；产权客体即归所有者占用、使用的资产或权利。

第二，产权的排他性。出于产权主体保护自己所有权的需要，产权关系一经确定，在特定财产权利领域，一个产权主体不受其他利益主体的随意干扰，其实质是产权主体对特定财产权利

---

① 黄少安：《产权经济学导论》，经济科学出版社 2004 年版。

② 诺斯：《经济史中的结构与变迁》，上海三联书店 1991 年版。

③ 张五常："关于新制度经济学"，载《契约经济学》，科斯、哈特、斯蒂格利茨等著，经济科学出版社 1999 年版。

具有垄断性。

第三，产权的可转让性。该特征是以产权的明确界定和排他性为基础的，主要包括两种转让形式：一是转让所有权、使用权、收益权、处分权中的某项或某组权能而保留终极所有权；二是整个所有权体系的转让。

第四，产权的可分割性。产权的四项权利（所有权、使用权、收益权和处分权）各有不同的权能和相应的利益，当同一资源的各项产权临时或永久地不同的人所占有时，产权的分割便产生了。关于这一特征，美国经济学家阿尔钦认识到，在任一时点上，资源都不能完全地被所有者占有[①]。

总之，产权的存在是以市场经济的存在为前提，体现着市场经济中人们之间的财产权利与利益关系。市场经济中的产权交易，实质是产权关系的交换，产权主体以让渡某项或一组产权为代价换取他人的某项或一组产权。

（二）产权与税收的关联性与互动关系

1. 税收依附于产权而存在

从表面上看，税收的课税对象是财产、所得、货物或劳务的流转额，但税收的真正目的物是产权。对财产课税，实质上是对财产所有权课税；对所得课税，实质上是对产权收益课税；对货物、劳务的流转额课税，实质上是对货物或劳务的产权流转课税。既然从本质上看税收的目的物是产权，那么政府运用税收形式获取财政收入的前提是产权的存在性。换言之，对财产、所得、货物或劳务课税的前提是财产、所得、货物或劳务的产权客

---

① 阿曼·阿尔钦："产权经济学"，载于盛洪主编的《现代制度经济学》（上册），北京大学出版社 2003 年版。

观存在、明晰且无任何争议[①]。如果财产、所得、货物或劳务的产权模糊，税收就失去存在的前提条件。政府运用征税权获得税收收入的前提应当是产权的清晰界定。换言之，“明确的产权制度是抵制统治者税收权力扩张的最牢固、最敏感的保护屏障”[②]。因此，私人财产权的存在是税收的逻辑起点，税收存在的基础和前提条件是清晰产权的存在，即税收必须依附于清晰的产权关系。

2. 税收与产权的互动关系

首先，保护私人产权是形成国家合法征税权的前提条件。公共选择学派布坎南认为：如果没有一种制度来保护所有权并使契约付诸实施，那么国家也就无权来分享总收入[③]。在我国，“国家保护私人财产”已入宪，私人产权得到法律的认可，这从立宪层面界定了政府征税的合法性，从而也拉开了国家严格保护私人产权的帷幕。市场经济环境下，一个国家或政府在较为有效地保护私人产权、遏制国家肆意征税行为基础上才能赋予税收合法性基础，从而为产权制度的确立、市场经济的发展奠定基础性制度结构。

其次，政府征税是对私人产权合法性认定的一种承诺。一般征税对象都是合法财产与所得，一般不对非法财产和所得征税，因为这属于政府打击和取缔的不予认可的非法产权范畴。即政府征税隐含着一个前提假设：财产、所得必须属于合法产权范畴。在国家和法律制度存在的前提下，产权确认是由国家或法律制度

① 蔡昌：“有效产权、税收与中国产权转型研究”，《财会学习》，2013 年第 11 期。

② 全承相、杨路明：“西方税收宪政主义思想制度化及其现实意义”，《湖南社会科学》，2005 年第 3 期。

③ 布坎南：《自由、市场与国家》，上海三联出版社 1989 年版。

实施的，私人拥有的财产和所得必须得到国家或法律制度的认可，否则就不属于合法产权，也就谈不上产权保护。

3. 产权流转的税收约束

产权穿越企业边界，其实就意味着产权转让（或产权流转）。产权转让（或产权流转）意味着产权主体的改变，是一种实质性的产权变更，税收制度对产权流转严格履行征税权。

这里以资产穿越企业边界为例论证产权流转过程的征税问题。假定有两个产权主体 S 和 H（此处的产权主体既可为自然人，也可为法人），产权主体 S 将一项资产转让给产权主体 H，价格为 P。产权流转环节，一般不对受让方 H 征税，而对转让方 S 征税。产权流转的征税情况如图 1－2 所示。

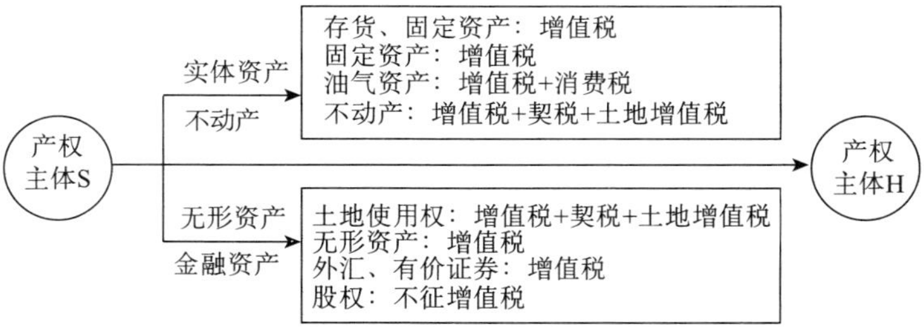

图 1－2　产权流转的征税情况

按照目前我国税法规定，图 1－2 中的产权流转征税情况如下：（1）实体资产（如存货、固定资产）的产权流转需要征收增值税；油气资产（如石油、天然气）的产权流转征收增值税和消费税；土地、不动产、无形资产（含专利权、商标权、著作权、非专利技术、商誉）的产权流转征收增值税，土地、不动产流转还要征收契税和土地增值税；外汇、有价证券（股票、债券、基金）等金融资产的产权流转按照买卖价差征收增值税；股权流转目前暂不征收增值税。（2）产权流转签订相关合同的，需按照合同类型分别征收不同税目税率的印花税。（3）产权流转过程中产生流转所得额的，根据产权主体性质以所得为计税依据再征收一道个人所得税或企业所得税。（4）使用权流转与所有权流转有着本质的区别，使用权可以独立于所有权而单独流转，如资产租赁就是典型的使用权流转形式，按照税法规定，有形动产、土地使用权、不动产的融资租赁和经营租赁均征收增值税。

总之，产权流转受到税收的强制性约束，对产权所对应的财产类型不同而征收不同性质和税目税率的税收。深入剖析税收对产权流转的约束关系，为产权税收理论的实践应用指明了方向。

（三）构建“产权型税收体系”

目前，我国政府对产权持有、产权流转、产权收益等环节存在一定的管理缺陷，还没有构建一整套涵盖产权持有、产权流转、产权收益等环节、符合产权逻辑的税收体系，以致于形成利用税收工具调整产权关系乏力的局面，这将无助于实现全社会范围的产权保护。因此，按照对产权持有、流转及收益环节分别征税的逻辑，形成涵盖产权持有税、产权流转税、产权收益税的一整套税收体系，以此形成对私人产权内部各项权能的合理征税和有效保护，即构建一套“产权型税收体系”是极为必要的。

1. 产权持有税

构建产权持有税，实现对产权主体拥有合法产权的确认与保护，保障产权所有者拥有与产权相对应的各项权能。产权持有税是对静止状态的产权征税，即政府对产权的持有征收一道存量税，类似于传统税收体系中的财产税。征收产权持有税的理由是政府对产权的界定、保护及升值均有不同程度的管理，征税的目的是实现政府对私人产权的保护及对所有者权益的维护。

对于产权持有税而言，征税难点在于界定产权人、评估产权的公允价值，以及合理确定计税依据。在我国经济实践中，产权持有税主要有房产税（未来统称为房地产税）、城镇土地使用税、耕地占用税、车船税、船舶吨税等。面对我国经济现状和民众的负担状况，是否应该开征房产税（房地产税）已经成为社会关注的焦点。从产权税收理论角度分析，我国目前的税收体系中土地与房产分设税种，出现重复征税现象，同时对居住用房没有开征房产税，存在税收空档。因此，政府应该对房产普遍征收房产税，而不论是居住用房还是商业经营用房，因为房产税的实质是政府对产权人持有房地产征收的一种产权持有税。

2. 产权交易税

产权交易税是指对资产交易（存货、固定资产、无形资产、股权、有价证券等）或提供服务征收的一组税的集合，产权交易税存在的理由是产权交易规则需要政府维护，产权交易合约需要政府监管，产权交易结果需要政府确认，政府可就其为交易双方提供的公共服务收取一定的收入。产权交易税的征收目的是实现政府对产权交易的界定、产权流转额的确认和产权交易结果的保护，保障产权流转的合法性、有序性和效率性。

产权交易税类似传统税收体系中的流转税，但产权交易税比流转税更能体现税收的产权本质，可以用来解释许多传统税收理论无法解释的税制问题。比如，产权穿越企业边界需要征收产权交易税，因为存在产权转移行为；如果一个法人企业内部的部门之间转移存货，则不须征税，理由是不存在产权转移行为。产权交易税的一个重要特征是针对实际产权交易额征税，目前我国税制中最为典型的产权交易税是增值税和消费税。相比较而言，增值税采用税款抵扣制，能够避免重复征税，从促进社会分工角度考虑比原来的营业税更趋合理，除增值税作为主流税种外，还有辅助性的对高档奢侈品和特殊物品征收的消费税。此外，产权交易税还包括印花税、契税、车辆购置税、土地增值税等。目前产权交易税存在的突出问题是税负太高，尤其是不动产交易环节税负太重，而财产继承、赠与行为又出现明显的税负洼地，易于造成投资扭曲与税收流失现象。

3. 产权收益税

产权收益税是指针对产权交易获取的净收益征收的一组税的集合。征收产权收益税的目的在于实现对产权收益额、产权分配额的确认、计量与征税，保护产权所有者在产权流转中的合法权益。

产权收益税类似于传统税收分类体系中的所得税，主要包括个人所得税和企业所得税，这两个税种对应的产权分别为法人产权和自然人产权，法人和自然人不属于同一性质的主体，故对法人企业所得与自然人股东分红所得分别征税，企业所得税与个人所得税无任何联系，分别独立存在。对于法人企业而言，获取利润的结果是企业边界的扩大，此时征收两道产权收益税，即法人企业获得利润后政府对其征收企业所得税，自然人股东税后分红后政府对其分红额再征收一道个人所得税。对于个体工商户、独资企业与合伙企业而言，仅对其应税所得征收一道个人所得税。因此，产权安排不同，产权收益税的税负情况大相径庭。

综上所述，我国未来税制改革的方向定位于构建一个产权持有、产权交易及产权收益等环节税负均衡、环环相扣的产权型税制体系，以有效提升税制的公平与效率。

（四）搭建产权保护的税收平台

1. 税收法定原则：产权保护的准则平台

“税收法定原则”始见于1215年的英国大宪章，后广为世界各国采纳。“税收法定原则”是指一切税收的课征均须以国家立法机关制定的法律为依据进行，即没有法律依据，国家不得课征税收。税收关系着私人产权与公共财政、个人权利与国家权力之间的界限，从本质上来说，税收法定原则是对产权的一种有力的保护，且与私人财产权的保护和对国家征税权的合理限制密切相关。税收法定原则的法定机制既赋予国家有权依法征税来分配财富，同时也要求产权所有者必须按照税法条款依法纳税，不应逃避应承担的税收责任。

国家保护私人财产权的行为主要体现在对于正当的财产权的保护和对非法财产权的没收，从而构建合法产权的保护机制。《宪法》规定“保护公民的合法的财产权”，但是没有规定国家保护公民的非法财产权。国家保护公民财产权的前提是产权的合法性。同时，考虑到税收法定原则的两面性，保护私人财产权必须构建关于税收完整的监督机制，既要保证国家依法征收税款，又要使国家不得超出原有的界限危害产权所有者的合法权益。此外，在产权保护的基础上，又要对私人财产权进行相应的限制，防止产权所有者过分利用其权利损害他人及国家的利益，从法律层面上规范私人财产权的范围。

2. 提高直接税比重：产权保护的税制平台

在现代社会中，税制结构与产权保护有何关系，政府应选择何种税制结构以促进对私人财产权的保护？目前世界各国的税制结构大多以直接税为主，并且是以个人所得税和企业所得税为主体税种。直接税使国民比任何时候都更清楚自己实际交纳了多少税，政府在征税和安排公共支出时就会比较顾忌纳税人的反应；而货劳税是一种间接税，纳税人并不是负税人，随着商品、劳务的流转，货劳税的大部分都可以会被转嫁给后续环节。与间接税的最大不同是，直接税要求纳税人从属于自己的财产中拿出一部分来缴税，并且这种付出是不可能得到任何补偿或转嫁的，这就使得纳税人极为敏感，对政府税收政策的制定、财政收入的合法性以及财政支出的透明度十分关注。直接税在私人财产权和公共收入之间建立起联系，从而使得纳税人能对政府有效制约。所以，直接税能够更好地体现对国家的贡献和对政府的监督，其财政价值和监督效果远远超过间接税。国家通过提高直接税比重有助于在全社会提高产权保护意识，加强经济与法律意义上的产权保护。这与十八届三中全会决定所提出的“深化税收制度改革，完善地方税体系，逐步提高直接税比重”的政策决断是一脉相承的。

3. 构建税收信用：产权保护的伦理平台

税收信用是建立在税收法律关系中，表现和反映征纳双方相互之间信任程度的标的，是由规矩、诚实、合作的征纳行为组成的一种税收道德规范[①]。税收信用作为约束税收行为的伦理规范，对产权制度起着巩固和维护作用，充当着产权保护的伦理平台的作用。首先，在产权制度既定的前提下，人们普遍遵守税收信用就会改善税收征纳关系，降低政府保护产权的支出，社会交易费用大大缩减，人们就会得到政府提供的更多的公共产品和服务，产权制度的有效性和合理性进一步加强，人们就会更为依赖和维护既定的产权制度，产权保护成为一种必然。其次，良好的税收信用可以减少产权的外部性问题，即减少既有的产权结构对外部或有利或不利的外部性效应，对产权制度是一种有效的维护。

反之，糟糕的税收信用关系会削弱甚至破坏已有的产权制度。当存在税收信用危机时，税收征纳双方互不信任，政府与纳

① 裘伟：“中美税收信用的比较与借鉴”，《经济论坛》，2004 年第 22 期。

税人之间的矛盾高涨，诚信纳税人并不能得到相应的回报，相反一些没有诚信的纳税人肆意逃避税款，结果却逍遥法外。于是人们就会不再相信税收信用，甚至开始怀疑作为征税边界的产权边界，进一步质疑现行的产权制度，不能维护现有的产权制度，最终导致合法产权得不到应有的保护。

四、我国不同所有制企业实际税负比较研究①

（一）不同所有制企业纳税总量的比较研究

本文主要根据2006年到2015年之间国有企业和民营企业的相关数据，从纳税总量和效率的角度出发，对国有企业和民营企业实际税负进行比较，从而对国有企业和民营企业的税收贡献和企业税负水平进行深入分析。

本文研究对象包括国有企业和民营企业，其中的国有企业，按照财政部的界定，是指全国国有及国有控股企业，包括中央企业和36个省（自治区、直辖市、计划单列市）国有及国有控股企业，即国有企业包括中央企业和地方国企。对于中央企业，包括中央管理企业（国资委监管的中央管理企业）和中央部门管理企业（中央部门所属的国有及国有控股企业）。

1. 数据来源

全国历年的税收收入总额来源于2016年《中国统计年鉴》；中央企业、地方国企以及全国国有企业的年度纳税总额来源于2016年和2012年《中国财政年鉴》；对于民营企业，按照国家

① 本部分由蔡昌和李蓓蕾合作完成。

统计局设管司 2001 年 10 月 10 日颁布的《关于划分企业登记注册类型的规定》中的关于“私营企业”的范围界定，数据确定为 2007 年到 2016 年《中国税务年鉴》中“私营企业”的全国税收总收入。

2. 数据分析

（1）年度纳税总额比较。

国有企业的纳税数量始终是全国税收的支柱，是国家财政收入最重要的税收来源，其中中央企业最为明显。2015 年中央企业的纳税总量为 30027.30 亿元，达到 2006 年的 3.16 倍；相比之下，虽然地方国企纳税数额较少，增长速度较慢，2015 年纳税总额是 2006 年的 2.49 倍，但其绝对值也达到了万亿元之上，也是国家财政的重要来源。在国家政策的激励下，民营企业近几年来发展势头迅猛，纳税增长幅度最大，2006 年纳税总量不足 4000 亿元，2015 年已达到 1.3 万亿元，是 2006 年的 3.71 倍。

从绝对量上相比，民营企业远达不到中央企业的纳税总额，2006 年中央企业纳税量是民营企业的 2.71 倍，2015 年也有 2.32 倍；而地方国企的纳税总量在 2010 年时被民营企业反超，并逐步拉大差距，2015 年民营企业比地方国企的纳税总量多 1831.76 亿元。

（2）纳税所占比重比较。

纳税所占比重 = 本年度该企业类型纳税额/本年度全国税收收入总额 × 100%

2006 ~ 2015 年各类型企业年度纳税总额占全国税收收入比重如图 1 - 3 所示，从不同所有制企业纳税量占当年税收收入的比重能够更直观地感受到各类型企业的纳税地位。国有企业和民营企业是我国纳税的主体，近十年其纳税总量一直保持 50% 左右，约为税收收入的一半，2012 年开始略微下降，但 2015 年仍占 43.41%。国有企业的纳税比重一直较高，占 40% 左右，近年来有下降趋势。具体来说，2006 年到 2008 年从 40.23% 下降到 36.03%，2009 年略微上升到 36.66%，2009 年到 2012 年基本稳定在 36%，而 2013 年到 2015 年再度下降至 32.99%。中央企业作为国有企业税收的主要来源，其纳税总量变化趋势与国企总量基本保持一致，纳税比重一直保持在 25% 左右。地方国企和民营企业在全国税收收入总量中的比重同样保持在 10% 上下，不同的是地方国企占比一直呈下降趋势，而民营企业虽在 2011 年之后略微下降，但总体占比上升，并在 2010 年其纳税比重超过地方国企，在 2011 年达到近年来最高占比 11.31%，民营企业已经成为我国重要的税收收入贡献者。

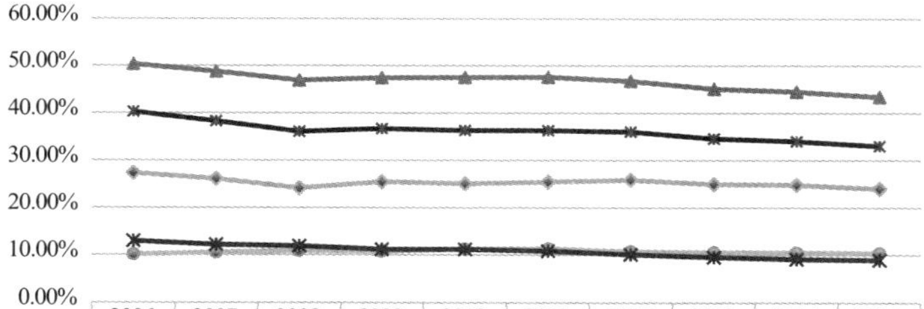

	2006	2007	2008	2009	2010	2011	2012	2013	2014	2015
国有企业	40.23%	38.24%	36.03%	36.66%	36.26%	36.27%	36.02%	34.55%	33.99%	32.99%
民营企业	10.07%	10.50%	10.88%	10.76%	11.25%	11.31%	10.74%	10.57%	10.53%	10.42%
中央企业	27.31%	26.08%	24.14%	25.49%	25.09%	25.44%	25.91%	25.00%	24.87%	24.04%
地方国企	12.92%	12.16%	11.89%	11.17%	11.17%	10.83%	10.11%	9.55%	9.12%	8.95%
国有和民营	50.30%	48.74%	46.91%	47.42%	47.51%	47.58%	46.76%	45.12%	44.52%	43.41%

图 1－3　2006～2015 年各类型企业年度纳税总额占全国税收收入的比重

（3）纳税增长率比较。

纳税增长率 =（本年度纳税额/上一年度纳税额 －1）×100%

如图 1－4 所示，首先，从宏观上来看，各类型企业纳税增长率在近年来起伏均较大，2007 年出现第一个集体峰值，各类型企业增长率基本达到近年来最高；但 2008 年和 2009 年各类型企业出现增长率暴跌的现象，增长率达到低谷；2010 年到 2011 年出现第二个较集中的增长率峰值；2012 年到 2015 年各类型企业增长率变化程度出现较多差异，但最终 2015 年的增长率较 2012 年均出现较大幅度的下滑。其次，国有企业的纳税增长率除 2009 年比全国增长率略高出 1.92%，2011 年略高 0.03% 外，其他年份均较大程度低于全国税收增长率；地方国企的纳税增长率在 2006 年到 2015 年之间一直低于全国的税收增长率；中央企业只有在 2009 年、2011 年和 2012 年略高于全国税收增长率，其余年份均低于全国水平。民营企业情况与国有企业有些不同，2011 年之前除了 2009 年比全国水平低 1.25%，其他年份远高于全国税收增长率，是纳税增长率最高的企业类型；2012 年民营企业纳税增长率出现较大幅度的下滑，虽在 2013 年有所上升，但直至 2015 年也没有超过全国增长率水平。

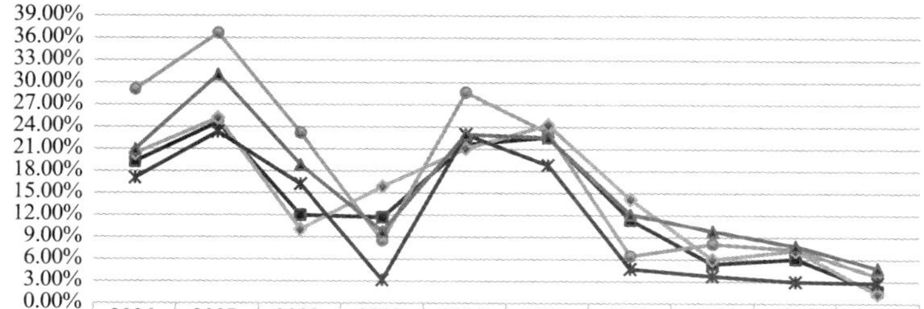

	2006	2007	2008	2009	2010	2011	2012	2013	2014	2015
国有企业	19.29%	24.59%	12.00%	11.69%	21.65%	22.61%	11.35%	5.38%	6.08%	1.72%
民营企业	29.06%	36.65%	23.17%	8.52%	28.66%	23.25%	6.46%	8.11%	7.37%	3.72%
中央企业	20.38%	25.19%	10.03%	15.88%	21.07%	24.29%	14.18%	6.01%	7.25%	1.32%
地方国企	17.06%	23.32%	16.22%	3.17%	22.99%	18.83%	4.70%	3.75%	3.00%	2.82%
全国	20.94%	31.08%	18.85%	9.77%	23.00%	22.58%	12.12%	9.86%	7.82%	4.82%

图 1－4　2006～2015 年各类型企业的年度纳税增长率

综上所述，在 2006 年到 2015 年的 10 年间，国有企业纳税绝对量不断增加，占全国税收总量的 30%～40%，其中中央企业约占 25%，因此国有企业对我国税收收入的贡献具有不可撼动的地位；民营企业纳税总量也不断增长，其纳税比重呈上升趋势，占11%左右，逐渐成为我国税收贡献的新兴力量。从增长相对值来看，2012年之前民营企业更具活力，纳税增长率远高于国有企业，近年来所有企业的纳税增长率都稍显疲软，但国有企业纳税增长率的幅度稍大于民营企业，民营企业的纳税增长速度稍快。

（二）不同所有制企业纳税效率与企业效率的比较研究

在进行税负率和企业效率比较时，我们选用了全国工商联每年一度的上规模民营企业调研中的按营业收入总额排名前500位的企业作为研究对象，因此，本文所描述的民营企业均指的是当年的民营企业500强。研究主要采用企业总体税负率和资产纳税贡献率两个指标来衡量企业的纳税效率，用以评估某类企业某年度单位营业收入或单位总资产所创造的纳税总和。

1. 数据来源

本部分民营企业数据均来源于全国工商联发布的不同年度的《中国民营企业500强调研分析报告》[①]。国有企业数据仍来源于《中国财政年鉴》。

2. 数据研究

（1）企业总体税负率与企业效率。

企业总体税负率 = 本年度实际纳税总额/本年度营业（销售）收入总额 ×100%

由图1-5可以看出，不同类型的企业税负率有明显的差距。国有企业税负一直维持较高水平，接近9%的税负率，甚至在

① 由于民营企业的相关数据难以全部完整地获得，因此本文依据上规模的民营企业500强的相关数据进行研究。

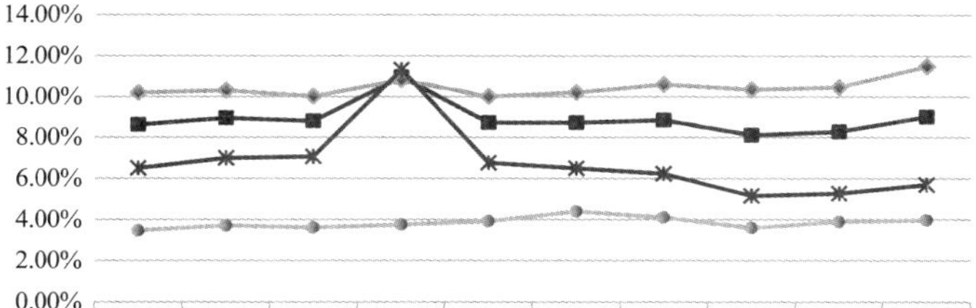

	2006	2007	2008	2009	2010	2011	2012	2013	2014	2015
国有企业	8.62%	8.95%	8.80%	10.98%	8.72%	8.72%	8.85%	8.11%	8.28%	9.01%
民企（500强）	3.46%	3.71%	3.61%	3.75%	3.92%	4.40%	4.10%	3.59%	3.90%	3.97%
中央企业	10.20%	10.31%	10.02%	10.83%	10.01%	10.21%	10.60%	10.35%	10.46%	11.49%
地方国企	6.50%	6.99%	7.06%	11.33%	6.76%	6.50%	6.23%	5.17%	5.28%	5.70%

图 1－5　2006～2015 年各类型企业的年度总体税负率图

2009 年达到 10.98%，是当时民营企业税负率的 2.93 倍；而民营企业税负率维持在 4% 上下，远低于国有企业税负率，2006 年到 2015 年国有企业总体税负率基本上都是民营企业税负率的两倍以上。

国有企业中的中央企业税负率更高，一般在 10% 以上，2015 年达到了 11.49%，不仅是民营企业的 2.89 倍，比地方国企的税负也高出不少。中央企业税负高的原因，首先在于其多从事资源垄断型行业，适用高额特殊税种；其次，中央企业自身拥有完整的全产业链条，在增值税制度下，相比产业链短的企业，税负较高；最后，央企多集中在产业链的上游，产品价格多为行政垄断定价，企业承担的高税负可向下游企业和消费者转嫁。地方国企的税负率 2008 年之前缓慢上升，2009 年突增到 11.33%，随后下降到 6% 的一般水平，2013 年下降到近年来最低水平 5.17%，2014 和 2015 年又有所回升。虽然地方国企在纳税绝对量和纳税占比上被民营企业反超，但地方国企的税负率水平却一直是民营企业的 1.5 倍左右。

关于国有企业和民营企业的效率、中央企业和地方国企的效率“孰高孰低”一直无定论，这是源于对“效率”的衡量标准不同。具体而言，评价企业效率的衡量标准分为微观效率标准和宏观效率标准，微观效率标准包括以净资产收益率等为代表的收益率标准和以全要素生产率为代表的生产率标准，较容易定量化；而宏观效率标准衡量的是企业对于宏观经济稳定、社会稳定等的贡献，较难定量化。本研究拟采用净资产收益率（ROE）作为衡量企业效率的标准。

净资产收益率体现了公司以自有资本获得净收益的能力。该指标越高，说明公司运用自有资本的效率越高，即投资带来的收益越高；指标越低，说明所有者权益的获利能力越弱。

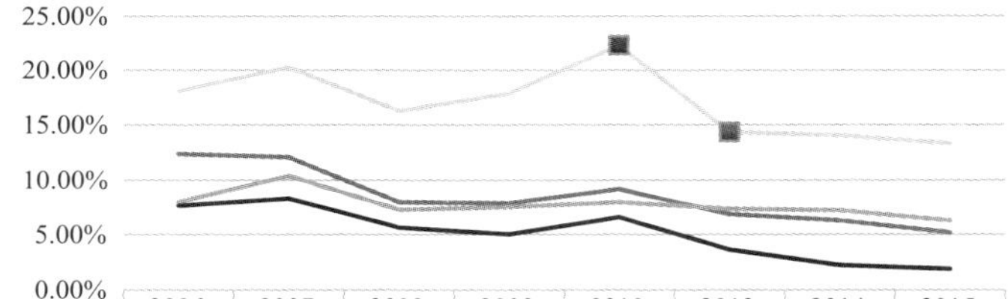

	2006	2007	2008	2009	2010	2013	2014	2015
国有企业	12.40%	12.10%	8.00%	7.90%	9.20%	6.90%	6.30%	5.20%
民企（500强）	18.08%	20.27%	16.27%	17.88%	22.33%	14.35%	14.04%	13.32%
中央企业	8.00%	10.40%	7.30%	7.55%	8.00%	7.40%	7.25%	6.30%
地方国企	7.65%	8.31%	5.66%	5.03%	6.60%	3.65%	2.24%	1.90%

图 1－6　2006～2015 年各类型企业的净资产收益率比较图

从图 1－6 中可以看出，民营企业的净资产收益率在 2013 年之前有较大幅度的波动，2010 年达到最大值 22.33%，其余年份基本保持在 16% 以上，2013 年之后变化平缓有所下降，维持在 14% 左右；国有企业的净资产收益率明显低于民营企业，近年来持续下降，2015 年下降到 5.20%；民营企业和国有企业之间的差距也在扩大，2006 年民营企业的净资产收益率是国有企业的 1.46 倍，而 2015 年民营企业净资产收益率是国有企业的 2.56

倍。中央企业和地方国企相差不大，总体也呈现下降趋势。中央企业在 2007 年出现净资产收益率小幅上升，2008 年下降至 7%左右，随后一直维持在该水平，2015 年下降到 6%左右；地方国企一直低于中央企业，2010 年之后开始大幅下降，2015 年只有 1.90%的净资产收益率。这说明民营企业的净资本获利能力大大高于国有企业，即民营企业的效率高；中央企业的效率高于地方国企。

由于计算净资产收益率时，民营 500 强企业缺少 2011 年和 2012 年的数据，因此本研究引入另一指标——资产净利率。该指标是企业在一定时期内的净利润和资产平均总额的比率。资产净利润率越高，说明企业利用全部资产的获利能力越强；资产净利润率越低，说明企业利用全部资产的获利能力越弱。该指标在一定程度上也可以说明企业的盈利效率。

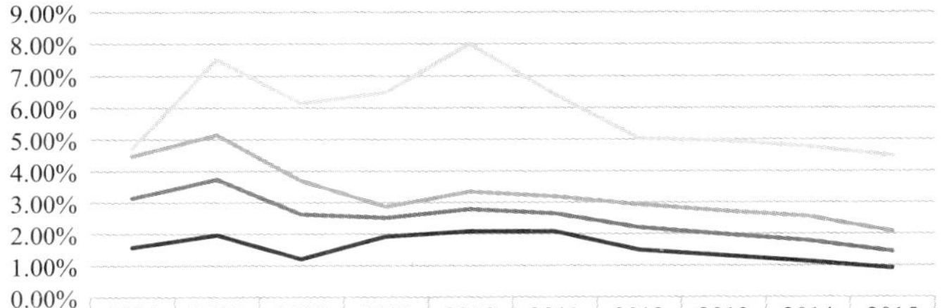

	2006	2007	2008	2009	2010	2011	2012	2013	2014	2015
国有企业	3.14%	3.74%	2.62%	2.52%	2.78%	2.64%	2.20%	1.98%	1.78%	1.45%
民企（500强）	4.72%	7.52%	6.15%	6.48%	8.00%	6.43%	5.03%	4.95%	4.77%	4.48%
中央企业	4.47%	5.14%	3.70%	2.87%	3.34%	3.19%	2.93%	2.72%	2.55%	2.07%
地方国企	1.58%	1.97%	1.21%	1.92%	2.08%	2.08%	1.49%	1.31%	1.13%	0.91%

图 1－7　2006～2015 年各类型企业的资产净利率比较图

根据图 1－7 可知，各企业类型的资产净利率关系与净资产收益率基本相同，民营企业盈利能力最强，2010 年达到最大值，是国有企业的 2.87 倍；中央企业的资产净利率大于地方国企，即中央企业效率更高。

将企业总体税负率和资产净利率放在同一张图中可以更直观地观察出其中的关系（如图1-8所示），国有企业的资产净利率低于民营企业，而国有企业却承担着高于民营企业的税负率，这违背了高盈利能力高税负的原则；对于中央企业和地方国企而言，中央企业的盈利能力高于地方国企，其税负率也高于地方国企。因此，这两种不同现象意味着在现实经济实践中，不同产权安排下企业效率的高低与其税负率大小存在着不匹配的情况，如表1-1所示。

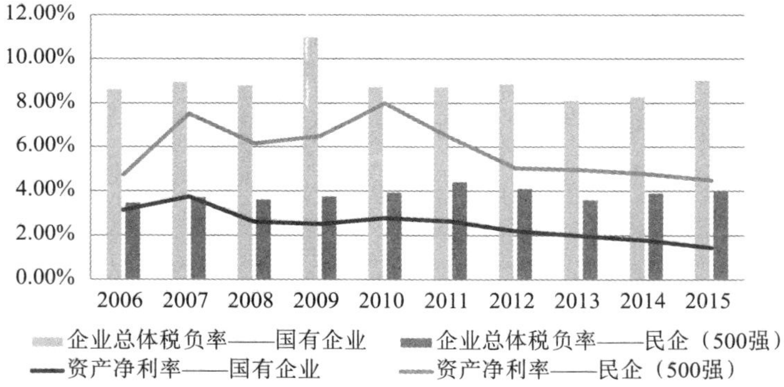

图1-8　2006~2015年国有企业和民营企业资产净利率和总体税负率比较图

表1-1　2006~2015年国有企业和民营企业资产净利率和企业总体税负率的比较

年度	资产净利率		企业总体税负率	
	国有企业	民企（500强）	国有企业	民企（500强）
2006	3.14%	4.72%	8.62%	3.46%
2007	3.74%	7.52%	8.95%	3.71%
2008	2.62%	6.15%	8.80%	3.61%
2009	2.52%	6.48%	10.98%	3.75%

续表

年度	资产净利率		企业总体税负率	
	国有企业	民企（500强）	国有企业	民企（500强）
2010	2.78%	8.00%	8.72%	3.92%
2011	2.64%	6.43%	8.72%	4.40%
2012	2.20%	5.03%	8.85%	4.10%
2013	1.98%	4.95%	8.11%	3.59%
2014	1.78%	4.77%	8.28%	3.90%
2015	1.45%	4.48%	9.01%	3.97%

（2）资产纳税贡献率。

资产纳税贡献率 = 本年度实际纳税总额/本年度资产总额 ×100%

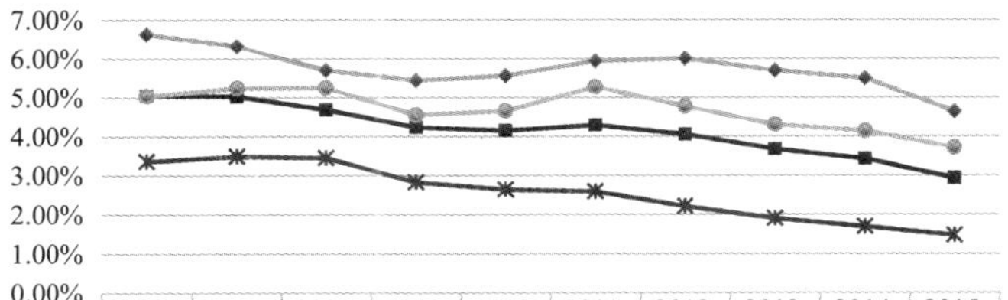

	2006	2007	2008	2009	2010	2011	2012	2013	2014	2015
国有企业	5.05%	5.03%	4.69%	4.24%	4.15%	4.29%	4.05%	3.67%	3.42%	2.93%
民企（500强）	5.04%	5.24%	5.25%	4.56%	4.66%	5.27%	4.77%	4.30%	4.14%	3.71%
中央企业	6.63%	6.32%	5.70%	5.44%	5.56%	5.94%	6.00%	5.69%	5.49%	4.64%
地方国企	3.36%	3.49%	3.45%	2.83%	2.64%	2.59%	2.21%	1.90%	1.69%	1.47%

图 1－9　2006～2015 年不同产权安排下的企业资产纳税贡献率图

根据图 1－9 可知，近十年来各类型企业的资产纳税贡献率总体上都有所下降。国有企业除在 2011 年有小幅上升之外，其余年份都呈下降趋势；民营企业除 2006 年以极微小的差异低于国有企业外，其余年份都高于国有企业资产纳税贡献率。中央企业的资产纳税贡献率最高，在 6% 上下浮动，2015 年下降到 4.64%，是近年来最低值，但也远高于民营企业和地方国有企业资产贡献率；地方国有企业不仅低于中央企业，而且远低于民营企业。综合考虑上述分析的因素，可以看出国有企业和民营企业效率和税负分配存在不匹配现象。

事实上，上述国有企业的数据只包括国有非金融企业，不包括国有金融企业，而全部国有金融企业的资产总额非常巨大，甚至比非金融国有企业还要多，因此加上金融企业的纳税额之后，整个国有企业纳税总量应超过全国纳税总量的50%。另外国有企业的纳税透明度相对较高，而民营企业多少存在瞒报营业收入的可能性，即民营企业的实际盈利能力高于统计数据显示的能力，因此民营企业的实际税负可能更低。

国有企业盈利能力不及民营企业，企业总体税负率却高于民营企业，这背后也隐藏着一定的隐患。首先，我国目前进入经济新常态，国有企业面临改革和转型，政策更加倾向新兴产业，高税负会使得国有企业发展更加艰难。其次，国有企业需要为国家战略提供财力支持，因此国有企业虽然利润较大，但投资更大，高税负率使得国有企业负担更重，严重影响其后期发展。最后，在推进国企混合所有制改革和鼓励民资进入垄断性行业的背景下，国有企业不再在高资本密集型、资源密集型领域处于垄断地位，日趋公平的市场竞争环境也为税收配套体制建设提出新问题。

（三）不同所有制企业实际税负差异的经济解释与政策建议

1. 不同所有制企业实际税负率存在差异的经济解释

（1）不同所有制企业因历史原因而形成不同的行业分布、规模大小和经营特点，是导致实际税负率差异的根源。

国有企业规模较大，且大多数处于高资源密集型和高资本密集型领域（如烟草制品业、石油和天然气开采业等），产业链较长；一些基础设施建设、能源、金融、重工业等市场准入门槛较高的垄断行业，基本属于国有企业的“领地范围”，处于较高的行政垄断地位，基本上没有竞争压力，由此带来的高额垄断利润必然会导致较高的实际税负率。

相比国有企业而言，民营企业规模一般比国有企业小，且主要集中于竞争性较强和市场化程度较高的行业（如食品加工及制造业、纺织业、金属制品制造业等），产业链较短；民营企业的发展受到市场准入、资源限制和资本短缺的约束，在铁路、电信、电力、市政设施等领域仍存在进入障碍，政府对民营企业的总体扶持力度不及国有企业。

（2）因存在委托—代理关系的差异性、承担社会责任的差异性、税务管理成本的差异性、避税动机和行为惯例的差异性等因素，导致不同所有制企业形成显著的实际税负率差异。

国有企业税务管理意识淡薄，没有强烈的税收筹划（或避税）动机，因各种影响因素的存在而无法做到税务决策的科学性，具体分析如下：

首先，国有企业作为公有产权，产权主体不明确，委托人和代理人存在严重的信息不对称，进行税收筹划（或避税）不仅会带来较高的财务报告成本，而且还可能导致较高的税务风险和管理责任，甚至影响管理者个人晋升。所以，国有企业的税收筹划（或避税）动机不足。

其次，国有企业在其实际控制人——政府的控制下，经营目标并不完全是利润最大化，而是同时兼顾社会责任，而税收责任正是国有企业的主要社会责任之一，因此其税收筹划（或避税）动机较弱。

最后，国有企业的控股股东直接或间接地为政府，对政府而言，企业纳税和上缴利润并无实质区别，都是国家财富的增加，所谓的“左口袋进右口袋出”之说，加之国有企业存在着“预算软约束”的痼疾，消弱了国有企业税务管理的积极性。

民营企业的税收筹划（或避税）动机强烈，避税方式灵活且避税行为激进，导致民营企业较低的实际税负率结果。这可归之于以下原因：

第一，民营企业作为私有产权，产权主体明确，委托—代理关系较为简单，委托人与代理人之间存在较为畅通的信息沟通渠道，企业的控股股东能够了解企业利润降低的真实原因，从而财务报告的成本相对较低，进行税收筹划（避税）的动机比国有企业更强。

第二，民营企业的经营目标是实现利润最大化或股东价值最大化，而并不会像国有企业那样主动承担更多的社会责任和税收责任，因而其实际税负率偏低。

第三，由于政府往往利用国有企业控制着关系到国计民生的战略性行业和垄断性行业，而将一些次重要行业和竞争性产业民营化，使得民营企业所在行业进入门槛较低、竞争更为激烈，民营企业必须合理控制税收支出以寻求生存空间。

当然，民营企业还有可能通过一些不合理的，甚至不合法的手段来逃避税收和监察，譬如通过“地下经济”来逃避缴纳税收，从而降低其实际税负率，同时造成了国家税收的大量流失。

（3）不同所有制企业与政府的政治关联度不同，显著影响其税务决策行为和实际税负率水平。

通常来讲，国有企业的政治关联程度较高，而民营企业的政治关联度较低。政治关联度从以下层面影响企业的价值观念和行为模式：

第一，不同所有制企业受到的政治干预程度不同。国有企业是终极股东，所有权、决策权最终控制在政府手中，国有企业的各种经济行为必须对政府负责。政府的宏观经济政策是国有企业的“指挥棒”，国有企业必须响应政府号召，协助政府完成一系列宏观管理职能。国有企业的价值观念必须和政府保持高度的一致性，这其实就是多年来并未解决的“政企不分”问题。而民营企业不需要迎合政府，也没有这些方面的强制性约束。

第二，不同所有制企业享受到的税收优惠政策不同，享受的财政扶持政策不同，进而对实际税负率和税收行为产生大相径庭的影响。国有企业虽然承担较高的税负率，但是可以获取不同程度、不同口径的财政扶持，尤其是政府给予的各种财政补贴资金、财政返还资金，享受各种优厚待遇的政府性基金，这无疑会影响国有企业的实际税负率①。

第三，政治关联度诱导民营企业一些不合法“寻租”行为的产生，这在一定程度上影响了民营企业的相对竞争力，破坏了税制的公平性。民营企业看到政治关联的好处，通常会积极“寻租”以创造政治关联。政治关联对民营企业实际税负率的影响具有两面性，一方面，民营企业家通过获取参政议政机会与政府保持良好的互动关系，在一定程度上获取了企业发展所需要的各种外部资源，但是另一方面，给民营企业带来了更多的社会责任，包括税收贡献等。

2. 推进混合所有制改革的政策建议

基于不同所有制企业实际税负率差异性的现实分析和经济解释，根据我国混合所有制改革精神，我们提出以下政策建议：

（1）混合所有制改革是一种产权调整手段，而非最终目的。有效利用混合所有制这一经济工具，是优化配置资源的重要实现形式。混合所有制改革影响企业的治理结构，完善监督机制，会

① 其实，企业的实际税负率应该将其所获取的财政返还、财政资金补贴等剔除后计算，这才是真正意义上的实际税负率。

对不同所有制企业的实际税负造成影响。

国有企业作为公有产权，产权主体不明确，委托人和代理人之间存在严重的信息不对称，且存在“预算软约束”的痼疾，必须进行国有企业企业产权制度改革。民营企业作为比较活跃的市场主体，因其不具有战略性规划而易引起宏观经济波动，在政府管制与市场约束的框架下，也必须纳入宏观经济管理范畴，而不能任其恣意发展，形成唯利是图、不顾社会责任、超越道德与信用底线的泛滥之势。

我国政府倡导的混合所有制改革，是产权调整的一种手段，但不是经济发展的最终目的。混合所有制改革不是强调所谓的“国进民退”或“国退民进”，而是在现有经济社会基础上对产权制度的一种新的变革思路。混合所有制改革的目的在于引入民营企业灵活的市场应对机制和管理体制创新，激发国有企业的活力和竞争力，同时带动非公有制经济的发展，完善企业内部的税务管理。混合所有制正是非公有制经济深度参与国有企业改革，利用国有企业成熟的平台、品牌、技术和渠道，结合私营部门的灵活机制和内在驱动力，实现经济社会资源的优化配置，共谋发展机会。

（2）企业改革的关键是实现不同所有制企业的机会均等、资源均等，完善规则平等、政策平等的所有制与产权制度框架，实现真正意义上的平等化。

民营企业出于经济利益的驱使，其税收筹划（或避税）动机较为强烈，方式较为灵活，由此造成税收申报真实度不高，不同程度上存在着税收违法行为。因此，政府一方面应加强对民营企业的税收监管，提高民营企业依法纳税意识和税收诚信度，对不同纳税信用等级的民营企业实行不同的管理，采取不同的激励手段，提升诚信纳税企业的社会地位；另一方面，政府需要下大力气创造国有企业与民营企业公平竞争的经济社会环境，真正实现机会均等、资源均等，完善规则平等、政策平等的所有制与产权制度框架，从政策、制度上破除对民营企业的偏见，在统一政策、消除歧视、维护公平的基础上，逐步建立起不同所有制背景下统一的现代企业制度制。

本章参考文献

[1] 中央全面深化改革领导小组："关于完善产权保护制度依法保护产权的意见"，2016 年 8 月 30 日。

[2] 布坎南：《自由、市场与国家》，上海三联出版社 1989 年版。

[3] 蔡昌："中国产权转型、税收与产权保护"，《税务研究》，2016 年第 1 期。

[4] 蔡昌："税收契约的源流嬗变：类型、效力与实施机制"，《税务研究》，2012 年第 6 期。

[5] 席晓娟："论财产权与征税权的冲突与协调——以权利（权力）性质的法律解析为视角"，《河北法学》，2008 年第 12 期。

[6] 任寿根："产权税收理论初探"，《涉外税务》，2005 年第 4 期。

[7] 刘晔："对税收本质的重新思考"，《当代财经》，2009 年第 4 期。

[8] 蔡昌："构建产权型税收体系：基于产权保护与税收立法权的回归的思考"，《税务研究》，2013 年第 6 期。

[9] 诺斯：《制度，制度变迁与经济效率》，上海三联出版社 1994 年版。

[10] 王延明："上市公司所得税率变化的敏感性分析"，《经济研究》，2002 年第 9 期。

[11] 中国统计年鉴，2016 年。

[12] 中国财政年鉴，2012 ~ 2016 年。

[13] 中国税务年鉴，2005 ~ 2016。

第二章
税制改革前瞻

一、结构性减税、普遍性降费的关联与匹配[①]

最近一段时期，结构性减税与普遍性降费均作为政府的重头戏上演，而且取得了可喜的效果，疏通了微观市场主体的经济命脉，巩固了宏观经济发展的根基。结构性减税不是简单的减税战略，普遍性降费也不是简单地降低政府收费，两者的关联与匹配，与深化财税改革、完善国家治理密切相关。

（一）减税降费增进社会福利

结构性减税是为了达到特定目标而针对特

① 原载于《中国财经报》，2015年8月10日。

定群体、特定税种来削减税负水平，是一种“完善税制、适度减税”的税改方案。而“普遍性降费”则是要全面降低企业费用负担，进一步为企业特别是小微企业减负添力。结构性减税的价值体现在优化税制结构、降低税负水平、增进社会福利。我国1994年分税制所确定的“双主体税制结构模式”，造成流转税收入在税收收入总额中所占比重高达70%，而所得税在税收收入总额中所占的比重仅为20%左右，税制结构比例关系严重失衡，这在一定程度上抑制了投资与消费需求的持续性增长。因此，结构性减税势在必行，而且须以“营改增”为突破口。“营改增”作为结构性减税的重头戏，它是解决增值税、营业税并行引发一系列矛盾的有效方式，有利于减少市场要素流动障碍，清除流转税制对企业发展的制约。“营改增”不必然降低间接税比重，但在设计上可以有意为之。“营改增”面临多方博弈局势和利益格局调整，必须合理确定增值税扩围后各行业的增值税率，科学调整中央与地方的收入分配比例等。

普遍性降费的效果体现为直接降低企业负担。普遍性降费是在我国政府简政放权背景下实施的一种取消或降低各项收费的激励性政策，基本措施是取消那些没有法律法规依据或未经批准收取的行政事业性收费和政府性基金项目，以及减免涉及小微企业、养老、医疗和高校毕业生就业等的收费和基金。对于收费标准超成本的要切实降低，对确需保留的补偿非普遍性公共服务成本的收费，严格实行收支两条线管理。但是，由于我国已经大幅度实施“费改税”，因此，普遍性降费与结构性减税对企业的效果是一样的，即同样起到减轻企业负担、增进社会福利的效果。但是，从降低企业负担角度出发，结构性减税的效果会更佳，原因是行政事业性收费和政府性基金相比税收来说，简直是九牛一毛，所以普遍性降费的空间有限，降费与减税相比，一个是毛毛雨，一个是倾盆大雨。

（二）结构性减税与普遍性降费的匹配性在于深层次推进“费改税”

“费改税”是以税收形式取代一些具有税收特征的收费，从而整顿清理政府收费行为，逐步建立起以税收为主，少量的、必要的收费为辅的政府收入体系，其实质是为规范政府收入机制而采取的一项重大改革举措。“费改税”体现着公共财政管理的进步，尽管“费改税”已经实施多年了，但有些政府收费还未改为税收形式，这需要深层次推进“费改税”。

结构性减税是一种税负结构性调整方案，并不必然做到税负全盘下降，而是实现不同税种的税负水平有增有减。在这一税改思路下，结构性减税和普遍性降费具有一定意义的匹配性，即通过结构性减税，完成普遍性降费的承继和衔接。基于我国当前的税负水平，政府联合采取结构性减税和普遍性降费措施，完成深层次的“费改税”。国家已颁布“中华人民共和国环境保护税法”，以“环境保护税”取代“排污费”这一行政性收费，这体现着结构性减税与普遍性降费的匹配性。这一改革思路得到社会各界的普遍认可和广泛支持。同样的思路可以用于社会保障税立法。“费”是在财政体外循环，社会保险管理部门成为资金的第一责任者，政府财政则构成第二或最终责任者，并且收费方式是一种简单的行政手段，征缴力度和实际效果都存在缺陷，且筹资各地不统一，不能提供社会保险稳定的资金来源。“税”由于它的强制性和规范性，能保证社保资金的征缴，有利于实现人力资源的合理流动和有效配置，有利于社保基金的统一管理，降低社保筹资成本，节约管理费用。因此，通过联合运用结构性减税和普遍性降费手段，完成社保缴费向社会保障税的转变，实现以法律形式明确社会保障税的税制要素，以低标准、广覆盖为原则，全面降低缴纳税率与保障标准。

总之，结构性减税以“完善税制、适度减税”为税改原则，普遍性降费以降低企业负担为目标，二者具有明显的关联性和匹配性，在中国深化改革与经济转型时期需要综合运用这两种政策措施，以有效完成税制改革的伟大壮举。

二、房地产税的经济效应与未来趋势[①]

房地产税不仅与房地产市场紧密联系，而且也与个人的财富管理息息相关。可以说，房地产税与民生利益密切相关。

（一）社会误读房地产税

追溯房地产税的历史，现在所谓的房地产税，其前身是房产税。1986 年，中国颁布《房产税暂行条例》，当时只是对经营用房产征收房产税，而对住宅类房产免征房产税。2011 年，由于国内房价的过快上涨，中国在上海和重庆开展房产税试点，希望通过增加房产保有环节的税收负担以调控房地产市场。但从试点情况来看，这两地的房产税征收效果微乎其微，并未起到调节房价、配置资源的作用。2013 年 11 月，《中共中央关于全面深化改革若干重大问题的决定》中有了“房地产税”的明确表述。“房地产税”这一概念的提出，是中国财税体制改革的要求，而非调整房价的功利化手段。

对房地产税的理解，至少应该包含对房产和土地的综合征

① 原载于《中国经济报道》，2016 年第 12 期。

税。社会传言所谓的房地产税是富人税，政府是为了杀富济贫，这实际上是一种误读；一些人认为开征房地产税就是为了控制房价、打压房地产商，也是一种误读。税收是一种经济杠杆，对国民收入和宏观经济具有调节作用。但是，随着改革的进一步深入，社会各界对房地产税的期望值很高，希望能够通过征收房地产税实现反腐或遏富的功效。实际上，房地产税不仅是对富人征收，中低收入群体也会成为纳税人。

（二）房地产税的经济效应

房地产税会带来各种经济效应，具体分析如下：作为未来的新增税种，房地产税将由现行的房产税和城镇土地使用税合并而成。房地产税背后所牵扯的诸多社会经济问题，会使政府管理和调控经济变得异常复杂。

首先，房地产税是一种财产税，会对社会财富的存在形式、民众的财富规划产生影响。开征房产税可能会造成民众持有过多房产的积极性降低，抛售房产的现象会有所发生，但这仅限于抛售较差的房产，而优质房产不会轻易出手。民众的财富规划会变得多元化，而非现在的房产、投资等少数几种形式。

其次，开征房地产税会对房地产市场造成一定程度的冲击，由此可能引发一系列资源配置和产业波动的连锁反应。房地产税的开征会降低房地产市场的热度，抑制房地产的市场价格，由此会造成开发商、建筑施工企业、建筑材料供应商，乃至劳动力市场的一系列连锁反应。由于房地产属于资本密集型产业，甚至会对金融、证券、基金市场等融资渠道产生巨大冲击。

最后，开征房产税会增加政府管理和调控经济的难度。房地产税涉及房产、土地的产权问题，税基评估和产业平衡问题，也涉及国民收入再分配问题，所以，它是一个极为复杂的系统化社会经济问题。政府征收房地产税会使很多社会矛盾和社会问题暴露出来，房地产税背后所牵扯的诸多社会经济问题会使政府管理和经济调控变得异常复杂。

（三）房地产税的未来趋势

社会各界普遍关注的第一个问题是，房地产税能否近期开征？在我看来，可以得出以下结论：首先，对于个人来说，开征房地产税无疑是增加了一种新税，这意味着个人综合税负的增长。所以开征房地产税会形成民众的一种不满情绪，大家会联合起来反对政府增加税收；其次，政府在目前经济呈下行趋势条件下，一般不会轻易征收新税，关注经济局势变化、稳定税负，甚至降低宏观税负，可能是最佳选择；再次，开征房地产税，必须制定科学合理的房地产税制，而目前只是起草阶段，并未形成一套符合中国国情的实践性方案；最后，开征地产税，还需要一系列改革措施和配套政策的支持，譬如，还需要完成土地产权改革、房产确权登记、房地产评估等一系列配套工作，这使得房地产税的开征时间并不明朗。

社会各界普遍关注的第二个问题是，房地产税如果开征会怎样设计税制？在我看来，应当考虑以下几个方面的问题：第一，未来的房地产税在定位上应被视同房产、土地的综合征税，即把现有的房产税和城镇土地使用税合并一起；第二，房地产税必须考虑房地产的地域因素，采取不同的税率和征收方法，因为房地产的地理位置是质量和价格的决定性因素；第三，税率的制定不宜太高，而且还要配套实施各种减免优惠政策，以对弱势群体有意地进行保护；第四，征收房地产税，必须建立权威的房地产评估机构和仲裁组织，以面对各种接踵而来的因房地产税征收而引发的社会问题。

因此，房地产税的征收须谨慎，尤其是目前中国的现实条件不成熟，更应该待以时日。我认为最好先制造舆论，向社会各界广泛征求方案，而不是由顶层设计者闭门造车。这样一来，一方面，可以让社会各界理解并支持中国的房地产税改革；另一方面，可以让社会各界出谋划策，制定出一部严谨科学、符合社会现实的具有可操作性的税收制度。

三、“营改增”的减税效应、政策缺陷与制度重构①

（一）“营改增”：一场深刻的制度变革

2014 年以来，我国经济发展步入新常态。面对新常态下的经济周期变化，我国政府提出供给侧结构性改革，要求从需求和供给相配合角度，有效调整经济结构，推动产业升级转型。因此，政府宏观层面的税制改革决策是全面推行“营改增”，在增值税征收范围不断扩大的前提下，以体现税收中性的增值税替代重复课征的营业税，实现商品、服务税制的全面统一，完善增值税抵扣链条，解决流转环节的重复课税问题，从而激发企业技术创新和结构调整的积极性，提振中国经济发展。

“营改增”是中国税收领域的一场深刻革命，“营改增”注定成为我国财税改革的重要里程碑。全面推行增值税制度不仅能保持上下游企业税收链条的完整性，彻底消除流转环节的重复征税，还能发挥增值税的中性特征和公平性的税制优势，为构建新

① 原载于《商业会计》，2017 年第 8 期。

型增值税体系奠定基础。全面推行增值税制度不仅是促进经济“稳增长、调结构”的关键点，也是深化财税体制改革的新基点。“营改增”后，地方政府的财政收入占全国财政收入的比重骤然下降，原本十分尖锐的地方财权和事权不相匹配的矛盾会更加突出，中央和地方政府财政收入比例分配问题浮出水面。“营改增”倒逼我国财税体制改革，迫使中央和地方政府之间进行事权、财权的重新配置，推动分级财政管理体制改革。

“营改增”推动我国税收管理的现代化进程。增值税抵扣制度是一种缜密的税收监督约束制度。“营改增”后，由于纳税企业数量和纳税额方面的快速增长，国税部门的税收征管任务变得异常繁重。为了提高征管效率，税务部门推进税收信息化，增强与其他部门之间的信息交换，大力推行电子发票，推动着税收管理组织再造和征管流程重构。

“营改增”有助于加强企业之间的密切联系与合作，在微观层面调整经济结构、重塑产业链。“营改增”后，集团公司通过企业分设、流程分拆等方式组建多个产业模块，在集团内部形成税款抵扣链条，完善产业链构造，为微观经济结构调整奠定了坚实基础。所以，“营改增”的重大意义在于鼓励集团公司采取业务单元外供或者采购活动外包模式，将其非核心业务剥离出来以精干主业，“有所为有所不为”，集团公司专注于核心业务拓展，核心技术研发，走技术型、专业化发展道路。“营改增”不仅是中国经济改革的助推器，对世界税制建设也具有引领和示范效应。“营改增”的全面推行，流通领域的货劳税以增值税为主，基本实现了货物、服务的一体化征税，各行业之间实现了税制公平。“营改增”标志着我国在金融业率先实行增值税制度，成为世界范围内金融领域第一次大规模采用增值税制度的变革，必将为世界增值税制度变革提供研究样本和实践案例，我国金融业

“营改增”也必将成为世界上其他国家或者经济体的金融税制改革典范。正如欧盟增值税制度专家让·克劳德·卜夏尔所说，中国将金融业纳入增值税征税范围并按较低税率征税，无疑是朝着正确的方向迈出了非常勇敢的一步。“营改增”的全面推行，对我国税制乃至世界税制建设都将产生积极而深远的影响。“营改增”不仅是一种减税制度设计，也是国家减税战略的重要步骤之一，“营改增”适应供给侧结构性战略调整，大力助推国家治理体系和治理能力现代化，开启了中国增值税新时代。

（二）“营改增”减税效应的行业比较

“营改增”是1994年分税制改革以来我国经济领域最深刻的一次税制改革，使国家在完善税制方面又迈进了一大步。“营改增”区分不同行业、不同税目税率，分别规定不同的税收政策和税务处理模式，每一行业受到“营改增”的影响程度也不尽相同，不同企业的增值税实际负担率也不尽相同。因此，“营改增”的行业效应因行业不同而呈现出不同的特点。下面结合制造业与商贸业、建筑业、房地产业、金融业、生活服务业等不同行业，对“营改增”的减税效应进行深入分析。

1. 制造业与商贸业

原先已经实行增值税制度的制造业（涵盖销售货物、加工、修理修配劳务）、商贸业，这次“营改增”会获得更多利好政策。原因在于其他新增“营改增”行业拓展了制造业与商贸业的进项税额抵扣范围，这两个行业的企业税负因“营改增”而显著降低。增值税新增的三大税目——“销售服务”“销售不动产”“销售无形资产”，都纳入增值税征收范围，对制造企业、商贸企业来说，只要购买服务、购买不动产和无形资产获得合法的增值税专用发票，都可以抵扣增值税进项税额，享受明显的“减税效应”，这也标志着我国增值税正式过渡到规范的消费型增值税。

2. 建筑业

建筑业“营改增”政策规定，老项目和“甲供工程”、“清包工”项目可以选择采用简易计税方法，其税负不会出现大的波动，甚至因为价税分离而减少其应纳税额，所以建筑业在过渡期间的整体税负会有所下降。“营改增”后，建筑业新项目适用的增值税率为 11%，如果不能获取足额的可抵扣的进项税额，该行业将面临实际税负率的显著增加。即建筑业的税负水平不仅取决于销项税额的大小，也取决于允许抵扣的进项税额的多寡。由于砂、石料、土等就地取材的建筑材料很难取得进项税额，加上建筑企业的工资薪金、劳务费呈逐年增长之势，而工资薪金、职工福利费、劳务费等不能抵扣进项税额，无形中扩大了不能抵扣进项税额的支出比重。此外，由于建筑工程项目金额巨大，工程预收款及工程决算款支付时，进项税额不能得到及时抵扣，会导致建筑企业出现巨额现金流出。

还有两个因素也显著影响建筑企业的税负率：一是上下游企业之间的博弈关系体现在争夺建筑材料的购买权以增加税额抵扣力度，这导致建筑行业“甲供工程”、“清包工”明显增多，虽然可以选择简易计税方法，但是无形中削减了建筑业的利润空间；二是以往建筑行业内部存在大量“挂靠模式”，如果继续采取“挂靠模式”，销项税额的提高不仅抬高了被挂靠方的税负水平，也给“挂靠模式”的多方当事人带来了虚开增值税专用发票的风险，所以建筑业“挂靠模式”可能会因“营改增”而彻底消失。综合上述多种影响因素，笔者认为建筑业短期内很难扭转税负增长的大趋势。

3. 房地产业

“营改增”给房地产业带来利好政策。原因是确认房地产销售额时，允许以全部价款和价外费用之和扣除对应的土地出让金后的余额作为销售额，这导致房地产销售环节的实际税负率下降。进项税额抵扣使得房地产企业最终销售不动产的增值税税负率低于5%的营业税。房地产老项目可以选择采取采用简易计税方法计税，缓解了行业的税负波动风险。假设房地产开发活动中，土地成本占到全部价款和价外费用之和的40%，则销售不动产的实际税负率为：11%×(1－40%)＝6.6%，相当于比原来销售不动产的5%的营业税税率高出1.6%，但此时还未抵扣进项税额，若满足下式：

可抵扣的进项税额≥(全部价款＋价外费用－土地成本)×1.6%，则房地产业最终的增值税税负率会低于营业税制下的5%的税负率。实际上，房地产业购入的所有货物、服务、无形资产、不动产等取得扣税凭证的合法的进项税额都允许抵扣，房地产企业因此会出现显著的“减税效应”。

4. 金融业

金融业虽然主业围绕融资业务展开，相对单纯，但其衍生出的金融服务和金融商品类型繁多，衡量金融服务增值的口径不统一，金融商品的界定不统一。“增值税”顾名思义，侧重于对经济循环中销售或交换商品产生的增值额征税，针对金融业而言，难点在于科学界定和衡量增值额，这是金融业“营改增”的关键点。金融业“营改增”后一般纳税人可以采用一般计税方法，允许采用税款抵扣制。但是，存款方（法人或自然人）获取的存款利息收入免征增值税，贷款方向金融机构支付的贷款利息支出也不得计算抵扣增值税，仅对金融机构所获取的贷款利息收入征收增值税。因此，贷款利息支出和贷款利息收入的增值税处理不匹配，导致未能彻底解决金融业和实体经济之间的增值税抵扣问题，全行业、全范围打通增值税抵扣链条的理想远未实现。值得注意是，年末累计金融商品转让价差不得结转抵减下一年度的应税收入，也会加大金融业的增值税负担。此外，金融业普遍购置大额固定资产（包括有形动产和不动产）的概率较低，如果仅凭购进一些服务项目抵扣进项税额，则最终金融业的增值税负担也难以出现较大幅度的下降。而此次“营改增”对融资性售后回租是一个利好，融资性售后回租业务最后重新划分为金融业，按照6%的增值税税率征收，税负率相比以前有所下降。

5. 保险业

“营改增”对寿险的影响微弱。寿险公司免税政策由营业税平移至增值税，但对财险公司有一定程度的影响，“营改增”后导致财险公司的净利润水平有所下降。保险成本以赔款支出和人力成本为主，但按现行“营改增”政策这部分成本无法抵扣进项税额，这无疑会加重保险行业的税收负担。由于保险行业的集中管理，即由集团总部统一管理的再保险业务和物资采购，与现行的税收管理制度存在矛盾，无法顺利地将可抵扣的成本反映在最终的成本中，导致总部的进项税额倒挂，而分支公司无票可抵，间接引起保险行业税负增加。

6. 生活服务业

生活服务企业由于所购入的进项税额不会太多，“营改增”后其增值税实际税负率不会比6%下降太多，可能会在5%左右徘徊，这与原来的营业税税负率没有太大差异。由于生活服务业涉及餐饮、酒店、日常生活服务等具体行业，它们之间因为进项税额抵扣情况不同而存在一定程度的税负率差异。具体每一类生活服务业税负率的变化情况，还需进行更加细致的税负测算。同时，一些生活服务类公司不含税销售额在500万元以下，属于小规模纳税人，适用3%的征收率，其总体税负较轻。

（三）“营改增”的政策缺陷

全面推行“营改增”，利大于弊，政府以其大手笔改革赢得社会各界的普遍认同，倒逼攻坚阶段的财税体制改革。但此次“营改增”也暴露出一些政策缺陷，涵盖制度设计、政策细节以及执行层面，必须对此进行剖析以对未来的增值税立法有所裨益。

1. “营改增”顶层设计与解释权问题

“营改增”政策的主体文件是《关于全面推开营业税改征增值税试点的通知》（财税〔2016〕36 号），该文件是在 2016 年 3 月 23 日颁布的，若从 2012 年 1 月 1 日上海首次推行“营改增”试点算起，已历时四年多，顶层设计不算仓促，但“营改增”政策却留下很多税制设计遗憾，基本特征可以概括为“政策不全、政策不细、政策不透”，导致“营改增”政策出台后各地基层税务部门的政策解释多如牛毛。在随后的四五个月内，财政部、国家税务总局又补充出台一批关键性“补丁”文件，屈指算来有七八十项之多，如果这些“补丁”文件不出台，则无法确保每个行业税负只减不增，也无法使“营改增”框架性政策在实践中落地。这足以说明“营改增”政策制定的不够细腻，政策解释不够透彻，政策实操性跟不上社会经济发展。例如，时至 2016 年 7 月 4 日，财政部才发布《关于征求〈关于增值税会计处理的规定（征求意见稿）意见的函〉》（财办会〔2016〕27 号），进一步规范增值税会计处理。这一文件未来肯定会对企业财税处理产生影响，因此，该文件早应该出台，至少应该和“营改增”政策同步执行。直至 2016 年 12 月 3 日，《财政部关于引发〈增值税会计处理规定〉的通知》（财会〔2016〕22 号）正式出台，但距“营改增”全面推行已经过去 7 个多月，若企业此前未能采取与该文件规定一致的会计处理，是否必须对原来的会计处理进行调整呢？从专业角度分析这是必须的，即企业的会计处理与政策规定不一致的必须进行追溯调整。如果政府早一点颁布该文件，则就不会给企业增添无谓的会计追溯调整成本。

2. “不含税”报价模式未能在实践中推行

增值税是价外税，如果采用“含税价”报价体系，则必须进行价税分离，才能计算应纳增值税额；如果采用“不含税价”报价体系，则不须进行价税分离，可直接计算应纳增值税额。但此次“营改增”试点，政府未能就此问题进行有效引导，最终选择了“含税价”报价模式，从而导致增值税的计算必须首先进行“价税分离”，尔后才能计算增值税额。“含税价”报价模式有三大弊端：一是增加了增值税计算的复杂性。价税分离计算增值税的过程必须先做除法，再做乘法，由于增值税适用17%、13%、11%、6%、5%、3%等多档比例税率，无疑增加了计算的难度和保留的小数点位数。二是增加了其他相关税种的计算难度。按照《财政部、国家税务总局关于营改增后、契税、房产税、土地增值税、个人所得税计税依据问题的通知》（财税〔2016〕43号）的相关规定，“营改增”后，契税、房产税、土地增值税、个人所得税计税依据明确如下：（1）计征契税的成交价格不含增值税；（2）用于出租的房产项目，计征房产税的租金收入不含增值税。（3）土地增值税纳税人转让房地产取得的收入为不含增值税收入。三是不利于培养法人和自然人的依法纳税意识。采用“含税价”报价模式，法人和自然人在日常经营活动中发生了销售货物、加工修理修配劳务、销售服务、销售无形资产、销售不动产等业务时，都不认为自己必须承担增值税，而是想方设法转嫁税负或规避税收。如果采用“不含税价”报价模式，则不仅销售方知悉所应承担的增值税负担，就连购买方也非常清楚自己所付出的增值税额，有利于在市场经济中树立依法纳税意识。

此次“营改增”，也许错过了改变报价模式的绝佳时机。政府部门的治税意识没有因“营改增”而发生改变，就连住房城乡建设部也在“营改增”期间多次颁发文件指导建筑业计税依据的制定。譬如，《住房城乡建设部办公厅关于做好建筑业营改增建设工程计价依据调整准备工作的通知》（建办标〔2016〕4号）规定，工程造价 = 税前工程造价 ×（1 + 11%）=（人工费 + 材料费 + 施工机具使用费 + 企业管理费 + 规费 + 利润）×（1 + 11%），这里的工程造价采取的是“含税价”报价模式。本来建设工程的内部成本费用预算采取的是不含税价，但对外报价时必须加上相应的增值税额作为最终报价。此后，全国各地纷纷效仿，颁布类似的政策以规范建设工程报价，这里以北京市和上海市为例，两市分别于 2016 年 4 月份颁发《北京市住房和城乡建设委员会关于印发〈关于建筑业营业税改征增值税调整北京市建设工程计价依据的实施意见〉的通知》（京建发〔2016〕116号）和《关于实施建筑业营业税改增值税调整本市建设工程计价依据的通知》（沪建市管〔2016〕42 号），对辖区内的建设工程报价予以指导，这就是“含税价”报价模式的典型例证。

3. 金融贷款利息支出抵扣进项税额问题

此次金融业“营改增”不彻底，存在明显的制度设计缺陷。虽然金融机构实行税款抵扣制，抵扣链条趋于完整，税制的公平性也逐渐显现。但是，对于其下游客户而言，如果属于一般纳税人，则仅允许抵扣接受直接收费金融服务所支付的手续费、佣金、管理费、服务费、开户费、结算费等各类费用支出的进项税额，而贷款利息支出不允许抵扣进项税额，金融商品转让也不能获得增值税专用发票（政策规定金融机构转让金融商品时不得开具增值税专用发票），导致金融借贷环节大量利息支出的进项税额得不到抵扣，造成增值税抵扣链条中断，增加了金融机构下游客户的增值税负担。

“贷款利息支出不允许抵扣进项税额”的政策规定，其最大的缺陷在于未能打通金融业与实体经济之间的增值税抵扣通道，税款抵扣链条被无情地割断了，这极大地影响着实体经济举债经营的积极性，实体经济可能因此而产生对融资租赁的更多依赖。但融资租赁只能满足缺乏购买设备或不动产所需资金的融资诉求，对于缺乏货币资金满足营运所需的企业而言，亦无法找到能够满足抵扣进项税额的融资渠道。

4. 选择采用简易计税方法的科学性

为了防止“营改增”各行业税负增长现象的发生，财税〔2016〕36号文件规定了可以选择简易计税方法的多种情形，为实现“各行业税负只减不增”的改革效果。除小规模纳税人外，一般纳税人选择采用简易计税方法的情形如表2－1所示：

表2－1　一般纳税人选择采用简易计税方法的情形

行业	业务类型	简易计税方法及其具体政策
建筑业	1. 建筑工程老项目	建筑工程老项目可以选择采用简易计税方法，税率为3%，在服务发生地预缴税款，在机构所在地纳税申报。（预缴时分包款允许减除，但须取得有效凭证） 预缴税款＝（全部价款＋价外费用－分包款）/（1＋3%）×3%， 应缴增值税＝[（全部价款＋价外费用－分包款）/（1＋3%）×3%]－预缴税款
	2. 建筑“清包工”	建筑企业（乙方）以清包工方式提供的建筑服务，可以选择采用简易计税方法 应缴增值税额＝（全部价款＋价外费用）/（1＋3%）×3%
	3. “甲供工程”	建筑企业（乙方）为甲供工程提供的建筑服务，可以选择简易计税方法 应缴增值税额＝（全部价款＋价外费用）/（1＋3%）×3%

续表

行业	业务类型	简易计税方法及其具体政策
房地产业	4. 房地产老项目	房地产老项目可以选择采用简易计税方法，但不允许减除土地价款，按照3%的预征率在项目所在地预缴，然后按照5%的征收率在机构所在地纳税申报 预缴税款 =（全部价款 + 价外费用）/（1 +5%）×3% 应缴增值税 = [（全部价款 + 价外费用）/（1 +5%）×5%] – 预缴税款
	5. 转让2016年4月30日之前取得的不动产	差额征税，征收率5%
	6. 转让2016年4月30日之前自建的不动产	全额征税，征收率5%
租赁业	7. 不动产经营租赁服务	（1）房地产开发企业中的一般纳税人，出租自行开发的房地产老项目，可以选择适用简易计税方法，按照5%的征收率计算应纳税额 （2）房地产开发企业中的一般纳税人，出租其2016年5月1日后自行开发的与机构所在地不在同一县（市）的房地产项目，应按照3%预征率在不动产所在地预缴税款后，向机构所在地主管税务机关进行纳税申报 （3）房地产开发企业中的小规模纳税人，出租自行开发的房地产项目，按照5%的征收率计算应纳税额
	8. 有形动产租赁服务	（1）以纳入营改增试点之日前取得的有形动产为标的物提供的经营租赁服务 （2）在纳入营改增试点之日前签订的尚未执行完毕的有形动产租赁合同
	9. 原签订的不动产融资租赁合同	一般纳税人2016年4月30日前签订的不动产融资租赁合同，或以2016年4月30日前取得的不动产提供的融资租赁服务，可以选择适用简易计税方法，按照5%的征收率计算缴纳增值税

续表

行业	业务类型	简易计税方法及其具体政策
租赁业	10. 公路收费	（1）公路经营企业中的一般纳税人收取试点前开工的高速公路的车辆通行费，可以选择适用简易计税方法，减按3%的征收率计算应纳税额 （2）一般纳税人收取试点前开工的一级公路、二级公路、桥、闸通行费，可以选择适用简易计税方法，按照5%的征收率计算缴纳增值税 注：试点前开工，是指相关施工许可证注明的合同开工日期在2016年4月30日前
现代服务业	11. 劳务派遣（安保服务）	应纳税额=(全部价款+价外费用-代用工单位支付给劳务派遣员工的工资、福利和为其办理社会保险及住房公积金)/(1+5%)×5%
	12. 人力资源外包服务	(全部价款+价外费用-代为向客户单位员工发放的工资-代理缴纳的社会保险、住房公积金)/(1+5%)×5%
生活服务业	13. 非学历教育服务	一般纳税人提供非学历教育服务，可以选择适用简易计税方法按照3%征收率计算应纳税额
金融业	14. 涉农金融服务	（1）农村信用社、村镇银行、农村资金互助社、由银行业机构全资发起设立的贷款公司、法人机构在县（县级市、区、旗）及县以下地区的农村合作银行和农村商业银行提供金融服务收入，可以选择适用简易计税方法按照3%的征收率计算缴纳增值税 （2）对中国农业银行纳入“三农金融事业部”改革试点的各省、自治区、直辖市、计划单列市分行下辖的县域支行和新疆生产建设兵团分行下辖的县域支行（也称县事业部），提供农户贷款、农村企业和农村各类组织贷款（具体贷款业务清单见附件）取得的利息收入，可以选择适用简易计税方法按照3%的征收率计算缴纳增值税

续表

行业	业务类型	简易计税方法及其具体政策
销售无形资产	15. 土地使用权转让	纳税人转让2016年4月30日前取得的土地使用权，可以选择适用简易计税方法，销售额为取得的全部价款和价外费用减去取得该土地使用权的原价后的余额，按照5%的征收率计算缴纳增值税
交通运输业	16. 公共交通运输服务	公共交通运输服务，包括轮客渡、公交客运、地铁、城市轻轨、出租车、长途客运、班车

根据行为动因和结果分析，允许选择采用简易计税方法的情形可归纳为以下情形：（1）税务部门出于税制平稳过渡考虑，防止老项目在“营改增”后出现税负激增现象，允许选择采用简易计税方法以保证平稳过渡，譬如，2016年4月30日之前动工的建筑承包工程老项目、房地产开发老项目，允许采用简易计税方法。但这种情形不会长久存在，等老项目结束之后就不会再有此类情况。（2）对于“营改增”后抵扣较少造成税负激增的业务模式，允许选择采用简易计税方法，这一种情形纯属税收照顾，是一种例外事项的特殊性规定。譬如，建筑业常见的“清包工”、“甲供工程”业务模式，因为建筑企业（乙方）存在建筑材料抵扣较少甚至没有抵扣的情况，允许选择采用简易计税方法以有效控制该类业务的实际税负率。（3）某项业务在营业税制度下享受低税率优惠，“营改增”后延续该项优惠税率政策，即采用简易计税方法保证该项业务享受低税率待遇，这属于税收优惠范畴。譬如，县及以下级别的农村合作银行和农村商业银行提供的涉农金融服务业务，可以选择采用简易计税方法，适用3%的优惠税率。（4）采取差额计税方式的某些业务，选择简易计税方法可以控制销售额以保证该业务模式下不会产生过高的增值税负担。譬如，劳务派遣、人力资源外包服务等业务，允许选

择采用简易计税方法差额计税，即以全部价款和价外费用减去代用工单位支付给劳务派遣员工的工资、福利和为其办理的社会保险、住房公积金后的余额确认为销售额。

虽然简易计税方法的应用都是有一定条件和理由的，但是这种政策规定还是破坏了税收规则。简易计税方法可以视为一种对特殊事项的例外处理，只要是例外处理，就是一种不公平的政策倾向，况且“营改增”给出如此之多的简易计税方法的应用事项，实际上已经对增值税制度造成严重冲击。简易计税方法的科学性何在，是否简易计税方法就意味着税制存在不公平的一面？此次“营改增”政策广泛采用简易计税方法的现象是值得我们深思的，能否从实践层面验证其科学性是一个值得探讨的话题。

此外，还有一个政策问题也需要关注，即与管理者、劳动力等人员有关的费用支出的进项税额不允许抵扣，这类费用支出主要包括工资薪金、劳务费用等直接人工费用，人身保险费以及与人员相关的交通费等，这一政策不完全符合马克思经济学所倡导的劳动价值论以及劳动力再生产的成本补偿观。劳动力再生产其实也有成本耗费，也需要从增值额中扣除。这一政策的现实结果是增加了各个行业增值税的实际税负率水平，尤其是对于那些劳动力密集型企业而言，增值税负担的增长不容忽视，这在一定程度上阻碍了劳动力密集型服务业的快速发展。

（四）“营改增”后的增值税制度重构

“营改增”是增值税改革新的起点，而非终点。虽然我们一再强调此次“营改增”利大于弊，但是，“营改增”的政策缺陷和疏漏之处始终困扰着公平性的税制改革。“营改增”后，我国面临的一个重大问题就是增值税立法，即系统重构增值税制度。增值税立法，是一个重构增值税制度的大好时机，我们必须抓住关键问题，创造一个发挥公平透明、减税增信效应的良税典范。

1. 增值税制度重构，凸显市场调节机制

增值税制度重构，必须破除“营改增”的政策积弊，完善增值税立法的市场机制，减少行政干预手段。此次“营改增”试点政策，是由政府主导的税制改革，承诺做到行业税负“只增不减”，强调实现从“营业税”到“增值税”的平稳过渡。为满足“营改增”平稳过渡的要求，税制设计的过渡期政策一般以维持或降低原税负水平为标准，体现在“营改增”方面就是采取了一系列特殊性扣除政策和简易计税方法，这些例外事项确保过渡时期税负不增反降，这本身就是一种行政干预。这是一种与构建良税制度背道而驰的做法。同时，“营改增”试点还存在一些与税收法定原则相背离的地方，实现税收法定原则并非只剩下最后一公里。因此，重构增值税制度，必须广泛征求社会各界的意见和建议，废除一系列违背税制公平原则的不合理条款，高举税收法定原则的旗帜，减少人为因素和行政干预对增值税制度设计的影响，还原增值税的税收中性，为增值税立法奠定基础。

2. 增值税制度重构，揭秘“增值额”构成

“增值额”是指从销售额中扣除当期购进商品与劳务所付出的代价后剩余的价值量，也就是企业或个人在生产经营过程中新创造的价值。而商品和劳务的价值有两层含义：一是物化劳动转移的价值；二是活劳动所创造的价值。物化劳动转移的价值，包括耗用原材料、燃料、低值易耗品和固定资产等转移到商品中的价值；活劳动所创造的价值，表现为工资薪金、租金、资金利息和企业经营利润等。由此可以看出，这里的增值额就等于活劳动所创造的价值量，相当于国民净产值或国民收入。

一般纳税人所适用的增值税计税方法就是税款抵扣制，即将

交易活动中的进项税额从销项税额中予以抵扣，然后计算应缴纳的增值税。假如进项税额和销项税额所适用的税率一致，则增值税恰好等于增值额乘以税率。制造业、商贸业、建筑业、房地产业所创造的增值额易于理解、易于计算，但银行、保险、证券、融资租赁等行业的增值额不易理解，增值额的口径也不易把握，导致增值额不易计算。所以，金融业征收增值税的基本原理不是很清晰，各类金融业务的运作模式和收益率水平均有所不同，其增值额也不好确定，这是金融业“营改增”遇到的关键性问题。因此，下一步增值税立法必须阐释清楚金融业增值税原理，严格界定金融业务增值额的计算口径。

此外，人工成本未能纳入抵扣范围，这一定程度上影响着现代增值税制度建设，一些融资费用、招待费用等未能纳入抵扣范围，也在一定程度上削弱了增值税的税收中性。

3. 增值税制度重构，打破实体经济与金融经济之间的屏障

增值税制度重构，必须打破实体企业与金融机构之间的天然屏障。而这次“营改增”，本来是一次打通金融经济与实体经济之间抵扣链条的绝佳机会，出于财政收入、抵扣技术等考虑，最终的出台的政策是金融机构可以抵扣实体经济的进项税额，但实体经济不能抵扣利息支出和金融商品转让的进项税额，这就造成实体经济与金融机构之间增值税抵扣链条断裂，增加了到金融机构融资的下游企业的税收负担。其实，“营改增”不仅需要打破实体经济与金融经济之间的屏障，也需要在其他各个行业之间建立完整的抵扣链条，提高各个行业之间的关联度，实现实体经济各产业板块之间以及实体经济与金融经济之间的融合。

4. 增值税制度重构，旨在建立“公平透明，减税增信”的税制体系

我国全面推行“营改增”，其经济效应在于“公平透明、减

税增信”，即“营改增”不仅能够促进税制公平、信息公开透明，还能有效降低企业整体税负。2017 年 4 月 19 日，李克强总理主持召开国务院常务会议，决定推出进一步减税措施，持续推动实体经济降成本减税负，这是深入推进供给侧结构性改革的重要举措，有利于增强企业活力和创造力。此次减税措施以继续推进“营改增”为契机，减并优化增值税税率结构，自 2017 年 7 月 1 日起，将增值税税率由四档减至 17%、11%、6% 三档，取消 13% 这一档税率，将农产品、天然气、报纸杂志等的增值税税率从 13% 降至 11%。

增值税制度不仅在专用发票管理方面相当严格，而且也对业务的真实性和现金流提出了强制性约束，是加强税务管理、推进税收信息化的重要举措。“营改增”后，增值税抵扣机制覆盖面更广，出于税款抵扣的需要，下游企业向上游企业索取发票，既促进了市场运行机制和秩序的规范，又进一步营造了“褒扬诚信、惩戒失信”的社会诚信环境。“营改增”后的增值税立法，不仅是一次重塑税制公平的良机，也是一次构建税收信用的契机。

增值税制度重构，我们期盼建立一个课税范围广、税率档次少的现代增值税制度，充分体现税收中性原则，减少对投资和生产决策的负面影响，促进生产要素在市场中的无障碍流动，提高要素生产力水平，构建一个公平透明、诚信高效的增值税制度体系，充分发挥市场对资源优化配置的功能，实现产融结合、产业融合，推动中国经济走向繁荣。

四、增值税立法的经济学分析[①]

（一）"营改增"蕴含的制度优化原理

2014年以来，我国经济受到西方主权国家债务危机冲击，面临出口受阻、产能过剩、经济衰退的宏观形势，我国政府提出供给侧结构性改革，重新审视需求与供给的关系，继续推行减税策略，发挥市场对资源的优化配置作用。"营改增"作为一项重要的税改项目，以扩大增值税征收范围为突破口，以"中性"的增值税替代营业税，实现商品、服务的税制统一，完善增值税抵扣链条，彻底解决流转环节重复征税问题。

"营改增"是增值税从转型改革到扩围改革的收尾工程，标志着增值税制度在我国社会经济领域的全面确立。"营改增"作为我国税收领域的一场深刻变革，释放出制度安排的巨大潜能，推动着税制改革和经济发展。"营改增"并非是营业税和增值税制度的简单转换，其蕴含着博大精深的制度优化原理，对后期的增值税立法起到重要的奠基作用。

1. 税收公平原理

税收公平是指纳税人所承受的税收负担要与其经济状况相适应，并且在纳税人之间保持均衡。税收公平是税制设计必须考虑的最重要的问题，也是保持社会稳定、维持税制正常运转的必要条件。因此，税收作为一种分配手段，还担负着调节经济、营造平等的竞争环境、实现社会公平正义的目的。

① 原载于《中国社会科学院研究生院学报》，2016年第6期。

“营改增”是我国一次重大的税制调整，“营改增”之后在所有行业全面推行增值税制度，其公平性体现在两个方面：一是经济公平，即税制在维护微观经济主体之间竞争关系方面发挥公平调节作用。增值税制度能够保持上下游税收抵扣链条的完整性，增值额比流转额更能体现纳税人的税收负担能力，秉承着“无增值不征税”的公平原则；二是社会公平，即从社会角度出发希望通过税收的再分配使得要素之间的收入差距保持在社会所能接受的合理范围内。增值税制度对所有征税范围内的纳税人既做到普遍征收，又做到税不重征，还实行出口零税率政策，这充分体现着税制的国内公平性和国际贸易的公平性。

2. 税收效率原理

税收效率是资源配置的经济效率和管理效率在税收问题上的综合体现[①]。国家征税不仅耗费资源，对宏观经济运行和纳税人的行为也会产生影响。税收效率包括税收的经济效率、管理效率和社会效率。经济效率从税收与经济的关系角度考察税收对社会资源配置和宏观经济运行的影响；管理效率从税收征管成本与税收收入的比例关系角度考察税收收入的征管效率；社会效率从税收有助于形成社会经济秩序、提高社会文明程度、促进自然环境的优化与可持续发展角度考察税收对社会经济、环境发展的推动效率。

增值税制度实行较低的税率和宽泛的税基，减少了投资者和消费者的行为扭曲，从而提高了资源使用的整体效率；增值税制度有抑制消费的一面，对储蓄和投资收益不征税，促进了投资的增长。尤其是“营改增”之后，实行彻底的消费型增值税，固定资产、不动产、无形资产投资允许抵扣进项税额，放大了投资

① 严才明：《增值税的效率分析》，中国财政经济出版社2008年版，第23页。

拉动效应；增值税制度通过对节能、环保设备的投资给予税收减免激励，发挥增值税的社会效率作用。

3. 税收中性原理

税收中性作为重要的税收思想，是一个抽象的概念，其中包含两种含义：一是国家征税应避免对市场经济运行造成干扰，特别是不能使税收超越市场机制而成为资源配置的决定因素；二是国家征税使得社会所付出的代价以税收为限，尽可能不给纳税人或社会带来其他额外损失或负担。税收中性是税制设计必须遵循的基本原理，也是税制运行的一个技术准则，它要求税收只发挥其收入功能，不干预市场运行，不改变或扭曲微观市场主体的经济行为，也不影响资源配置的自然格局。中性税收思想主张政府从中性立场出发，引导资源优化配置，促进社会分工与经济发展。

中性税收没有超额负担，没有外部负效应，也没有牺牲或损害公平。实践中纯粹的中性税收是不存在的。但是，增值税是颇具中性特征的典型税种之一，增值税是对商品生产、流通、服务中多个环节的新增价值或附加值征收的一种流转税，只对增值额而不是对全部收入征税，可以有效消除重复征税，均衡流通环节中各市场主体的税负水平。从总体来看，增值税是一个中性税种，它不会因生产组合方式不同而导致税负不合理或税负存在较大差异，故而其市场扭曲效应比较小。

（二）“营改增”制度设计缺陷的经济学分析

2012 年 1 月 1 日，上海首推交通运输业和现代服务业“营改增”试点，其后历经邮政业、电信业“营改增”试点，直至 2016 年 5 月 1 日“营改增”在全国所有地区所有行业全面推开，营业税最终退出历史舞台。从“营改增”实施效果来看，利大于弊，制度优势明显。“营改增”不仅理顺了货劳税改革思路，还倒逼财税体制改革。但“营改增”所体现出来的制度设计缺陷也不容忽视，必须予以深刻剖析，以期对增值税立法有所裨益。

1．“营改增”制度设计缺乏社会互动机制

此次“营改增”制度设计及试点过程，受到较多的政府行政干预，缺乏社会互动机制。政府主导税制改革没有错，但不能过分干预制度设计细节。为了实现行业税负“只减不增”的改革要求，“营改增”制度设计决策层采取了一系列特殊性扣除政策和简易计税方法，这些特殊性制度设计的目的是保证过渡期行业税负只减不增，但这其实是一种行政干预。同时，“营改增”制度设计缺乏社会互动机制，各市场主体参与程度低。

从经济学角度分析，税收制度是一种特殊形式的税收契约。依据契约论观点，税收制度是国家和纳税人经过多次博弈形成的一种相对固化的税收分配与管理制度。税收制度的演进过程，其实就是税收契约演化的积累及外在形式的渐变过程。税收契约建立在契约各方平等基础上，税收契约的缔结必须遵循社会正义与诚实信用原则。税收契约的效力不仅源于政府具有政治强制力，还源于税收契约的签订具有公共选择的机制和程序，即经过一定的立法程序把税收契约固化为税收制度后，税收制度就有了法律强制力。

税收契约属于国家上层建筑范畴，一定程度上体现着政府意志。政府出于宏观调控需要，必须根据环境变化及时修订税收制度，因此，税收制度作为一种税收契约，具有相对的固定性，但是税收制度的修订并非由政府一方主导完成，作为纳税人的社会成员也有权参与其中，享有政策建议权、讨论权等。因此，税制设计是一种公共选择过程，它不仅体现着国家意志，也代表着纳税人的集体意愿。

2. 金融经济与实体经济之间的藩篱并未拆除

此次“营改增”的制度设计缺陷之一是并未将金融经济与实体经济之间的藩篱拆除。虽然金融业实行税款抵扣制，增值税抵扣链条趋于完整，体现着税制的公平性。但是，对于其下游企业客户，即使属于一般纳税人，仅允许抵扣接受直接收费金融服务所支付的手续费、佣金、管理费、服务费、开户费、结算费等各类费用支出的进项税额，不允许抵扣贷款利息支出的进项税额，也不允许抵扣金融商品转让的进项税额（政策规定金融机构转让金融商品时不得开具增值税专用发票），最终导致下游企业客户无法抵扣利息支出的进项税额，造成增值税抵扣链条中断，加重了下游企业客户的税收负担，无法发挥增值税消除重复征税的制度优势。

从经济学角度分析，贷款利息支出不允许抵扣进项税额，意味着“营改增”制度设计上对金融经济与实体经济规定不同的税收待遇，有悖于税收公平原则。这一政策的弊端在于未能全部打通金融经济与实体经济之间的税款抵扣通道，虽然金融经济能够抵扣来自实体经济的进项税额，但实体经济不能抵扣来自金融经济的进项税额，这极大地影响了实体经济融资举债的积极性，实体经济可能因此而产生对融资租赁以及其他变相融资渠道的更多依赖。因此，“营改增”不仅需要拆除实体经济与金融经济之间的藩篱，也需要在其他各个产业之间建立完整的税款抵扣链条，提高各产业间的关联度，实现实体经济与金融经济之间以及实体经济各产业板块之间的联接和深度融合。

3. 与管理者、劳动力等有关支出难以抵扣进项税额

此次“营改增”的制度设计存在的另一个典型缺陷是，与管理者、劳动力等人员有关的费用支出的进项税额不允许抵扣。

这类费用支出主要有以下三类：一是工资薪金、劳务费用等直接人工费用，这些费用支出不允许抵扣进项税额，只允许作为成本或费用在企业所得税前列支；二是人身保险费不允许抵扣进项税额，但与财产相关的财产保险费允许抵扣进项税额；三是与人员相关的交通费用不允许抵扣进项税额，但与货物相关的运输费用却允许抵扣进项税额。

从经济学角度分析，与管理者、劳动力等人员相关的支出的进项税额不允许抵扣，该政策主要是从马克思的劳动价值论出发，认为管理者、劳动力等是价值创造的源泉，不属于价值转移的范畴。其实不然，管理者、劳动力的再生产也需要基本生计费用，工资薪金、劳务费用等支出恰恰是维持生计的费用，属于补偿性支出，不属于价值增值额，也需要抵扣进项税额；交通费用不论是人员发生的还是货物运输发生的，本来都属于转移的价值，两者没有本质差别，都应该抵扣其进项税额。因此，与管理者、劳动力等人员相关的支出不允许抵扣进项税额是没有理论依据的。而这一抵扣政策的经济效应正如美国经济学家穆瑞·罗斯巴德（Murray Rothbard）所评价的那样，增值税“刺激了过度的机械化以及对劳动力的解雇”[①]，实行增值税的长期效应就是降低对劳动力和工资收入的需求，最终导致一个国家或地区失业率的上升。

4. 简易计税方法的广泛采用破坏公平性

为了防止“营改增”后各行业税负出现增长现象，“营改增”制度设计规定了可以选择简易计税方法的多种情形。建筑业、房地产业、服务业等多个行业都允许采用简易计税方法。根据“营改增”新政要求，以下情况可以选择简易计税方法：一

① http://mt.sohu.com/20160516/n449707859.shtml。

是保证平稳过渡，防止老项目在“营改增”后出现税负激增的现象，建筑业、房地产业都允许老项目[1]选择简易计税方法；二是对“营改增”后抵扣较少的业务允许选择简易计税方法，这一情形属于例外事项，具有典型的税收优待性质，譬如建筑业常见的“清包工”、“甲供工程”等业务模式，因其不会产生过多的进项税额而允许选择简易计税方法；三是差额计税方式下的一些业务，也允许选择简易计税方法以有效控制其税负，如劳务派遣、人力资源外包服务等业务。

从经济学角度分析，虽然上述多种情形适用简易计税方法都有一定的理由和条件，但是在“营改增”制度设计中穿插这些与一般计税方法迥异的简易计税方法，无形中破坏了税制公平性。简易计税方法被视为一种特殊的例外处理方法，和常规处理思路不相吻合，其实就是对公平原则的极大破坏。税制设计者为了达到一定的税收目的，设计了简易计税方法，但简易计税方法的科学性能否给出证明或解释？其实，简易计税方法本质上就是一种特殊形式的税收优惠，税制设计中如此大范围引入简易计税方法，就相当于认为创造出一些不公平因素。因此，简易计税方法的科学性及适用范围是一个值得关注的问题。

（三）影响增值税立法的社会经济因素分析

税收制度的最终目的是在社会环境资源约束下实现社会福利的最大化，增值税立法是形成增值税制度的过程，受到多种社会经济因素的影响，必须审视之，慎察之。

1. 利益集团的影响

利益集团是指那些由于特殊利益而集合在一起，有组织地参

① 老项目是指2016年4月30日之前开工的建筑施工承包工程。

与公共选择与政策制定过程，特别是意见表达功能的社会群体。利益集团活动的目的是使公共选择的结果更有利于自己。在增值税立法中，存在多种类型的利益集团，这源于两种原因：一是增值税的征收范围广泛化，涉及多种经济交易活动和多方利益关系；二是增值税的税负转嫁性特征，使利益集团更趋复杂化。在现代社会，利益集团影响公共选择与政策制定的途径有三个：一是向政府或决策者提供有利于自己的信息，表达本利益集团的意愿，进行游说和劝说；二是以游行、示威等形式，向政府或立法机关施加压力，力图在公共政策中达到本利益集团的目的；三是直接或间接地向政府官员或决策者行贿，以改变公共选择或政策导向，维护本利益集团的利益。因此，利益集团活动的结果，使政策和资源配置向某些特定的群体倾斜。在增值税立法中，利益集团会通过游说甚至向政府官员行贿的方式迫使立法机关制定符合他们利益的税收制度，可能会损害税制的公平性和效率性。

2. 官僚机构的影响

官僚是指负责执行政治制度做出的集体选择的代理人集团，或更明确地说是指负责政府提供公共服务的部门。官僚机构具有寄生性特征，他们寄生于人类社会又影响社会组织，从而影响公共选择与社会发展的一种力量。官僚机构的目的不是效率最大化，而是个人效用最大化，因此官僚机构的效用函数变量包括薪金、为其工作的职员人数、公共声誉、权力地位以及额外收入等，而这些最终都归结于政府预算的最大化[①]。所以，效用最大化或预算最大化的官僚机构在税收制度安排过程中绝非中性代理人，而是把能够保证官僚在任期内筹集到足够多的财政收入作为首要目标，使预算超过伦理道德要求的合理水平，使税收制度安

① 王春玲：《我国税收制度的经济学分析》，经济科学出版社 2007 年版。

排偏离“公正”的立法目标。因此，拥有庞大官僚机构的集权主义国家，官僚机构在税收立法上着眼于拓展课税基础并通过扩大经济的生产可能性边界来提高税收的灵活性，并从中获益。

3. 产权制度的影响

一个社会的产权结构影响社会经济资源的使用及其收益分配格局，产权制度具有激励效应。产权制度对税收制度的影响表现为以下方面：一是产权制度规定了税收制度的作用范围和作用方式。税收制度虽然有若干种表现形式，但任何税收负担最终都是由产权的所有者承担，产权制度直接规定税收负担的归宿者。二是产权制度界定税收制度的合法参与者。任何国家的税收都是对纳税人的合法收入课税，收入的合法性更多地体现为产权的合法性。三是产权制度不同决定了税收制度的目标不同。公有制产权下税收制度的目标在于如何实现资源的有效利用，提高社会福利水平，避免资源被过度消耗而出现“公共地悲剧”；私有制产权下税收制度的目标在于增强税收中性，缩小不同产权者的贫富差距，促进社会财富的公平分配。

4. 非正式制度安排的影响

正式制度是构建人类相互行为关系而设定的约束，正式制度明确而清晰，非常显著地影响人们的行为选择。非正式制度安排是人们在长期的社会交往中无意识地逐步形成并取得社会认可的行为规则，包括惯例、习俗、传统、价值观念、伦理规范、道德观念、意识形态等。非正式制度在社会生活中起着非常重要的作用，它渗透到社会生活的各个领域，其调节范围和影响力并不亚于正式制度。

在税收领域，非正式税收制度安排对政府和纳税人行为的选择、税收秩序的形成、税收关系的调整乃至整个税收制度的运行都产生重要的影响作用。正式税收制度与非正式税收制度之间是一种相互制约、相互促进的关系，非正式税收制度通过税收信用、税收文化、税收伦理等方面影响着正式税收制度，发挥着对税收制度安排的引导作用。

5. 国际增值税模式的影响

不同的增值税制度体现着不同的税收效应，我国增值税立法也不可避免地受到国际上现行增值税模式的影响。纵观世界上实施增值税制度的诸多国家或地区，主要有两种增值税模式，即比较完整模式和不完整模式。增值税比较完整模式是符合市场经济原则，税制简化，纳税成本低的增值税模式，被誉为现代增值税最佳模式的典范是新西兰实行的增值税制度，具有以下典型特征：一是覆盖面广，最大限度地覆盖货物与服务范围；二是税制简化，实行单一税率；三是征纳双方的征税权和抵扣权都由法律明确规定；四是合理确认实行单一标准的纳税人注册和管理制度。采用这一增值税模式的主要是亚洲、北美洲、南美洲、非洲及南太平洋一些国家或地区。增值税不完整模式主要是一些欧盟成员国和一些联邦制国家采用。欧盟成员国实行的不完整模式主要特征如下：一是征税环节不含零售环节；二是抵扣范围不含资本性货物及其他货物。

6. 税收立法技术的影响

“制定法律的过程的确是一个十分复杂的过程，有时发生意外之事，使判决或法规产生并非期望的结果，而这些结果如果制定法律者具有远见卓识的话那也是可以预见的。”[1] 这说明法律制定者的水平至关重要，没有法律素养和远见卓识，面对复杂的社会经济环境，很难制定出既符合实践要求又具有前瞻性的法律。

---

① 阿蒂亚：《法律与现代社会》，范悦等译，辽宁教育出版社 1998 年版。

一部法律制定的好坏，首先取决于这部法律所体现的时代精神和价值取向，也体现在专业性和统一性上。因此，对增值税的立法描述使用的各个法律术语必须符合税法的专业性，同时体现税法的统一性，即法律术语使用规范，表达准确，与法理和国际通用的术语表述一致，能够准确完整地反映行为模式、法定后果，充分体现法的适用范围、法的内容，法的效力等级三要素。同时必须保持协调性和衔接性，不能出现税法空白、税法漏洞或与其他法律存在实质性冲突。需要提醒的是，我国增值税立法必须妥善处理增值税法与“营改增”制度的关联性、衔接性和协调性，对于一些与税收公平、效率原则相背离的“营改增”制度细节，必须勇于摈弃，为增值税立法扫清道路。

7. 立法程序的影响

要保证税收立法的质量，就必须保障立法程序科学民主，让税收法律的出台或者修订与公众利益息息相关。目前我国立法程序存在的主要问题是不够民主、透明，这就要求推进增值税立法的民主化和科学化进程，增强增值税立法的民主参与度与透明度，提供一个全社会多元化力量共同参与立法的条件和平台，既要有政府财税部门参与，也要有纳税人参与，还应当有税收、会计、法律、专家学者等参与，调动社会公众的热心关注和积极参与，形成广泛或热烈的税收立法讨论。此外，增值税立法还要制定严谨的增值税立法程序，对增值税立法的起草、审查、征求意见、提交审议、签署发布等程序都形成严格的法律规定。因此，增值税立法是一个集思广益的过程，必须特别强调社会民主参与，形成一种良性的社会互动机制。

（四）增值税立法的经济学解释：从顶层设计到制度框架

增值税在世界范围的推广是一个自然演进的渗透过程，受到多种社会经济因素的影响。增值税在欧洲较为盛兴，美国却一直没有实行增值税制度。最具有说服力的解释是增值税具有累退性，政府在增值税立法时力求采用有限或单一的比例税率，这为了满足税收中性的要求，但是却助长了增值税的累退性：收入越高的阶层，实际承担的税负率越低；收入越低的阶层，实际承担的税负率越高。这与美国一直以来的国家价值观——自由、平等，有着不可调和的矛盾，增值税的累退性有碍于税收公平目标的实现。

从本质上讲，增值税是一种国家销售税，按生产及销售的商品及服务的比例征收。但其受到青睐的隐蔽性源于这个事实，即增值税是在生产过程的每一环节征收：农场主、制造商、各级批发商，唯有对零售商稍轻一点①。增值税的隐蔽性掩盖了这样一个事实，到底增值税源自何方？增值税的间接税特征，又使得增值税立法时必须兼顾“营改增”按行业类别实行多标准差异化税率，但多税率容易引发各行业之间税负的不均衡。因此，我国增值税立法的关键在于清醒地认识到当下“营改增”所面临的现实背景及制度缺陷，吸取多年来的立法经验，做好顶层设计、制度框架设计和税制要素设计，充分体现增值税的税收中性特征，有效发挥增值税的敛财聚财功能，开创良法善治的增值税制度典范。

1. 增值税立法：以国家治理下的分税制为基石

自 2014 年以来，中国进入经济发展新常态，面对新形势、新任务，中共中央、国务院作出了全面深化改革的战略部署，将

① 穆瑞·罗斯巴德的这段话的潜台词在于揭露增值税税源的隐蔽性以及可能由此而引发的各个行业之间税负的不均衡性，从而导致税制的公平性。参见 http：//mt. sohu. com/20160516/n449707859. shtml。

完善和发展中国特色社会主义制度，推进国家治理体系和治理能力现代化作为全面深化改革的总目标。国家治理体系和治理能力现代化为分税制财政体制改革提出了新的要求，而分税制财政体制改革不仅是全面深化改革的重点工程，也成为全面深化改革的突破口。在我国新的历史时期，增值税立法成为分税制改革乃至全面深化改革的重中之重。国家和市场都期待增值税立法，为经济社会发展提供聚财、调节收入分配、调控宏观经济的税制基础。在增值税立法中，政府与市场存在着微妙的博弈对局关系，共同主导着增值税法的立法走向。增值税立法的过程，就是税制供给的过程，增值税法的制度需求与制度供给的均衡过程如图2－1所示。

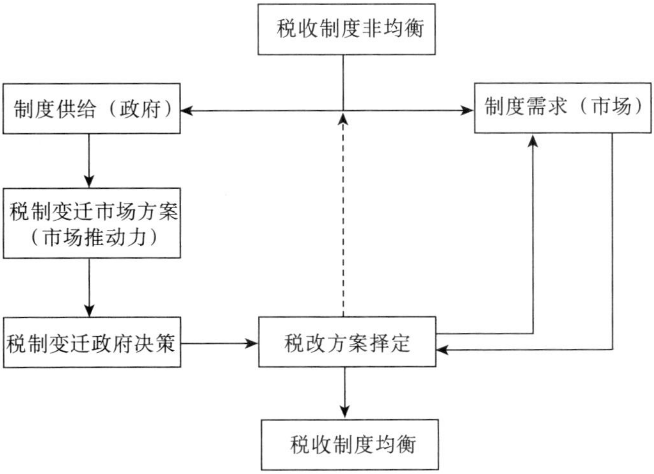

图2－1　增值税法的制度供给与制度需求

财政是庶政之母。宋代大学士苏辙认为“财者，为国之命而万事之本。国之所以存亡，事之所以成败，常必由之”。财政是国家治理的基础和重要支柱，科学的财税体制是优化资源配置、维护市场统一、促进社会公平、实现国家长治久安的制度保障①。财政、财税体制与国家治理紧密联系在一起，彼此交融、相互促进，体现着统一共治的理念。根据我国20多年分税制实施情况及国际经验借鉴，笔者认为，符合我国国情的是“三级分税、税种独立、共享为辅”分税制改革思路，即按照资源优化配置、税收公平原则，将现行税种在中央、省（自治区、直辖市）、市（县、旗）三级预算中重新配置，建立中央和地方各自独立的税种体系，扩大中央和地方专属税种，减少共享税种。

分税制财政体制改革的目标是以保持中央和地方税收分配格局总体稳定为前提，以优化整体税制结构为基础，构建能够稳定地保障地方各级政府基本公共支出需要，有利于加强地方性税源控管、维护市场统一、促进社会公平，合理引导地方政府行为的地方税收体系。“营改增”之后，国务院提出了增值税收入在中央政府与地方政府之间“五五分成”的改革方案②，但该方案的过渡期暂定为2~3年，届时根据中央与地方事权和支出责任划分、地方税体系建设等改革进展情况，研究是否适当调整。从改革内容来看，中央与地方事权与支出责任划分是国家治理体系的核心构成要素，是理顺政府间财政关系的逻辑起点和前置条件。从改革进程来看，目前事权与支出责任还未划分完毕，增值税收入分成方案仅仅是一个过渡性方案，该方案未来或许还会有变化。但是，这次增值税立法必须统筹考虑增值税分成比例。由于

① 中共中央：《中共中央关于全面深化改革若干重大问题的决定》，人民出版社2013年版。

② 《国务院关于印发全面推开营改增试点调整中央与地方增值税收入划分过渡方案的通知》（国发〔2016〕26号）规定，将所有行业企业缴纳的增值税均纳入中央和地方共享范围，采用“五五分成”比例，即中央分享50%，地方按税收缴纳地方分享另外50%。

增值税属于中央地方共享税的格局已定，建议在分成制度方面借鉴国际经验，改现行税额分享制为税基分享、分率计征的办法，即中央政府制定统一税率，不同层次政府分率计征，这种分成制度可以使中央和地方税收收入都能随经济发展而自动稳定增长，使各级政府财政收入具有一定的可预见性[①]。这种分成制度改革不仅能够保障各级政府财政收入的预算性要求，还和政府分级分类财政管理改革结合起来，形成中央—省（自治区、直辖市）—市（县、旗）三级政府间的事权、支出责任、税收收入、财政支出的划分，完善“省直管县”和“乡财县管”的财政管理体制。

2. 增值税立法：税收法定与税收立法权回归

我国税法分为税收程序法和税收实体法两类。从立法机关来看，税收程序法即《税收征管法》由全国人大常委会通过并颁布；税收实体法涉及的18个税种（含营业税）中除《企业所得税法》、《个人所得税法》由全国人民代表大会立法，《海关法》、《车船税法》由全国人民代表大会常委会立法，其余14个税种均授权国务院以行政法规的形式颁布；目前尚无省级人大及其常委会授权开设地方税的立法，地方政府相对权限较大的税种是有权制定房产税和城市维护建设税的实施细则（报财政部备案），以及指定城镇土地使用税和耕地占用税的实施办法，除此之外的其他税种大都体现在税法执行环节的一些具体规定，如税率（一定幅度内）、征税范围（一定范围内）、税收减免（一定范围内）、纳税期限和纳税地点（个别特殊情况）的决定权。这一税收立法现状表明，我国并未实行税收法定原则，很多税收实体法的立法

① 胡怡健：《深化改革构建公平正义现代财税体制研究》，经济科学出版社2015年版，第220页。

级次较低，仅体现为行政性法规级次，并未上升到法律层面。

党的十八届三中全会明确提出“税收法定原则”，凸显我国未来税收立法将增强顶层设计战略意识。税收法定原则的基本含义是指税收主体及其权利义务必须由法律加以确定，税法的各类构成要素皆必须且只能由法律予以明确规定，没有法律依据，任何主体不得征税，国民也不得被要求缴纳税款。税收法定原则的实质在于对国家的权力加以限制，从国家法治高度规范税收立法，解决了征税权的正当性问题。

落实“税收法定原则”的核心在税收立法权回归全国人大。这次增值税立法也是推动税收立法权向全国人大回归的关键环节。税收立法权回归人大的目标逐步推进，其实也不难，可考虑以下推进步骤：第一步，《增值税法》不再由人大授权国务院立法，直接由全国人大组织实施相关立法程序，组织立法专家团负责拟定草案，然后广泛吸收政府部门、社会各界的立法意见与建议，最终形成具有科学性和前瞻性的增值税法议案提交全国人大审议；第二步，按照“科学规划、稳步推进”的原则，制定税收立法权回归全国人大的路线图和时间表，逐步实现消费税、资源税、房产税、契税等一批主要的税收暂行条例转变为全国人大立法的税收法律。

3. 增值税立法：正式制度安排下的效率考量

增值税立法的过程，是增值税制度的法律形成过程。增值税法作为正式制度，是对国家、纳税人及其他相关主体提供一种影响财产权和分配关系的正式制度安排。增值税制度界定增值税行为规则，给相关当事人的行为和关系带来秩序和可预测性。增值税制度安排不是内生的，而是一种外在制度，是由国家制定并自上而下强制执行的。增值税制度安排是一种再分配方式，其目的在于减少经济行为主体在增值额纳税方面的机会主义倾向，降低税收成本。增值税制度安排使纳税人在经营过程中对自己的增值税义务、税收程序更具有预见性，从而形成有效的经济预期；增值税制度安排对征纳双方都具有制约效应，不仅防止税务当局在征税过程中因随意性行为而侵犯纳税人合法权益，也减少纳税人偷逃税行为的发生，降低税收管理的机会成本。

在增值税立法过程中必须予以高度重视增值税的运行效率。意大利经济学家帕累托提出“帕累托最优”的概念，从资源配置角度阐述效率问题。其实，帕累托最优的效率标准还依赖于财富的分配机制，即如果收入和财富的分配存在差异性，需求形式也不同，从而效率要求我们对经济资源作不同程度的初始配置和动态调整。增值税的制度效率主要表现在税收制度对经济效率的促进和税收制度的运行效率两个方面：增值税的中性特征和环环抵扣链条，对资源配置产生积极性影响，能够促进资源交换与有效使用。增值税不干扰或较少干扰经济行为，不产生或较少产生扭曲效应，减少流通环节的重复征税，使不同地区、不同产业间的资本流动和贸易往来日益密切、日渐融合，促进经济运行效率的提升；增值税制度的运行效率是征税过程的效率，它要求在制度运行中节约交易成本，即实现增值税征纳过程中耗费最小化。一项税收法律制度的出台，必须强调其制度运行效率，增值税也不例外，这是增值税立法的一种必然性经济约束。

4. 增值税立法：构建公平正义的制度平台

公平正义在社会哲学价值评价体系中具有公认的价值，无论在政治学、伦理学，还是经济学领域都处于核心地位。亚里士多德曾指出：“城邦以正义为原则。由正义衍生的礼法，可凭以判断是非曲直，正义恰正是树立秩序的基础。”① 罗尔斯在其经典

① 亚里士多德：《政治学》，商务出版社 1997 年版，第 9 页。

著作《正义论》中指出："正义是社会制度的首要价值。某些法律和制度，不管它们如何有效率和有条理，只要它们不正义，就必须加以改造或废除。"① 在亚当斯密的古典经济学理论体系中，公平是经济学分析的核心原则。作为一种规范性的价值原则，公平正义调节的是利益关系。还应看到，公平性是一种价值判断，具有主观性。公平性可以理解为每个经济行为主体或社会成员对某项政策或制度能够接受的合理性。如果一项制度能够有效运行，其蕴含的价值标准需要人们发自内心接受。如果一项制度规定与人们的公平观念相悖，它就不能有效指导人们的行为。人类对于公平正义的追求是社会文明的一种重要推动力，税制变迁的源动力是人类社会对税收公平正义的不懈追求。

增值税是我国第一大税，其对应的税收收入接近税收总收入的1/3，影响范围之广、影响程度之大不容置疑。增值税制度能否体现公平正义原则，在很大程度上决定着税收制度的公平性。因此，增值税立法必须坚持公平正义原则，保证目的正义、程序公平和行为公正。在增值税法确立上，确保纳税人在相同的经济条件下应给予同等待遇；在税制设计上，兼顾横向公平与纵向公平；在税收征管上，坚持普遍征收、平等课征和量能课税的原则。增值税立法过程中，还必须统筹考虑经济上的公平性和法律上的公平性：经济上的公平性主要是税收负担带来的经济后果，而法律上的公平性不仅考虑税收负担的合理分配，也从税收立法、执法、司法等角度考虑税收公平性问题。纳税人既可以要求实体利益上的税收公平，也可以要求程序上的税收公平，纳税人遭受税务执法、司法中的不公平待遇，完全可以利用法律手段通过税务行政复议、税务诉讼制度得到合法权益的维护。

① 罗尔斯：《正义论》，中国社会科学出版社2003年版，第3页。

随着我国经济社会的不断发展，税收已由全面调控转向有利于市场决定作用下的优化资源配置和促进社会公平，聚焦经济结构优化和社会公平正义目标的实现。根据最优税收理论，税收立法应同时兼顾公平与效率。然而，由于受税制体系局限性影响，我国税收效率有余，而税收公平欠缺，税收立法必须由注重效率向注重公平方向转变。因此，增值税立法也需要正确处理税收效率与税收公平的关系，兼顾公平与效率的双重目标，真正构建一个公平正义的制度平台。

5. 增值税立法：整体税制框架设计

增值税立法，必须制定一个合理的制度框架，税制设计不仅需要考虑税收中性，还需要考虑公平和效率问题。借鉴我国《企业所得税法》《个人所得税法》的立法经验，以分税制为主线的增值税整体税制框架设计可以概括为“一条主线，三项功能，七大板块”。

所谓“一条主线”，是指增值税立法以分税制为主线，将增值税作为分税制体系中最重要的一个税种大力培育，使之成为流转税的核心，以实现税制公平导向。所谓“三项功能”，是指增值税立法必须发挥增值税的资源配置、收入分配和调节经济等三项功能，充分发挥增值税对宏观经济的调节作用。所谓“七大板块”，是指增值税立法必须科学设计税制要素的七大板块——纳税人、税率、税基、纳税时间、纳税地点、特殊规定、征收管理。在这税制要素的七大板块中，必须特别重视“征收管理”，因为增值税是中央与地方共享税，必须对征税权的划分、发票使用与管理、税收征管体制、中央和地方增值税分成比例等进行明确界定，否则就无法严格规范增值税的征管工作。此外，还需要特别关注“特殊规定”，因为增值税法涵盖的征税范围广泛，已经完全取代营业税，必须区分行业类别与业务类别设计科学、严谨的特殊性税收政策。譬如，由于金融业、房地产业等行业特殊，所设计的不同行业的增值税政策必须有所不同，以体现政策的行业适用性和特殊性。

综上所述，增值税法的整体税制框架如图 2－2 所示：

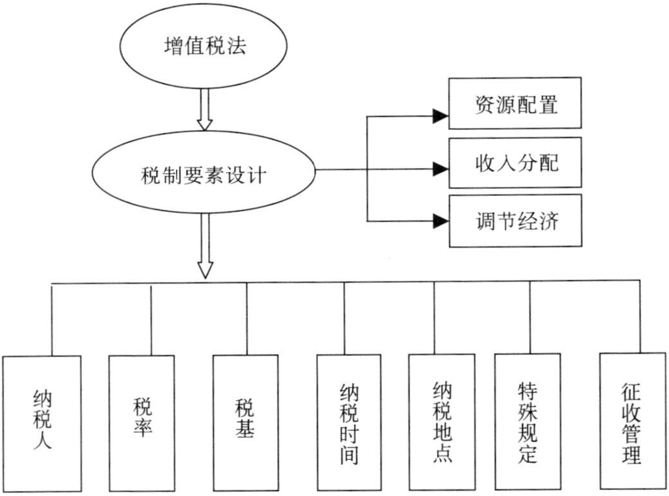

图 2－2　增值税法的整体税制框架

6. 增值税立法：简并优化税率

税率是税制设计中最为重要的税制要素之一，它一方面决定了该税种筹集财政收入的能力，另一方面也直接影响纳税人的税负水平，进而间接影响经济运行效率和公平。“营改增”之后，增值税存在 5 档税率、2 档征收率，5 档税率分别为 17%、13%、11%、6% 和零税率，1 档征收率分别为 3% 和 5%。多档税率并存是我国“营改增”进程中为平衡各方利益而形成的“过渡性”格局，对于减少改革阻力、顺利推进“营改增”是必要的。从“营改增”全面推开的运行效果来看，多档税率加上简易征收方法和优惠政策，基本实现了税负平衡或略微下降的目标。

但是，从经济学角度分析，多档税率并存产生以下弊端：

第一，扭曲增值税的“税收中性”，影响资源配置效率。增值税是公认的中性税种，税率越低，越能起到税收中性的作用；税率越高，选择越多，税收中性越难以保证。因此，增值税如果实行统一税率，意味着对所有商品、服务价格施加同样的影响，相应对所有商品、服务的生产、流通和消费的影响是相同的，因此能够对资源配置产生同等影响，显示出增值税的中性特征。

第二，加大征管难度，同时给寻租提供可乘之机。经济系统极其复杂，各种商品和服务的差别极其细微，且不断产生新的商品和服务，因此很难清晰准确界定各种商品和服务适用的税率，这带来税收征管的难度。同时，纳税人倾向于选择适用低税率，而是否适用低税率一方面取决于税法的规定，也在一定程度上取决于基层税务机关的执行，尤其是对特征比较“模糊”，处于高低税率中间区的商品，给基层税务机关的税法执行带来了空间和弹性。在这种情况下，寻租空间自然产生且难以避免[①]，增大了执法人员的执法风险和腐败概率。

那么，如何进一步简并优化增值税税率呢？从理论上分析，单一税率最为理想。但从世界范围观察，实行增值税的国家，多数国家选取基本税率加优惠税率的基本模式，这种模式既在较大限度上保证增值税税率适中的要求，也兼顾了社会政策和产业政策的导向，即将与人们生活紧密相关的产品和服务设定为低税率（包括零税率），削弱了增值税在调节收入分配方面的累退性。

---

① 财政部财政科学研究所：《营改增：牵一发而动全身的改革》，中国财政经济出版社 2013 年版，第 213 页。

根据我国税收制度与征管现状，笔者对增值税税率提出以下简并优化思路：一是降低增值税基本税率，简并多档税率为不超过3档税率，分别适用于不同行业或不同税目；二是归并优惠税率，建议在基本税率基础上，设定2档优惠税率，即非零税率和零税率：其中零税率的行业范围应集中于民生及涉农商品或服务，如牛奶、食品、书籍、化肥、种子、农机等，低税率适用的行业包括国家扶持的产业、特殊部门所提供的准公共产品或公共服务等。

7. 增值税立法：科学界定税基

增值额是增值税的税基，流转环节有增值征收增值税，没有增值不征收增值税。作为税基的增值额是指从销售额中扣除当期购进商品与服务价值后剩余的价值量，即企业或个人在经济活动中新创造的价值。商品与服务的价值包括两部分：一部分是物化劳动转移的价值，包括耗用原材料、燃料、低值易耗品和固定资产等转移到商品中的价值；另一部分是活劳动所创造的价值，表现为工资薪金、资金利息以及企业利润等。因此，增值额等于活劳动所创造的价值量，即V+M部分，相当于国民净产值或国民收入的部分。

税收实践中所规范的增值额是指法定增值额，即一国政府根据其国情、政策需要等因素而界定的增值额。世界上实行增值税制度的国家一般采用税款抵扣制，即将经济活动中的进项税额从销项税额中予以抵扣，最终计算出应缴纳的增值税。一般情况下，工商业、建筑业、房地产业所创造的增值额显而易见、容易计算，不存在争议；交通运输业、邮政电信业、服务业所创造的增值额包含较多的劳动力因素，确认进项税额抵扣稍有难度；但银行、证券、保险、融资租赁等行业的核心业务属于隐性业务，隐性业务在增值税计算和征收管理上都有较大难度，其计算口径不易合理确定。所以，在增值税立法中，必须严格界定增值额的内涵，科学确定各个产业、各类业务的增值额的计算口径。

增值税立法实现税收公平，应考虑小规模纳税人的制度缺陷，逐步以免征额制度取代之。增值税的设计原理基于税款抵扣制，即在税制设计中以环环抵扣、道道计征的方式实现其税收中性的要求。在税收实践中，由于税收征管能力限制，很难对所有纳税人均采用税款抵扣方法。小规模纳税人制度便是针对规模小、财务管理不健全的纳税人实行的简易征收办法。但是，小规模纳税人制度的弊端在制定之初就存在，“营改增”之后其弊端表现得更为突出，主要表现在以下方面：一是以简易征收率替代环环紧扣的增值税抵扣制度，破坏了增值税的抵扣链条，不符合增值税中性原则；二是工业、商业和服务业小规模纳税人标准不统一，行业之间的税收公平性受到一定影响；三是实践证明小规模纳税人的征收率不一定比实行抵扣制的一般纳税人税负低，这不符合国家降低小微企业整体税负的政策主基调。因此，废除小规模纳税人制度甚至尽可能减少和取消简易征税，可能是增值税立法中的理智性政策选择。

增值税立法，需要废除不合理的起征点制度。起征点是税法规定的对课税对象开始征税的最低界限，当课税对象的应税数额达到起征点时，需全额征税；未达到起征点时则无需征税。起征点制度的初衷是为了照顾广大个体经营者和个体工商户的发展。但是，起征点制度存在明显的税制缺陷，即起征点上下税负出现陡然变化，且起征点处的边际税率可以认定为无穷大。当税负陡然变化程度越明显，税负不公平感越强，越会诱发市场经营者拆分其经营收入以规避税收。因此，起征点制度不利于实现税制公平，而且诱发规避税收行为，也需要考虑以免征额制度取代起征点制度。

总而言之，增值税立法，必须体现增值税的税收中性和公平性的制度优势，为构建新型增值税法奠定基础；增值税立法，必须形成一种缜密的税收监督约束机制；增值税立法，社会各界期盼构建一个公平正义、诚信高效的增值税法律体系，让增值税真正在流转环节打通各个产业，实现产融结合、产业融合，发挥市场对资源的优化配置作用。

五、税收征管法修订的六大建议①

税收事关企业的命脉、百姓的幸福和国家的未来，税收成为社会普遍关注的热点问题，最真实的原因是税收事关个人利益。这次税收征管法修订，使税制建设走到依法治税的前沿，和习主席倡导的国家治理现代化紧密联系起来，和税收法定原则紧密结合起来。这是中国税收真正走向民主和法制的前提。笔者认为，税收征管法有其进步意义，但仍存在一些需要注意的现实操作问题。

（一）关于纳税人识别号制度的建立与运行问题

《税收征管法（征求意见稿）》第八条规定：国家施行统一的纳税人识别号制度。这一制度显然有利于对自然人进行税收监管。对于逃税猖獗的自然人而言，实行纳税人识别号制度，只要出现同一号码的纳税人，就会统一予以征税，这不仅可以治理税收流失，而且也为未来个人所得税的综合征收埋下伏笔，从而实现一定程度上的税收调节和一定意义上的税制公平。第二十二条

① 原载于《中国经济时报》2015年2月10日。

规定：纳税人签订合同、协议，缴纳社会保险费，不动产登记以及办理其他涉税事项时，应当使用纳税人识别号。这些条款，对纳税人识别号的适用范围、管理制度进行了明确和界定，是税务机关对纳税人进行税收征管的基础。税务部门通过纳税人的识别号把纳税人所有涉税事项联结在一起，对纳税人不同时间、不同地点、不同税种涉税记录对比分析，有利于实现政府机关、金融机构、第三方及其他社会单位之间的信息传递与共享。但笔者进一步认为，我们所倡导建立的“纳税人识别号”，其实很类似于美国实行的“SSN”制度。但是这里有个问题，中国的“纳税人识别号”制度如何运行，是由政府负责进行监管，还是像美国一样形成上千家民间的信用机构为此服务，是目前困扰立法者的核心问题。我们希望借鉴美国的做法，尽快形成一种政府、商务、社会各方联动的“纳税人识别号”运行机制，完善税收征管制度。

（二）关于涉税信息提供机制问题

《税收征管法（征求意见稿）》第五条规定：地方各级人民政府应当依法加强对本行政区域内税收征收管理工作的领导或者协调，支持税务机关依法执行职务，建立、健全涉税信息提供机制。第七条规定：纳税人、扣缴义务人以及其他有关单位和个人应当按照国家有关规定如实向税务机关提供与纳税和代扣代缴、代收代缴税款有关的信息以及其他涉税信息。第三十条规定：纳税人及与纳税相关的第三方应当按照规定提交涉税信息。第一百一十一条规定了对负有提供涉税信息协助义务和其他协助义务的纳税人、扣缴义务人以及其他有关单位和个人未按照本法规定履行提供涉税信息和其他协助义务的，应给予相应的惩戒。这里所论及的涉税信息提供机制，其实也是一个实践难题。不仅纳税人、扣缴义务人以及其他有关单位和个人应当提供相关涉税信息，甚至连第三方也有义务提交涉税信息，这与目前的中国国情不太相符，中国传统文化中“事不关己，高高挂起”的思想会对涉税信息提供机制造成极大的破坏。政府必须想办法诱导各方当事人有责任、有动力提供涉税信息。但这的确是一个十分棘手的现实问题。我们希望社会各界普遍提高觉悟，形成一个良性的涉税信息提供机制，为提供公共信息、彻底消除逃避税行为而努力。

（三）关于税务机关之间税收管辖争议、税企争议解决方案问题

《税收征管法（征求意见稿）》第十六条规定：税务机关之间对税收管辖有争议的，由争议各方依照前款规定，本着有利于征收管理的原则逐级协商解决；不能协商一致的，报请共同的上级税务机关决定。这里的税务机关之间的税收管辖争议，明确要求依据协商解决、报请上级税务机关决定两种方案处理。

这次征管法修订，取消了过去“先缴税款后行政复议”的规定，有利于形成科学的利益协调机制、诉求表达和矛盾调解机制，有效地保护了纳税人的合法权益。第四十六条规定：税务机关应当建立纳税人适用税法的预约裁定制度。纳税人对其预期未来发生、有重要经济利益关系的特定复杂事项，难以直接适用税法制度进行核算和计税时，可以申请预约裁定。税务机关和纳税人之间的争议，适用税法预约裁定制度。但这里的关键问题是能否实现纳税人税法适用裁定的公平性、公开性，以及如何实现上述目标，这是考验治税方案的试金石。

（四）关于网络经济、电子商务税收管理问题

《税收征管法（征求意见稿）》第十九条规定：从事网络交

易的纳税人应当在其网站首页或者从事经营活动的主页面醒目位置公开税务登记的登载信息或者电子链接标识。随着新经济的出现和电子商务的崛起，对网络交易及电子商务纳税人的征税和监管问题，必然进入税收监管者的视野。其实这是一个有难度的重大课题，这一课题的彻底解决需要待以时日。第二十四规定：纳税人、扣缴义务人使用征纳双方认可的电子凭证，可以作为记账核算、计算应纳税额的依据。随着 2014 年京东集团开出第一张电子发票，电子发票已经成为新时代税收管理转折点的一个象征。第三十三条规定：网络交易平台应当向税务机关提供电子商务交易者的登记注册信息。这是对网络交易平台的监管，防止虚拟经济的交易行为造成税收的流失，即必须严格监管网络交易平台，严格监管税源实现依法征税。

（五）关于税收监管权与自由裁量权的重新定位问题

《税收征管法（征求意见稿）》第三十一条规定：从事生产、经营的单位和个人在其经济活动过程中，一个纳税年度内向其他单位和个人给付五千元以上的，应当向税务机关提供给付的数额以及收入方的名称、纳税人识别号。单次给付现金达到五万元以上的，应当于五日内向税务机关提供给付的数额以及收入方的名称、纳税人识别号。这里的交易的监管底线为何是五千元呢，难道低于五千元就不需要监管了吗？显然这里没有给出理由，也没有充分的理由。随着社会经济环境的变化，通货膨胀、利率变化、经济增长波动等因素会影响这一价值底线的实际购买力。因此，我认为最好不要给出一个绝对的金额限制，这样不利于监管和灵活执法。

另外，征管法把自由裁量权调整为三倍以下，改变了原来的一倍到五倍的罚款，我觉得这在一定程度上缩小了自由裁量权，但颇有点五十步笑百步的感觉。其实自由裁量空间还是很大。骗取出口退税的行为处以一倍以上五倍以下罚款。这一裁量权更显得自由度过大。因此，建议在自由裁量权方面应谨慎考虑，作出正确的制度规定。

（六）关于纳税人的权利与义务问题

纳税人享有申请减税、免税、退税的权利，获悉国家税收法律、行政法规、纳税程序的知情权利，还有权要求税务机关为纳税人、扣缴义务人的情况保密，对税务机关所作出的决定享有陈述权、申辩权，控告和检举税务机关、税务人员的违法违纪行为的权利，依法享有申请行政复议、提起行政诉讼、请求国家赔偿等权利。同时《税收征管法（征求意见稿）》第十一条规定：纳税人依法享有税收法律、行政法规和规章制定、修改的参与权。这项权利纳税人已经享受了，这次税收征管法的修订，就充分听取社会各界纳税人的建议。第三十六条规定：纳税人、扣缴义务人对纳税申报、扣缴税款申报的真实性和合法性承担责任。这会对纳税人义务的明确界定，加大了纳税人的依法纳税的社会责任。第三十九条规定：纳税人办理纳税申报后发现需要修正的，可以修正申报。这是对纳税人的一种保护，也是其正当权利的一部分。

六、个税改革方向与关键性制度设计[①]

个税改革是一个全社会关注的焦点问题，牵动着很多人的心。个税改革的方向在于设计公平效率的税制，开创高效的征管

① 原载于《金融经济》2016 年第 23 期。

体制，构建自然人税收征管体系。

（一）澄清个税的各种“谣言”

谣言并非空穴来风，而是有一定的踪影可察。或出于无知，或被无限放大，但谣言总会止于事实、终结于天地间的风清朗润。个税的各种谣言也是如此，我们不妨对各种广为流传的个税传闻做一下梳理和辨析。

1. “年收入 12 万元” = 高收入？

“年收入 12 万元”是最近被热炒的一个概念，原因是把 12 万元界定为高收入。究竟年收入 12 万元算不算高收入？

年收入 12 万元在二十年前应该算是高收入，而如今不能算是高收入了。通货膨胀和高房价已经使得货币的购买力直线下降。年收入 12 万元当初被认定为自然人自行纳税申报的最低标准，但时过境迁，年收入 12 万元并不是高收入的底线了，年收入 12 万元的个人也不属于高收入群体。如果把年收入 12 万元与高收入划等号，无异于刻舟求剑般可笑而可叹。

2. 个税 = 工薪税？

个税是工薪税吗？为何出现个税是工薪税的观点，这要从“3500 元的免征额谈起。2011 年 11 月份修订后的个税免征额定为 3500 元，而北上广深等一线城市的最低工薪标准范围为 3000 ~ 3500 元，几乎所有的工薪阶层都需要缴纳或多或少的个税，于是个税就沦为“工薪税”了。但是，目前个税面临的最大的税制问题不是提高免征额，而是制定合理的项目扣除标准。

3. 个税制度虐待高收入者吗？

国务院最近颁发《关于激发重点群体活力带动城乡居民增收的实施意见》，特别提出要推进个税改革：“健全包括个人所得税在内的税收体系，逐步建立综合和分类相结合的个人所得税制度；进一步减轻中等以下收入者税收负担，发挥收入调节功能，适当加大对高收入者的税收调节力度。”面对这一政策精神，社会又起波澜，高收入者为何要多承担税收，这是否意味着政府和社会存有对高收入者的厌恶情绪？我们倒是更倾向于另一种关于个税改革的政策预案——“提低、扩中、调高”，即提高低收入阶层的收入，扩大中等收入群体，调节过高收入群体。个税改革的这一政策设计，非常符合我国的国情和现实需求，即从以下三个方面发挥个税的调节作用：一是提高劳动收入在国民收入中的分配比重，让以劳动所得为主的工薪阶层有获得感；二是让推动消费升级换代的中产阶层不至于“被高收入”；三是让灰色收入广泛存在的高收入阶层无法再轻松逃避税收。“提低、扩中、调高”的政策核心是扩大中产，促成橄榄型社会的发育，为宏观经济增长提供源泉和动力。笔者认为，个税改革的宗旨和目的不是使高收入者承担不公平的高额税负，而是让高收入者不再有逃避税收的空间，这将引导个人的依法纳税行为，形成个税收入新的增长点。

（二）个税关键性制度设计

个税改革的成功与否，关键取决于个税的制度设计。从公平、效率视角出发，构建综合与分类征收相结合的个税征管制度是，是个税改革和制度设计的重要内容。

1. 调整个税征收范围

目前我国个人所得税的征税范围为 11 类所得项目，但随着经济的发展，各种新的收入项目层出不穷，譬如各种福利性收入、金融商品转让所得等不断增加。如果不对这些福利性收入和金融商品转让所得征税，不仅会造成大量税收流失，还会破坏社会财富分配的公平性。因此，个税改革必须考虑将福利性收入归入应税收入项目统一征收个税，将金融商品转让所得纳入财产转让所得项目征收个税。

2. 划分综合与分类征收的适用范围

确定好个税征收范围之后，建立综合与分类相结合的征管模式的关键是明确哪些所得项目适用综合计税，哪些所得项目适用分类计税。目前理论界有以下四种基本主张：一是按收入性质划分，劳动性质的所得适用综合计税，资本性质的所得适用分类计税；二是按所得的连续性与否划分，具有连续性的所得适用综合计税，不具有连续性的所得适用分类计税；三是按所得有无费用扣除标准划分，有扣除标准的适用分类计税，无扣除标准的适用综合计税；四是按照所得的监控难易度划分，监控比较容易的适用综合计税，监控较难的适用分类计税。

若采用第一种划分方法，适用综合计税的收入项目有工资薪金所得、个体工商户生产经营所得、对企事业单位的承包经营承租经营所得、稿酬所得、劳务报酬所得；适用分类计税的收入项目有特许权使用费所得、利息股息红利所得、财产租赁所得、财产转让所得、偶然所得、其他所得。

3. 合理确定费用扣除标准

合理确定费用扣除标准是个人所得税改革的关键，借鉴国际经验，综合计税的费用扣除可以分为成本费用扣除、生计费用扣除和特殊扣除三个方面：一是扣除的成本费用，必须与取得的收入有直接联系，且是取得该项收入所必需的支出。比如，劳务报酬所得可以享受 800 元或者 20% 的扣除。二是扣除的生计费用，包括个人基本扣除和家庭生计扣除两部分。个人基本扣除是指对个人最低生活费用的扣除，家庭生计扣除是指对赡养老人、抚养子女的生活费、房贷利息支出等家庭生计费用扣除。三是扣除的特殊项目，是指纳税人涉及的医疗、教育等支出项目。

分类计税的费用扣除主要适用于资本性质的所得，这部分所得的费用扣除可以分为以下两种情况：一是对几乎不需要付出任何费用就能取得的所得，比如偶然所得、利息股息红利所得，可以规定一个扣除标准或者不做扣除；二是对于需要付出一定成本或费用代价后才能取得的所得，如特许权使用费所得、财产租赁所得、财产转让所得等，可以按照实际发生的费用据实扣除。

4. 科学设计税率

对于综合计税部分，应当采用超额累进税率，以更好地发挥个税调节收入分配的作用。目前我国工资薪金所得适用3%～45%的七级超额累进税率，与世界典型的国家相比，存在累进级次过多、最高边际税率过高的问题，建议将工资薪金税率级次设计为五级，即制定3%～35%的五级超额累进税率。

对于分类计税部分，从简化税制、便于征管角度考虑，仍宜选择现有的20%比例税率。此外，为促进我国资本市场发展，鼓励中长期投资，可以对财产转让所得等以持有期限为标准制定相应的税收优惠政策。

5. 建立纳税人识别号制度

借鉴发达国家的个税征管制度，我国必须尽快建立纳税人识别号制度。依托个人身份证件号码，增加一定的数字位数，形成纳税人识别号，为每一位自然人建立完整、准确的纳税人档案，对其收入和相关纳税信息进行归集和整理，并实施动态管理。在个人收入多元化的今天，依据每个纳税人独一无二的税号，才能将个人纳税信息归集到一起，为综合计税奠定基础。有了纳税人识别号，不仅可以对个人收入进行监管，购房、买车、高档消费以及投资、理财等个人经济行为都与纳税人识别号挂钩，就可从单纯的收入监管变为对收入、消费、支出等的全方位监管，真正实现对自然人的“信息管税”。

本章参考文献

［1］高培勇：“营改增的功能定位与前行脉络”，《税务研究》，2013年第7期。

［2］高培勇：《财税体制改革与国家治理现代化》，社会科学文献出版社2014年版。

［3］胡怡健、田志伟：“我国‘营改增’的财政经济效应”，《税务研究》，2014年第1期。

［4］胡怡健：《深化改革构建公平正义现代财税体制研究》，经济科学出版社2015年版。

［5］蔡昌：《建筑、房地产业“营改增”新政与税收筹划》，中国财政经济出版社2016年版。

［6］蔡昌：《金融业“营改增”新政与税收筹划》，中国财政经济出版社2016年版。

［7］蔡昌、李梦娟：《“营改增”契机与操作指南》，中国财政经济出版社2013年版。

［8］王春玲：《我国税收制度的经济学分析》，经济科学出版社2007年版。

［9］严才明：《增值税的效率分析》，中国财政经济出版社2008年版。

［10］财政部财政科学研究所：《营改增：牵一发而动全身的改革》，中国财政经济出版社2013年版。

［11］李升、杨武：“个人所得税改革：以促进公平为视角”，《税务研究》，2016年第2期。

［12］曹珊珊：《分类与综合相结合的个税税制改革问题的研究》，宁波大学，2015年。

［13］马国强：“论个人所得税基本模式”，《税务研究》，2013年第9期。

［14］岳树民：“世界主要经济体个人所得税课税模式及对我国的启

示”，《中国税务》，2010 年第 11 期。

［15］ L. Ambagtsheer - Pakarinen, Sweden, Individual Taxation, Country Surveys IBFD.

［16］ Brys, B. et al. (2013), “Tax Policy and Tax Reform in the People’s Republic of China”, OECD Taxation Working Papers, No. 18, OECD Publishing.

第三章 税务管理创新

一、税务管理变革与“税控三角形”①

（一）经济新常态与税务变革

1. 经济新常态

2014 年 5 月，国家主席习近平在河南考察时指出，“我国发展仍处于重要战略机遇期，我们要增强信心，从当前我国经济发展的阶段性特征出发，适应新常态，保持战略上的平常心态。”新一代中央领导首次以新常态描述新周期中的中国经济。

经济“新常态”蕴含多个政策寓意：一

① 原载于《新理财》（公司理财）2016 年第 1 期。

是经济增速放缓，经济增长更趋平稳，增长动力更为多元。二是经济结构优化升级，发展前景更加稳定。三是政府简政放权，市场活力进一步释放。经济新常态着眼于经济结构的对称态及在对称态基础上的可持续发展。

2. 税收职能作用不断衍生

在新时代背景下，我国经济社会的各个方面都在向新常态发展，在此浪潮下税务工作也迎来了新的变革。税务变革的根本目标在于通过理念进步、制度改革与技术创新等多项措施实现税收现代化。

税收职能作用不仅仅要强调其经济属性，还要强调其在政治、社会、文化、生态、外交等诸多领域的属性。党的十八届三中全会从推进国家治理体系和治理能力现代化的高度进行税制改革的部署，将税收职能更深刻地介入国家治理的各个方面，使其成为治国理政的重要基础和支柱，这既为税收工作带来了机遇，同样也带来了挑战：首先，在经济新常态下，应不断完善税收政策“工具箱”，科学有效地实施税收调控，更好地发挥税收的经济调控职能，促进经济健康稳定、持续发展；其次，随着全面改革的深化，应一如既往地发挥税制改革的突破口作用，推动更大范围更加深刻的改革；最后，在全面依法治国的进程中，应继续不断提升税收法治化水平，完善税收法律体系，推动依法治税的进程。

在推进国家治理现代化的过程中，应推动税收治理现代化，通过完善税收制度、改善征管方式、加快技术创新与应用等推动税收现代化。同时，在大力发展对外经济时，应既维护国家税收权益，又增强我国国际影响力，谋中国特色大国税收和经济外交之“势”。总之，经济新常态下的税务变革意味着税收在国家治理和社会进步方面发挥更大的作用。

新的经济周期，对我国的税收事业，既带来了挑战，同时又带来了机遇。其中新的挑战在于：（1）经济增长放缓加上我国以间接税为主的税制结构，导致税收收入减速将会更快。我国经济目前由10%左右的高速增长转向7%左右的中高速增长，随着经济增速的下降，税收收入压力会越来越大，加之我国目前仍以间接税为主的税制结构，经济减速造成的税收收入减速效应将更明显。（2）随着我国经济结构的调整，税源结构也正在发生深刻变化：一方面，随着跨国经济活动的兴起，国际逃避税问题也越来越严重，税源的复杂性、隐蔽性和流动性都越来越强；另一方面，随着房地产税等涉及个人的直接税改革的推进，纳税人将在现有企业、个体工商户的基础上增加数量庞大的自然人，这会使税收征管面临更复杂的局面。（3）随着经济发展动力由要素驱动、投资驱动转向创新驱动，将催生一批新产品、新业态、新商业模式，这将对税收征管和税务稽查提出严峻挑战，比如电子商务征税、资产证券化征税等问题都对目前税制形成新的挑战。

而经济新常态同时为税收事业带来以下新的契机：（1）我国不断加快税制改革步伐，逐步提高直接税比重，提升经济存量对税收收入的贡献度，使税收增长过多依赖GDP增长的局面逐渐得到改善，税收增长的可持续性增强。（2）《预算法》对依法征税提出明确要求，《税收征管法》将为税收征管提供更强大的法律保障。（3）国际税制改革有效打击跨国逃避税行为，有助于我国经济结构逐步提质增效升级，国家整体经济增长更趋平稳，我国跨国企业将在国际领域获得越来越多的市场份额和收益，这些都将为税收收入增长提供更加有质量、更趋稳定的税源。

（二）税务管理的价值更加凸显

十八届三中全会已经确定了财税体制改革的目标——建立现代财政制度。十八届五中全会进一步提出“建立健全现代财政制度、税收制度”。

新一届政府高度重视市场规律，简政放权，已下放和取消600多项审批事项；深化财税体制改革，继续推进分税制改革，为企业创造稳定、透明、公平的税收环境；全面推进“营改增”改革，适当简化税率；调整消费税征收范围、环节、税率，把高能耗、高污染产品及部分高档消费品纳入征收范围；逐步建立综合和分类相结合的个人所得税制；加快房地产税立法并适时推进改革，加快资源税改革，推动环境保护费改税。

在这种时代背景下，企业的税务管理将发生积极而深刻的变化，并形成不可逆转的税收“新常态”，税务管理的价值将更加凸显。在经济新常态下，企业开展税务管理必须严格沿着法制化的轨道，这样才能确保税务管理的合法性和有效性。按照经济学观点，企业是在社会经济中从事生产、消费、交换的行为人，具有“理性经济人”特征，并以此作为选择行为方式准则的主体，这种对自身利益的追求在税收法律关系中必然带来对税收利益的追求。法律按其真正的涵义而言与其说是限制，还不如说是指导一个自由而有智慧的人追求他的正当利益。在经济实践中，一项经济活动往往存在多种纳税方案，且每种方案对应于特定的预期收益或目标效益，但同时需要付出一定的代价或风险。在这种约束条件下，企业总是倾向于选择收益最大化的纳税方案，这就需要企业在众多的纳税备选方案中进行科学决策。

经济新常态下税务管理，大数据在其中扮演的角色将更为重要。所谓大数据（Big Data），是指所涉及的资料量规模巨大，必须借助一些数学技术手段对数据进行撷取、筛选、处理使其成为有利于决策的资讯。大数据有典型的4V特点：数量（Volume）、速度（Velocity）、品种（Variety）、真实性（Veracity）。

大数据时代将给我们的思维、生活及工作带来三个方面的转变：一是分析数据时，可以处理和某个特别现象相关的全部数据，不需要依靠随机采样，能够认识事物的全貌；二是面对大数据，不能强调其精确性，人们无法追求精确性，简单、粗略、估计的算法比比皆是，适当地忽略微观层面的精确度会让我们在宏观层面拥有更好的洞察力；三是放弃对因果关系的渴求，取而代之的是相关关系，这将颠覆人类认知和与世界的交流方式。

企业税务管理面临大量的数据信息，如何分析其中的税务秘密，利用这些数据信息能否发现一些蕴含的税务规律和规则呢？这就需要数据挖掘技术剖析税务信息所蕴含的秘密，数据挖掘将开启税务管理的新时代。数据挖掘就是从大量的、不完全的、有噪声的、模糊的、随机的实际应用数据中，提取隐含在其中的、人们事先不知道的、但又是潜在有用的信息和知识的过程。税务管理领域的数据挖掘实质上就是在寻找税收数据的关联性，引导税务管理者发现一些潜在的税收数据关联性及税务管理规律。

（三）经济新常态下的税控思想

税控思想是一种税务管理思想，旨在有效控制企业的税务风险、税收负担和税收战略。企业只有掌控税务风险、税收负担和税收战略这三大要素（税控系统中简称为“风险”、“税负”、“战略”），才能构建真正的“税控体系”，实施税务管理，实现税控目标。

税控原理可以用稳固的三角形来形象地描述，该原理也被称之为“税控三角形”，如图 3－1 所示。

税务风险是税控的基础目标，企业能否有效控制税务风险，往往决定着税控的质量。税务风险无处不在，“税控”首先要求控制各种引致税务风险的要素，并通过税务风险管理、税务会计技巧等方法和手段防范和化解税务风险，为“税控体系”的建立奠定基础性条件。

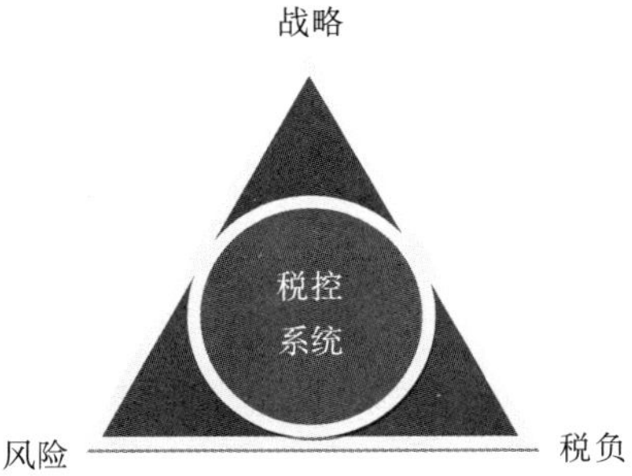

图 3－1　税控三角形

税收负担是税控的主体要素，企业能否有效控制税收负担，往往决定着税控的成败。税收负担的高低，是“税控体系”的显性指标，通过税收负担易于量化和比较税务管理的绩效。控制税收负担的方法主要有税收筹划控税、合同控税等。

税务战略是税控的关键，往往决定着企业未来的税务方向。税务战略一般从资本运营、税务理财决策角度出发，通过组建分支机构、构建合适的内部组织架构，打造融资、投资、分配的良性“税控体系”，形成有利于降低税务成本的整体架构安排。

总之，经济新常态下税务管理者要潜心研究各项税收政策，剖析税制变革趋势，掌控税务管理的基本规律，在税务管理实践中形成“卓越税控”模式，不断适应税务变革和大数据时代的要求。

二、VBM：引领理财变革[①]

作为本世纪最热门、最前沿的管理理论之一，VBM（Value

① 本文原载于《新理财》2015 年第 12 期。

Based Management，即为价值管理）正在被越来越多的企业在制定战略规划时所运用。它摒弃了原来的利润导向的理财思维，而以现金流和价值创造为新的衡量标准，并且 VBM 并不是偶然的，而是一个有意识的、持续监控的财务过程，创造现金流与提升企业价值在这里得到了透彻的诠释和深入的结合。从此种意义上讲，VBM 作为一种卓越的理财模式，将会引发企业深刻而系统的理财变革。

（一）概念界定

VBM 有着深刻的理论渊源，在国际上存在着多种理论分支，其实践应用也倍受实务界青睐。美国著名学者汤姆·科普兰（Tom Kaplan）在其著作《价值评估》中首次提出 VBM 的概念。汤姆·科普兰认为，VBM 即是以价值评估为基础、以价值增长为目的综合性管理模式。英国学者加利·阿什瓦斯（Gary Ashworth）、保罗·詹姆斯（Paul James）在其合著的《基于价值的管理》中认为："VBM 使公司的管理决策的核心与股东的利益协调一致，这样，公司的管理活动自然而然地创造了股东价值。"

美国学者约翰·马丁（Martin, J. D）与威廉姆·佩蒂（Petty, J. W）在《价值管理：公司对股东变革的反应》一书中论述了有关"价值管理"的理论与实务问题，他们认为："VBM 是对一系列能促进公司提高股东价值的管理工具的总称……从某种意义上讲，VBM 是众多商业学科和商业主题的综合。从财务角度而言，VBM 将创造股东价值这一目标同折现现金流量估价模式结合了起来。从公司战略角度而言，价值创造是投资于同现存的以及潜在的竞争者都存在某种相对优势的公司的结果。从会计角度而言，VBM 采纳了公司会计报表的基本结构，并根据自身的要求对其进行了修改。最后，从组织行为学的角度而言，

VBM认为评价和奖励对于引导员工的行为很重要。”约翰·马丁（Martin，J. D）与威廉姆·佩蒂还将VBM采用的主要方法归为以下三类：

（1）麦肯锡（McKinsey）和莱柯/阿卡（LEK/Alcar）（Stern Stewart）等公司倡导的以不同形式出现的自由现金流量法。

（2）思滕思特（Stern Stewart）公司支持的经济增加值/市场增加值（EVA/MVA）法。

（3）波士顿咨询集团（Boston Consulting Group）使用的投资现金流量回报法（FROL）。

约翰·马丁与威廉姆·佩蒂还认为，以价值为基础的业绩评价和激励报酬相结合是VBM系统的核心，价值管理是指用来帮助经理人员提高股东价值的业绩衡量和薪酬体系（如图3－2所示）。

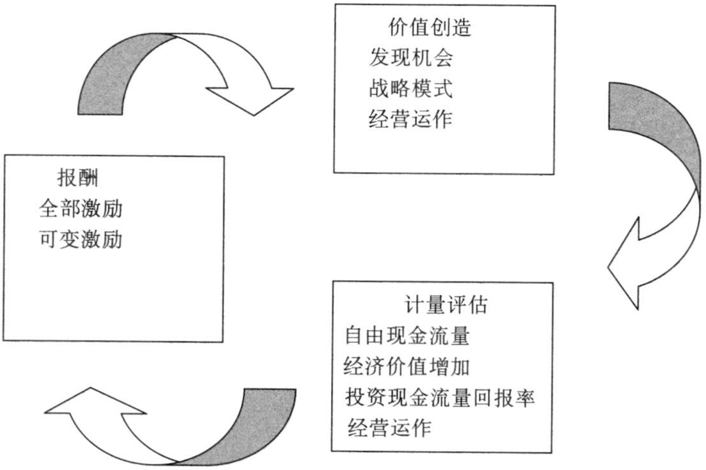

图3－2 持续价值循环的结构

笔者比较认同汤姆·科普兰、约翰·马丁与威廉姆·佩蒂的理论，因为他们都把价值管理与财务决策活动相结合，并认为

VBM 是一系列能促进公司提高股东价值的管理工具的总称。VBM 注重实现价值创造，并以实现价值增长作为企业的终极目标。从较为宽泛的价值管理思想来审视企业的理财活动与价值创造过程，凡是能够促进企业价值增长的管理工具都应该纳入 VBM 的范畴，但同时 VBM 并非是一个无次序、无边界的价值创造管理模式。

笔者所定义的 VBM，是指企业以价值和价值评估为基础，紧紧围绕企业价值最大化目标，适时地根据环境变化，制定并调整战略规划，合理配置资源，开展财务运作，采取组织调整、财务规划、政策选择、薪酬设计、流程再造、资产重组、股市运作等资源整合方式，解决价值流程中的价值创造和现金流转障碍，以增进现金流和提升企业价值为导向的综合性理财活动。

稳定而有力的价值创造是股价上升的决定因素，这就解决了 CEO 和 CFO 面临的关键性问题，即把经营重点倾向于价值创造还是利润追逐。企业股价变动背后最关键的支撑是企业现金流动及价值提升，而不是预期的利润增长。

（二）特征分析

作为一种理财模式，VBM 通常具有以下基本特征：

1. VBM 是现代企业理财的重要组成部分和核心内容，也是理财活动的本质之所在。VBM 是基于价值评估、管理评估、战略评估，是对理财策略和财务资源的一种整合方式，是不断变革、适应环境变化的卓越理财模式。

2. VBM 以价值为基础，立足于企业价值创造和价值增长。VBM 的目标是获得企业存续期间持久的盈利性与现金流量折现值的最大化，实现企业价值的持续增长，提高企业的灵活性和环境适应性。

3. VBM 强调对企业的整体分析、评估和管理，这与传统的企业分析、评估和管理方法有着重大差别。传统的企业分析、评估和管理方法强调个人或企业职能部门的利益所在，这种分割的思维反映在把企业划分为不同的部门，如采购、生产、销售、财务和人事部门。然而，企业实践深刻表明，比单一部门功能顺利运行更为重要的是把不同职能的功能有效地整合起来。VBM 注重分析、解剖企业不同部门、不同活动之间的动态关系，为企业制定战略规划、拟定行动计划、提升企业价值服务。

4. VBM 强调财务战略、财务制度安排、财务组织协调、财务活动整合，是一种系统思维模式下的大财务管理，涵盖财务工程和资源整合，均衡投资与利润分配的关系，其宗旨是增进企业现金流量，提升企业价值。

5. VBM 强调对未来的预测和管理，企业的现值取决于企业的价值潜力。价值潜力是对环境、市场和企业本身潜在的或现在的价值的合成，对企业的估价意味着识别企业战略，预测企业未来现金流量。

6. VBM 特别关注如何运用价值概念进行战略决策和日常经营决策，将企业的愿景目标、分析技术、管理程序整合在一起，推动企业将管理决策集中在价值驱动因素方面，清晰地把握价值动因，最大限度地实现价值增长。

（三）价值管理的运作流程

在具体实践中，VBM 流程通常如图 3-3 所示，该流程将整个流程循环分为临界状态和管理步骤两部分，临界状态是时点状态，转瞬即逝，一般需要进行评估判断；而管理步骤是区间过程，一般需要管理程序和管理手段。临界状态由顶点代表，管理步骤由边代表，五种临界状态与五个管理步骤相互交织排列，形成首尾相连的正五边形。

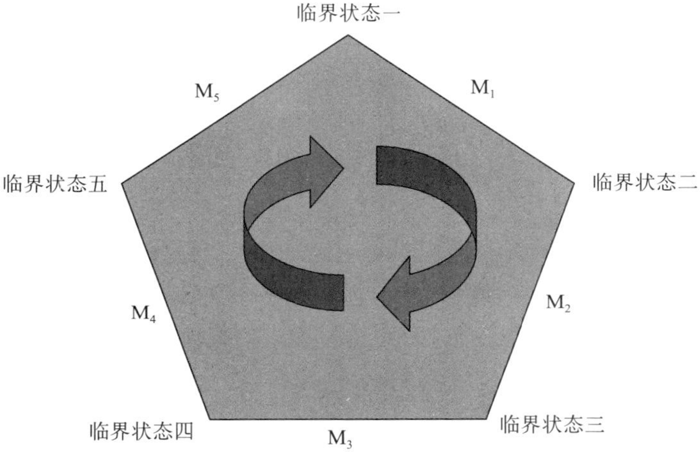

图 3-3　VBM 的实践运作流程

下面分析 VBM 流程的内部结构要素及实践应用：

1. 临界状态一（A1）：企业的现时市场价值（评估价值）

VBM 流程的第一临界状态非常简单，但至关重要。其目的是分析和评估企业的现时市场价值，即把握企业的自有资本及债务结构，评价权益负债比，界定财务风险，全面理解企业的现时市场价值。

2. 管理步骤 1（M1）：战略规划与绩效评价

这一过程为企业创造价值、实施价值管理进行战略思考，并做出合理的战略安排。只有确立远景目标和战略规划才能使企业后期的财务运作有章可寻。同时设计与之配套的绩效评价体系，引导企业实现价值增长。

3. 临界状态二（A2）：企业的原始价值（帐面价值）

原始价值反映了企业在当前管理条件下的企业价值，该价值一般会与市场价值有所差异，这取决于管理层与市场感觉的差异。比较原始价值与市场价值，可以对企业的战略规划进行适度调整，因为原始价值是企业赖以进行价值创造活动的基础。在原始价值的基础上，可以确定企业未来预期可能提升的价值增量。

4. 管理步骤 2（M2）：改造组织，调整内部资源结构

实施组织改造和业务流程再造，寻找关键内部资源，寻求价值驱动的内部资源动因，进而整合内部资源、技术、组织、管理程式及运作模式，形成价值创造型组织，使创造现金流的价值流程畅通。这一步依赖于内部资源决策与日常运作改善。

5. 临界状态三（A3）：内部改善后的潜在价值提升

这是由于内部调整和改造后得到的结果。提升企业价值往往从内部做起，万不可忽视内部改善。因为内部改善是根基，是释放企业价值潜力，寻求价值提升的关键环节。

6. 管理过程步骤 3（M3）：并购、剥离与产权控制

这一过程是企业寻求外部机会，实施对外扩张、重组的重要举措。企业并购、资产剥离与产权控制是外部改进的基本策略。在内部资源受限的情况下，唯一可行的是寻找契机，实施资产重组战略，资源整合，这是实现企业超常规发展和价值增长的秘密。

7. 临界状态四（A4）：内部和外部调整改进后的潜在价值提升

在出售、租赁低效率资产和实施兼并、收购等外部结构调整后，企业可能获得规模经济效应、协同效应甚至竞争优势，使企业的潜在价值得到释放，从而大幅提升企业价值。

8. 管理过程步骤 4（M4）：实施财务工程

财务工程是将系统工程的原理和方法移植到企业理财工作中所形成的一系列相互制约、相互配合的财务运作活动、财务运作方法、手段、程序的总称。财务工程要求财务人员用一种植根于整体互动的而非局部静止的思维方式来考察、分析、解决价值创

造问题。财务工程主要包括财务组织工程、财务信息工程、财务控制工程、财务激励工程、财务运作工程等组成。

9. 临界状态五（A5）：财务重组整合后的最优价值

经过财务工程的系统整合后所形成的企业潜在价值。企业可能会由于税盾效应、资本结构优化、理财工具革新（比如衍生金融工具）等降低财务风险、控制运作成本，提升企业价值。这是理财活动创造效益的直接体现。

10. 管理步骤5（M5）：财务调整、信息披露与股市运作

企业价值受到财务调整和会计信息披露和股市运作的影响，对于股份公司应该考虑以下三者的协调运作：财务调整技术、信息披露政策与股市运作技巧。真正做到应用财务调整、信息披露手段影响股价，整体提升资本市场中的企业价值，即使企业价值在资本市场上完全得以体现。

VBM的实践运作流程首尾相连，是一个永无止境的循环，价值创造和价值管理在这一流程中得到体现；VBM不是偶然的，而是一种有意识的、持续监控的价值创造过程，该过程基于战略定位、管理运作和价值评估的融合；VBM若配合企业管理变革同步进行，其实践效果会更佳。

三、税收与会计的相互影响及其协调机制

（一）会计与税收的相互影响

会计与税收产生的历史背景不同，但两者有着天然的联系。会计源于刻木记事，在漫长的人类社会发展进程中，会计逐渐形成确认、计量和报告的基本功能；而税收源于社会分工，对社会

财富起着重要的分配作用，体现着以国家为主体的特殊的利益分配关系。实际上，会计和税收都对社会资源的配置起着举足轻重的调节作用。

1. 会计对税收的主要影响

会计与税收有着不解之缘。不论是税务机关的税款征收，还是纳税人的税款缴纳，税收与会计都是息息相关的。现代税收离不开会计，离开税收的会计是不可想象的，但会计也摆脱不了税收，总是和税收血脉相连。

会计是税收的微观基础，会计理论与方法在现代主权国家税收体系沿革发展中起着主导性推动作用。税收制度在几千年漫长的发展过程中，借鉴了越来越多的会计思想和会计技术而日趋成熟，可以说，现代税收制度是借助于会计理论才得以建立和发展起来的。会计对税收的这种影响可以归纳为两个方面：

其一，由于会计要解决的主要问题是确认、计量某一期间的收入、费用和利润，计算缴纳税金也包括在内，会计要为纳税人计税、缴税和税收筹划服务。因此，税收活动理所当然地要模拟会计处理程序和方法。可以说，会计技术与方法在税收中的广泛运用，才使得税收制度和税收征管不断趋于成熟。我国宋代创制的“四柱清册”，即是一种严密的古代会计技术，把我国传统的单式收付簿记提高到一个比较科学的高度，同时这一方法也通过对赋税收支和结存的严密核算，成为中央政府加强对各地赋税收支控制和监管的重要手段，在税收征管中得到广泛运用。

其二，在计算会计利润和所得税征收方面，通过促进税收法规和会计实务的一致性，将会计与税收的矛盾减少到最低限度。这些影响与税法本身一样，既具有刺激性，也具有惰性，它是激发各国不断协调税收与会计关系的内在动力。美国于 1913 年修订了所得税法案，规定应纳税所得额的确定必须以会计记录为基础，从而将税务活动与会计业务紧密结合在一起。美国于 1916 年在联邦收入法中明确规定允许采用权责发生制记账的纳税人采用同样的办法编制纳税申报表，从而改进了税收的确认、计量方法。

当今市场经济的发展与产权制度的变迁紧密相连，会计规范日趋完善，会计对税收的影响更是显而易见。如会计折旧方法、存货发出计价方法、收入确认方法等常用的会计方法和程序被税法所借用或认可，权责发生制、配比原则、历史成本原则在税收上已得到广泛运用。所以，税收对会计方法与技术的依存关系已经被普遍接受，税法正是由于不断借鉴和采纳新的会计方法与技术而逐渐走向成熟。时至今日，会计核算已经成为税收征纳的微观基础，查账征收仍是主流的税收征管模式，企业所得税纳税申报表采用“会计理念”编制，以利润表为基础进行纳税调整进而计算所得税款，会计对税收的影响之深由此可见一斑。

从历史发展的逻辑观察，企业纳税申报和税收筹划均需通过会计，税法与会计实务并行发展，凸显会计的必要性和重要性；税法坚持历史成本原则，不考虑货币时间价值的变动，并且重视会计主体的分离，对会计的一贯性和公开性的强调等，在很大程度上也是受税收政策的影响①。可以说，会计方法和技术影响着税收的计量和公平原则的维护，税收已经跨入全面借鉴会计方法与技术的新时代。

2. 税收对会计的主要影响

遵循辩证法原理，税收不仅受到会计的深远影响，而且也强烈地反作用于会计。税收从法律和制度层面影响或制约着会计的发展，即主要体现在国家税收法规在宏观层面上对会计体系产生

① 盖地：《税务会计理论》，大连出版社 2011 年版。

的影响作用[1]。税收对会计的影响主要表现在以下四个方面：

第一，现代税收与会计都是在一定的法律与制度框架的约束下展开，税收法规与会计同属于社会经济范畴，但从国家权力或国家利益相联系的程度来看，税收无疑更为紧密地与国家相联系。因此，当税收与会计在市场经济条件下出现差异时，税收自然要求依据国家权力采取某些特定的形式影响或制约会计，税法的权威性要求会计准则不同程度地遵从税法。

第二，现代税收对会计的影响或制约无疑受制于一些因素，其中最主要的是一国或地区的体制背景、时代条件、国情因素等。因此，我们所观察到的是多样化的会计方法与实务，原因在于世界范围内税法的差异性引起会计方法与程序的改进并导致世界各国会计准则的多样化。同时，由于各国税法的改进和不断完善，也大大推动了会计实务的发展，从而导致了各国对会计准则的修正和发展。

第三，税收基于减轻税负目的而为会计政策选择提供动力，从而影响会计运作模式及财务核算结果。我们可以显著地观察到以节税为目标驱动的会计导向已经日益在会计实务中显现。

第四，世界范围内税法的差异性及现实纳税义务的要求，诸如税额计算、纳税申报和税收筹划均需借助会计方法和程序才能完成，更凸显了会计核算的必要性和重要性，也引导着会计朝着协调税法的方向发展，因为税收对会计的这种影响最终只能形成以税法为导向的会计，即会计要依附于、受制于税法，而不可能相反（因为各国都遵循“税法至上”原则）[2]。

---

① 邓力平、邓永勤：《会计信息失真及其治理：税收视角的研究》，中国财政经济出版社 2007 年版。

② 盖地：《税务会计研究》，中国金融出版社 2005 年版。

（二）分离·趋同·协作：税会关系模式

1. 会计与税收的适度分离

基于会计与税收在目标取向、基本前提及原则性要求等方面存在广泛差异，为有利于规范和贯彻会计制度和税收政策，会计与税收的适度分离是必然的也是必需的。在我国，要使会计制度得以很好地贯彻，并与国际会计惯例协调，必须遵循会计和税收相分离的原则①。

所谓会计与税收相分离，是指会计制度与税法不一致或存在矛盾时，应按会计制度及会计准则的要求进行核算；在履行纳税义务时，必须按照税法的要求，进行相应的纳税调整处理，但并不调整原有会计账簿记录和会计报表的相关项目。因此，税法比会计制度更具刚性，在处理方法和程序上很少给纳税人自由选择的空间；同时，税收制度的要求和责任也远远高于会计制度。

会计与税收相分离，有利于充分发挥会计与税收在国民经济管理中的作用：首先，会计与税收的分离能够保证会计信息质量，尤其是真实、公允原则的要求，兼顾各会计信息使用者的需求；其次，会计与税收的分离，可以充分发挥税收调节经济的功能，保障税基免受侵蚀，创造税负公平的和谐经济环境；第三，会计与税收的分离，是降低制度成本②的内在必然要求。税收与会计作为国民经济运行中与利益分配、资源配置的制度安排密切关联的两个关键环节，应该遵循成本效益原则，既要不断降低会

① 刘玉廷：“《企业会计制度》的中国特色及与国际惯例的协调”，《会计研究》，2001 年第 3 期。

② 制度成本，是新制度经济学研究的核心问题之一，科斯（Coase）认为制度成本描述了“用以协调运用经济资源制度安排的成本”（《契约经济学》，科斯等著，经济科学出版社，1999）。

计成本，也要尽可能降低税收征纳成本。

当然，会计与税收相分离也带来诸多负面影响：会计与税收相分离导致大量财税差异的产生，纳税调整更为繁琐，会计计量与报告的复杂性也随之增加；会计与税收相分离使得纳税人出于纳税调整及税收利益的考虑，许多会计政策选择的空间会被纳税人所忽视或不屑采用，会计遵从程度和会计信息质量受到严重影响；会计与税收相分离也增加了企业规避税收监管的可能性，纳税人出于自身利益考虑，会利用会计与税收之间的差异规避税收，致使国家税款流失。

2. 会计与税收的走势趋同

随着世界经济一体化和国际财税改革的深入推进，会计与税收的走势呈现出一定程度的趋同性，即税收与会计的差异逐步缩小，会计与税收在许多业务或事项上的处理原则已经趋同或正在走向趋同，这是税会关系历史演进的必然规律。

从会计核算的基础原则——权责发生制来分析，虽然会计实践一直奉行该原则，但税法关于权责发生制与收付实现制的选择的确经历了漫长的演进过程。在加拿大、英国、美国的税法和司法裁决中，曾采用收付实现制作为确认计税收入和费用的主要方法，加拿大是在 1948 年以后才开始承认以权责发生制为主要依据来计算所得的。美国 1954 年以前，基本上以收付实现制为计税方法，但允许纳税企业也可以选择权责发生制。后来认识到收付实现制固有的弊端，即纳税企业可以滥用收付实现制人为操纵经济业务的入账时间，导致收入推迟或费用提前，使税款推迟的情况盛行蔓延。

从历史演进的角度来看，权责发生制和收付实现制在会计和税法中的运用场合、范围都在不断发生变化，虽然税法的发展变化总是滞后于会计，但税法正向会计靠拢，不断走向趋同。在税法和税务会计实务中，世界上大多数国家采用的是修正的权责发生制，税收正在逐步接纳权责发生制，实际上这一变化将会积极影响会计与税收在其他方面的趋同。我国税法已经在企业所得税领域全面推行权责发生制[①]。

为了正确地体现税法与会计的目标、降低征纳双方遵从税法的成本、降低财务核算成本，必须对会计制度与税法进行差异协调，尤其在法律制度方面应尽可能趋同。会计与税收的协调与趋同主要有以下途径：

（1）缩小会计与税法的差异性，寻求会计制度与税收政策的协调。虽然会计与税法的差异是无法避免的，但在制定税法时应尽量参照会计制度的相关规定，毕竟计算税款的基础数据是以会计为依据的。从提高税法的操作性而言，财务会计无疑为税务会计提供了一个基点，也就是说，税法不是确定税务会计规则的唯一法典。如果会计准则和财会法律法规能够更好地反映纳税人在纳税年度取得的应税所得，税务会计也可以从中获得一些框架性或原则性支持。

（2）缩小会计政策的选择空间，保持与税务处理的一致。尤其是那些税务处理显示出比会计处理更为合理的成分，可以按照税法口径选择会计政策。比如固定资产折旧政策，会计折旧年限与税法最低折旧年限最好保持一致，不应允许随意提取折旧。

（3）剔除会计与税法中的“非实质性差异”。许多因政策制

① 《中华人民共和国企业所得税法实施条例》第九条规定：企业应纳税所得额的计算，以权责发生制为原则，属于当期的收入和费用，不论款项是否收付，均作为当期的收入和费用；不属于当期的收入和费用，即使款项已在当期收付，均不作为当期的收入和费用。《国家税务总局关于确认企业所得税收入若干问题的通知》（国税函〔2008〕875 号）对企业收入的确认，要求必须遵循“权责发生制原则和实质重于形式原则”。

定者的主观因素导致的会计与税收的不合理差异，只会增大纳税人的会计成本与纳税成本，对于此类差异，尽可能实现政策统一。比如，税收对待政府惩戒性支出的处理与会计处理背道而驰，会计不论何种罚款性质的支出（包括政府惩戒性支出），一律计入当期损益，而税收却不允许将其税前扣除。这一会计与税法差异属于“非实质性差异”，完全可以统一政策。

（4）税务处理借鉴会计处理。对于会计有规定，而税法没有规定的，总体处理原则是按照会计准则处理。这样有利于协调税法与会计的差异，降低会计核算成本和纳税成本。

（5）对涉税新业务，力求作出一致的规定，避免再创造新的差异。比如会计与税法对商誉的处理就存在很大差异：自创商誉，会计不允许入账，税法不允许摊销；合并商誉在编制合并财务报表时要反映，但税法并不要求反映合并商誉。税法还规定了外购商誉的扣除原则，即“外购商誉的支出，在企业整体转让或者清算时，准予扣除”①。这就造成了会计与税法在商誉问题上存在一定的差异。

3. 会计与税收的深层协作②

会计与税收相互影响，共同发展，两者不仅不能彼此相互取代，而且各自有着独立的发展空间，在未来的税会关系模式中，两者应该发展成一种互为支撑、良性互动的协作关系。

会计与税收的协作，可谓任重而道远，是一个长期的博弈过程。政府必须以国家立法和制度安排为路径依赖，构建税会协作的良性互动模式：

① 《中华人民共和国企业所得税法实施条例》第六十七条。

② 《辞海》对“协作”一词的解释是“许多劳动者在同一劳动过程或者彼此相联系的不同劳动过程中，依计划协同的进行劳动的劳动形态”。会计与税收既然存在相联系的环节和过程，也应该相互配合、协同工作。

（1）构建税会沟通——依赖信息系统。所谓“税会沟通——依赖信息系统”是指以整合税务信息与会计信息而形成的一个相互依存、密切配合的能实现资源共享的信息系统。这一信息系统需要税收与会计的协作，即一方面通过税务当局与财政部门协同制定会计信息披露规则与内容，强制性要求纳税人定期披露；另一方面，在税务当局和财政部门之间实现纳税人的涉税信息与会计信息的交互式传递与沟通，真正发挥信息共享机制的作用，降低各方的信息成本。

利用这一信息系统，一方面可以为税收征管提供会计基础数据，因为税款征纳以会计核算为基础，税收的会计信息依赖性必然要求税收与会计的协作。目前税务系统推行的纳税评估[①]，其本质就是通过评价会计数据（主要根据财务报表和纳税申报表所提供的会计信息）内在逻辑的合理性来甄别纳税人是否存在蓄意避税甚至偷逃税款行为的税务评价方法。在纳税评估中，税务当局往往设计一些涉税财务指标，比如税收负担率、税负变动率等来监控纳税人的税款缴纳情况。由于受征税成本与会计信息质量的制约，纳税评估的实施范围有限，只是一部分纳税人甚至比例甚微的一小部分。如果会计制度给予配合和协作，要求纳税人报送的财务报表必须附带适当的涉税财务分析，那么这种看似微不足道的税会协作就会带来税收征管成本的降低。

税法对会计信息质量有着天然的制约、保护和监督的功能。相对于会计制度而言，税收政策的权威性和强制性使其对会计信息质量的监督具有法律“刚性”。企业少报盈利，就会被界定为逃

① 纳税评估是税务征管的基本方法之一，指税务机关依据有关法律法规对纳税人报送的纳税申报资料（含会计报表和纳税申报表等）进行完整性、一致性和合法性分析，并结合日常掌握的税收征管资料，运用一定的方法对纳税人的纳税情况进行综合评定。

避缴纳税款，必须承担相应的法律责任；而企业虚增利润，就得多纳税，并承担不如实申报纳税带来的风险和法律责任。因此，税法在某种程度上维护了会计信息的质量，毕竟会计与税收之间还是有着藕断丝连的关系。但目前税务信息[1]的非公开性也使税法提升会计信息质量的效果大打折扣，税会协作面临着一定的信息危机。在税会协作中应尽快解决税务信息透明化问题，实现会计信息与税务信息的相互印证与沟通，充分挖掘税务信息的价值。

（2）利用税会协作开展反避税。避税是一个颇受关注、颇有争议的敏感话题，它涉及法律、税务、会计、道德等领域，对其评判众说纷纭，莫衷一是。避税从本质上看既不合法，也不违法，而是处于合法与违法之间的状态，我们称之为“非违法”。纳税人的避税行为如果不有效遏制，就像生态平衡遭到破坏一样，公平竞争的市场环境会被破坏，这将对经济发展产生负面影响。税务当局开展反避税实践工作中，税务征税人员不断反馈纳税人避税的情况，在揭秘纳税人避税“招法”的同时，也发掘出了许多隐含在税法具体条款中的平时难以察觉的税法漏洞。

会计与税收在反避税领域的协作主要有以下方式：第一，反避税活动需要深入研究会计制度与税法之间的差异，防止纳税人利用模糊的税法条款或税制漏洞大肆避税，同时也防范纳税人滥用会计政策降低税负。第二，会计与税收的协作在制度层面上应当通过会计制度与税法的协作来实现，即通过研究避税的运作方式和操作技术，深入分析税收法规的漏洞和缺陷，进而重点审查隐藏避税之蛛丝马迹的会计信息，向税务当局提供反避税的关键信息或让会计信息成为甄别避税行为的佐证。第三，深入探索税

① 这里所指的税务信息的来源渠道，既包括纳税方，也包括征税方，但无论从哪一方获取税务信息，都存在一定的难度，即都有信息障碍。

务会计模式，研究税务会计技术，推动会计准则与税法在微观层面上的协作。税务会计信息是税务当局查证避税行为的重要线索，基于会计准则与税法相协调的税务会计在反避税中能够大显身手。

（三）税会协调机制的一个分析框架

会计与税收的协调是一个漫长的博弈过程。针对税收与会计的关系模式呈现出分离、趋同和协作的三个特征，税会协调也应围绕分离、趋同、协作这三个层面展开。为了提高税收与会计协调的有效性，基于上述税会关系模式分析，笔者给出税会协调机制的一个分析框架（如图3－4所示），试图从制度层面促进税会协调效率的提高，改善税会协调的预期效果。

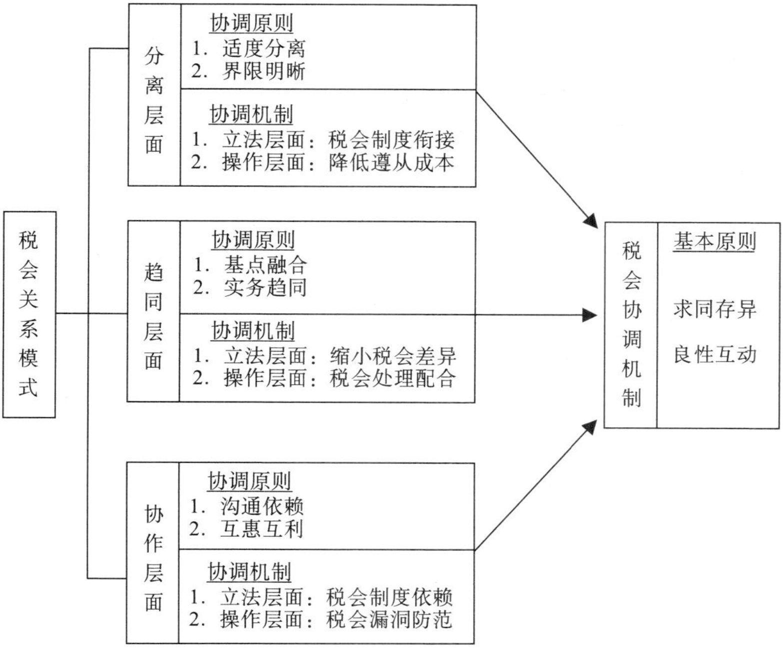

图3－4　税会协调机制的分析框架

在税收与会计协调过程中，应充分听取市场行为主体的意见和建议，努力调动各方面的积极性。针对中国国情，一方面要充分反映市场主体的要求，另一方面要发挥财政部会计管理部门的主导作用，推进会计与税法的协调进程。

四、会计规则与税收筹划

（一）会计规则与税收筹划的协调

1. 会计规则与税收筹划的一致性

（1）会计规则的程序理性。会计规则与税收筹划具有一致性的联结点是真实性原则，而税收筹划也是基于真实性的一种理财手段，真实性原则是其共同的要求。

美国财务会计准则委员会（FASB）在1980年发布的第2号“财务会计概念公告”——《会计信息质量特征》中，出现一个“如实反映”（Representional Faithfulness）的质量特征，从属于可靠性，并认为真实性“就是一项数值或说明符合它已在反映的现象”，如实反映存在反映真实性的程度。国际会计准则委员会（IASC）在1989年发布的《编制财务报表的框架》中，将“如实反映”作为“可靠性”质量特征的首要内容，并阐述以下观点：信息要可靠，就必须真实反映其所拟反映或理当反映的交易或事项。FASB和IASC都认为会计只能做到相对真实。

中国会计对于真实性原则的描述是：企业应当以实际发生的交易或者事项为依据进行会计确认、计量和报告，如实反映符合确认和计量要求的各项会计要素及其他相关信息，保证会计信息真实可靠、内容完整。① 真实性原则要求会计核算以实际发生的交易或事项为依据。会计大师利特尔顿曾指出："探求真实和反映真实是会计职能的重要部分。"

实际上，会计的真实性并不体现在会计信息自身是多么真实，而在于会计信息若遵循公认的会计规则进行加工处理，就可认定其真实性。著名经济学家西蒙提出了"人是有限理性的"这一光辉思想，他还区分了程序理性（procedual rationality）与结果理性（rationality of outcome），程序理性强调的是行为机制（程序）的理性，而不是注重结果本身，结果总是一定行为程序的结果，只要保证了行为程序的理性，结果就是可以接受的。而结果理性强调结果的复合目标性，而不在意产生这一结果的行为程序。② 西蒙还进一步指出：在不确定的环境下，人们无法准确预测未来，从而也就无法按照实质理性的方式采取行动，只能依靠采用某一理性的程序来减少不确定性的程度，因此，应以程序理性替代实质理性（结果理性）来进行经济学研究。

程序理性体现在会计规则上，即只要按照会计规则来处理经济业务，其所得到的结果就是"真实"的，对于会计信息而言，遵循公认会计规则而生成的会计信息就具有真实性。

税收筹划要求的真实性则与会计规则的程序理性导向下的"真实性"原则有些出入，存在一定程度的差异性，但其本质要求还是相同的。税收领域特别要求企业申报纳税的收入、费用等计税依据的真实可靠性，而只有在不能取得真实信息的情况下才可以予以合理估计或测算，如关联定价的调整、组成计税价格的

① 财政部：《企业会计准则——基本准则》第十二条。

② 谢德仁："会计信息的真实性与会计规则制定权合约安排"，载《经济研究》，2000 年第 5 期。

核定等，这在一定程度上也影响着企业税收筹划的行为和结果。

（2）会计规则的灵活性。会计规则作为一种正式化或非正式化的会计惯例，主要被用于会计确认、计量与报告方面，对具体经济业务处理提供最直接的指导。会计规则具备一定的灵活性，因为会计规则一方面是由公司法、证券法、商法、税法等法律所认可的“有秩序的会计原则”，是一种体现科学精神的技术性规范；另一方面会计规则又是社会各种力量博弈均衡的产物，体现着多方的利益和均衡关系，是一种公认的“契约”。所以，会计规则具有一定的灵活性，许多国家或地区的会计都存在一定的会计政策选择空间。Ross Skinner 在评价会计规则的弹性和灵活性时说：“就像一个小孩的气球，在遵循公认会计原则下，一个公司可以使自己的盈余或资产变大或变小，假定它的会计师能用力吹或吸它的话。[①]”

企业作为一个契约的联合体，存在着多种契约关系。契约有很多特性，包括契约的不完全性和刚性。所谓契约的不完全性，是指当达成一项契约或协议时，通常不能完全预料到所有的偶然事件。同时，契约又是刚性的，如市场交易契约、管理层的报酬契约、银行的债务契约，一经签订就不得随意变动。

这些契约有许多条款是以会计数据为基础的，会计规则的灵活性会引起企业管理层利用会计规则处理契约的兴趣。他们通常会利用契约关系的构建选择有利的会计政策进行会计处理。下面举一案例说明会计规则的灵活性及其与契约的关系：一家生产销售纯净水的企业，在销售时一并收取客户的水桶押金。根据我国现行税法规定，收取包装物押金逾期超过一年未退还的，依照所

① 黄文峰：《上市公司会计政策选择行为研究》，经济科学出版社 2004 年版。

包装的货物的税率全额征收增值税[①]。在这个案例中，企业与客户之间构成一种出借包装物——水桶的契约关系，如果客户借出的水桶超过一年没有归还，企业就应该就其收取的水桶押金全额缴纳增值税。由于契约的不完备性和刚性，在企业出借包装物时，并没有想到会超过一年的期限。在这种情况下，企业根据税法和会计规则，可以进行如下税收筹划操作：

企业将一年之内所收到的水桶押金在年终退还给客户并通知客户领取，第二年再向客户重新收取押金，最终达到押金期限总是不超过一年，从而免除包装物押金缴纳增值税的义务，而押金的交易模式可以在事前以契约形式约定。在该案例中，业务活动没有改变，只是企业与客户押金的交易模式因契约订立而发生微小变化而已。根据税收筹划的操作要求，相应的会计处理如下：

①销售纯净水收取水桶押金

借：银行存款

　　贷：其他应付款——包装物押金

②年终退还水桶押金

借：其他应付款——包装物押金

　　贷：银行存款

③税务会计：税收筹划与会计规则的共生体

美国著名税务会计专家史蒂文·F. 吉特曼博士认为，税务会计本质上是处理两类问题的：一是某项目是否确认为收入或费用；二是该项目何时被确认为收入或费用。

①财务会计与税务会计的关系。财务会计与税务会计的目标

① 该税法规定既合乎法律要求，也是合情合理的。这一规定主要是为了防范企业在包装物实现销售（押金冲抵）后逃避纳税义务，可能会出现信息不对称下的隐藏行为现象。

不同。财务会计主要向投资者和债权人提供有关资产、负债和所有者权益等方面的信息，处理的是企业与投资者及债权人之间的关系。而税务会计主要是向税务机关提供有关纳税方面的信息，处理的是国家与企业之间的关系，税务会计与税收筹划的关系比财务会计与税收筹划的关系更直接，也更密切。

财务会计与税务会计之间的关系如图 3－5 所示。两者通过纳税调整、会计报表与纳税申报表的验证与比对紧密联系起来。只有明确财务会计与税务会计的分野及差异，才能准确揭示税收筹划的会计处理，真正把税收筹划与会计处理结合起来。分析财务会计与税务会计的差异，是完成税收筹划操作、实现税收筹划活动的财务成果的基础。

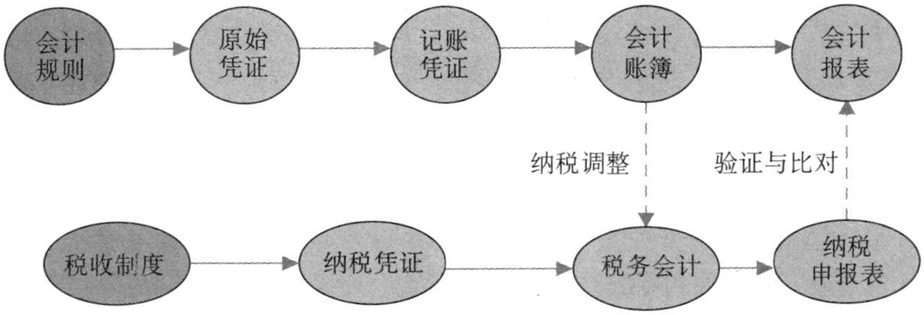

图 3－5　财务会计与税务会计的联系

②税务会计与税收筹划的关系。税务会计是会计学的重要组成部分，税收筹划属于财务管理的范畴，两者之间的关系服从于财务与会计之间的关系，具体体现为以下三个方面：

第一，税务会计通过对涉税业务的确认、计量和报告，为决策者提供有用的税务信息。税务会计核算的会计要素是应税收入、准予扣除项目、税率、应纳税所得额、应纳税额，并且通过税收筹划进行控制达到税后收益最大化。同样，税务会计所生产的税务信息也为税收筹划提供决策依据，税收筹划所需要的大部分信息均来自于税务会计。

第二，税务会计的目标是向税务会计信息使用者[①]提供有助于税务决策的会计信息。美国会计教授查尔斯·T. 亨格瑞一针见血地指出：税务会计有两个目的：遵守税法和尽量合理避税[②]。因此，税务会计除了纳税核算、进行税务会计处理的职能之外，还有合理选择纳税方案有效进行税收筹划的职能。税务会计的总目标是如何选择税负较轻的纳税方案；在企业经营的各个环节，如何事先进行税负的测算，以便作出税负最轻的决策；事后如何进行税负分析等[③]。

第三，会计政策即会计方法与程序的选择本身具有某种筹划功能。如折旧政策的选择、存货计价方法的选择、资产的摊销办法等，都会不同程度地影响税负支出。难怪汉弗莱·H. 纳什在《未来会计》一书中认为：公司的目标是在税务会计的限度内实现税负最小化及税收利润的最大化。在永无休止的税务争战中，税务会计只能算是一组“争战法则”[④]。

③税收筹划是会计规则与税收制度的巧妙结合。由于各国的经济制度背景不同，会计规则按照其与税收制度的关系划分，可以分为以税法为导向的会计规则和以投资者为导向的会计规则两大类：法国、意大利、德国等欧洲大陆法系国家属于前者，会计规则与税法相互独立；英国、美国等海洋法系国家属于后者，会计规则与税法之间相互依赖。下面是两种类型会计规则的一个比较，如表 3－1 所示。

① 税务会计信息的使用者主要是税务部门、投资者、管理层等。
② 查尔斯·T. 亨格瑞：《会计学》，中国人民大学出版社 1997 年版。
③ 盖地：《税务会计与纳税筹划》，东北财经大学出版社 2006 年版。
④ 盖地：《税务会计研究》，中国金融出版社 2005 年版。

表 3－1　两种类型的会计规则的比较

项 目	欧洲大陆法系国家	英美为代表的海洋法系国家
资本市场	较小的资本市场，企业资金主要由银行和政府提供	较大的资本市场，企业资金主要由社会公众提供
法规体系	成文法体系： 法典中提供非常详细的会计规则；同一的财务报表的提供以满足下列需要：税收、经济计划、信用贷款	习惯法体系： 公司法要求定期提供财务报表，但没有制订具体的会计报表规则。 税法要对公司每年所得进行征税
信息使用者	政府会计监管部门、税务部门、经营者	股东、债权人、税务部门等更多的利益相关者
会计规则与税法关系	在制定会计规则时，税务是一个重要的影响因素	会计规则与税法各自独立发展

不论哪种类型的会计规则，都与税收制度有着非常密切的联系。税款的缴纳与计算，既要遵循税收制度的规定，又离不开会计的确认、计量和报告，在这里，会计规则与税收制度完全结合起来，可以说，税务会计融合了税收和会计的双重要求，而税收筹划作为以降低税务风险、节约税负为导向的理财活动，应是会计与税收的巧妙结合。税收筹划兼顾会计规则与税收制度的差异，利用税收制度承认或认可的会计规则、会计技术进行合理筹划，这即是税收筹划的精妙所在。实际上，税收筹划是对会计规则与税收制度差异进行调节的应对之策，可以推断，如果会计规则与税收制度完全协调统一，则基于会计规则的税收筹划技术将会消失。

会计的确认和计量从根源上影响着税收筹划的效果，因为会计的基础性作用涉及税基的确定、应纳税额的核定、税款计算的正确性及解缴时间的合规性。从所得税实践来看，所得税是严格按照税法计算的，而会计税前收益与应税收益之间由于会计准则与所得税法的不同而存在差异，是在企业申报所得税时通过纳税调整来确定的，因此会计中有关所得税税基的确认就成为所得税的计算基础。会计就是这样决定税收负担并进而影响税收筹划的效果的。从国际视野观察，跨国公司普遍采用转让定价这一会计技术进行税收筹划，这无疑证明了会计规则对税收筹划的贡献。

税收筹划强调税收政策、筹划方法与会计处理的结合，这是真正实现筹划目标的操作技巧。从这一角度分析，税收筹划可以用下列公式表述：

税收筹划 = 税收政策 + 筹划方法 + 会计处理

因此，税收筹划的关键是寻找税收政策、筹划方法与会计处理的结合点，具体来说有两个关键结合点：

一是税收政策与筹划方法的结合点。纳税人在准确掌握与自身经营业务相关的税收政策的基础上，需要利用一些恰当的税收筹划方法对现行税收政策进行分析，从而找到与经营行为相适应的税收筹划的突破口。

二是筹划方法与会计处理的结合点。税收筹划的主要目的是减轻企业税收成本，降低税收负担。要达到此目的，只有税收政策和筹划方法还不够。因为纳税人的经营业务和过程最终要在财务结果中体现出来，才能真正实现筹划节税。所以，纳税人需要利用好会计处理方法，把税收筹划的内容恰当地体现在会计处理上，才能最终实现降低税收负担的目的。

2. 会计规则与税收筹划的关联性

会计与税收相互依存，共生共荣，具有天然的关联性。税收筹划离不开会计规则和税收制度，税收筹划随着会计规则的变化及税收制度的变迁而不断发展变化。

（1）会计规则与税收筹划之间的关系。在欧洲的德国、法国、瑞典等国家，公司的财务报告是纳税的重要（甚至是唯一的）依据。而实际上，自1874年的《撒克逊所得税法》颁布以来，德国就有了商业报表与纳税申报应当一致的至高无上的原则。德国税法不仅要求企业会计期间收入、费用的计算方法、分配方法、账簿记录必须同税收目标保持一致，会计报表上的收益也要同应税收益保持一致。所以，德国纳税人为了能够从纳税抵免中获取最大利益，在编制报表时总是主动选择服从税法要求的会计原则和方法。这在德国被称为“决定原则”（determination principle），即会计记录和报表应服从税务目的——税收决定原则[①]。德国这一做法，有其难以规避的弊端，即税法对会计处理造成巨大的制约作用，大大降低了财务报告的决策有用性。

同样，法国在不存在强大的证券市场的情况下，纳税一直是编制和公布财务报表的主要原因之一。在一般情况下，法国税法凌驾于会计规则之上。一方面税务当局是商法所明确规定的法定会计信息使用者；另一方面税法高度独立，税务当局不仅确定用于纳税申报的财务报表的内容和格式，而且规定了许多世纪财务会计和报告实务[②]。税制对理解法国财务报告的重要性体现在：会计报告账面利润的计量规章与应税收益的计量规章差别不大；费用只有已经入账才能作为纳税申报中的扣减项目[③]。因此，法国会计被称为税务导向的会计。

但与此相反的是，以英美为代表的一些国家却不是这样。英美等国的会计与税法相对分离，会计规则与税收筹划没有实现结

① 郭小东：“税收国际协调对会计准则国际协调的制约作用”，《涉外税务》，2005年第1期。

② 同上。

③ 魏明海、龚凯颂：《会计理论》，东北财经大学出版社2005年版。

合，迄今为止也没有显示任何融合的迹象，相反，会计与税法的差距不断拉大，也加剧着会计与税收筹划的不协调性。对于会计规则与税收筹划协调的问题，只能在会计与税法都认可的协调一致的政策或规定方面进行协调。

一个有趣的例子来自于中国会计实践，在中国南方地区出现一些特殊做法，一些大型企业集团在会计报告中选择与税法相一致的会计政策，以减少纳税调整。这种做法是“会计从税”模式的体现，其实是税收筹划与会计处理的一种协调和融合。这种税收筹划与会计处理的融合，严格来讲是不符合会计报告与信息披露要求的，会计报表的编制应按照会计准则、会计制度的要求进行，而不是按照税法的要求进行；这种做法也不符合会计与税法各自独立发展的趋势要求，会计与税法及税收筹划不能也不该走向融合，即只能寻找一些共同点实现一定程度的协调和融合。

（2）会计规则的税收管制及对税收筹划的影响。税收管制是一种典型的政府管制，税收管制一定意义上会影响税收筹划的效果。美国在 1930 年以前，有色金属和石油产品行业在纳税时采用永续盘存制计价，但 1930 年最高法院禁止使用这种方法。1934 年，美国石油协会提出以后进先出法作为替代方法，这一提议被美国注册会计师协会认可，但却遭到财政部的反对。结果国会批准采用后进先出法，但作为对财政部的一个妥协，国会规定后进先出法只有在纳税人的财务报表中也使用的情况下才获准采用。很显然，存货计价方法的选择对于税收筹划会产生很大的影响，税收管制不可避免地影响着税收筹划的效果。

波音顿等在 1992 年发表的《会计信息披露与公司可选择最低税收》曾对 649 家制造企业和运输企业的主观应计部分进行了测算和证明，结果表明，会计报告的盈利信息由主观应计部分得到了度量，统计结果（降低受益的应计部分）与减轻税收压力、政治审核和潜在的税收管制假设相一致。[①] 这一研究结论表明，税收管制、会计规则及税收筹划之间存在微妙的联系，利用会计规则完全可以减轻税收压力，开展税收筹划活动。

3. 会计规则约束下的税收筹划空间

（1）会计规则是税收筹划的基本工具。会计规则在形式上表现为会计过程的一种技术规范，但其本质上是一项社会经济和政治利益的博弈规则和制度安排，不同的会计政策选择生成不同的会计信息，会对企业及其利益相关者产生不同的利益分配结果和资源配置效率。因此，会计政策选择不仅具有广泛的经济后果，而且还是各相关利益群体为转移财富而进行的博弈行为。

会计政策作为会计规则的一种表现形式，通常被界定为"企业在会计确认、计量和报告中所采用的原则、基础和会计处理方法"[②]。不同的会计政策必然会形成不同的财务结果，也必然会导致不同的税收负担。税收制度承认或认可某些会计政策选择，企业当然可以利用这些会计政策进行税收筹划。因此，笔者认为，会计政策是会计的生命，因为有了会计政策选择的空间，才使财税领域变幻无穷，丰富多彩。在存在多种可供选择的会计政策时，择定有利于税后收益最大化的会计政策组合模式，也是税收筹划的基本规律。

（2）会计政策选择的筹划技术。

①分摊技术。对于一项费用，如果涉及多个分摊对象，分摊依据的不同会造成分摊结果的不同；对于一项拟摊销的费用，如果摊销期限和摊销方法不同，摊销结果也会不同。分摊（摊销）

① 林钟高、章铁生：《会计信息价值论》，东北财经大学出版社 2001 年版。

② 财政部：《企业会计准则第 28 号——会计政策、会计估计变更和差错更正》第三条。

的处理会影响企业损益和资产计价，进而影响企业税负。

分摊技术涉及的主要会计事项有：无形资产摊销、待摊费用摊销、固定资产折旧、存货计价方法以及间接费用的分摊等。例如，按现行制度规定企业可以选用直线法和加速折旧法来计算折旧额，在固定资产的有效使用年限内，两种方法提取的折旧总额是一致的，似乎对利润和税金不会产生影响。实际上并非如此，运用不同的方法计算出每期折旧额在量上并不一致，从而影响各期的成本费用进而影响企业应纳税额。又由于受资金时间价值及通货膨胀等因素的影响，实际税收负担（纳税现值总额）也因此而不相同，所以选择合适的折旧方法可以达到递延纳税的目的。

②估计技术。由于企业经营中存在诸多不确定因素，一些项目不能精确地计量，而只能加以估计。因此，在会计核算中，对尚在延续中、其结果尚未确定的交易或事项需要予以估计入账。这种会计估计的不确定性会影响计入特定期间的收益或费用的大小，进而影响企业税负。

估计技术涉及的主要会计事项有：坏账估计、存货减值估计、固定资产折旧年限估计、固定资产净残值估计、无形资产受益期估计、或有损失估计等。

③实现技术。实现原则是财税核算的基本原则，只有已经实现的损益才能予以确认、计量，纳入会计管理，并作为计税的依据。损益实现的期间和进度，对于企业税负有着极为关键的影响。因此，对于实现技术的应用，重在分析实现条件，控制损益实现的时间和进度。

实现技术涉及的主要会计事项有：资产发生的贬值、损失及时确认；合理的费用充分列支；税前扣除项目足额扣除；成本项目的确定；成本计算方法的选择；收入的确认时间的控制；收益分配的时间及额度的掌握与控制。

(3) 利用会计与税法差异的筹划技术。会计与税法存在着诸多差异，利用会计与税法的差异也是企业经常采纳的一种筹划方法。笔者认为，利用会计与税法的差异进行税收筹划，主要有以下操作思路：

①寻找会计与税法差异中有利于节税的差异项目。税收的作用不仅在于取得财政收入，还具有调节经济的功能。因此税法对于一些收入项目免税，如国债的利息收入不予征税，从享受税收减免优惠的联营方分回的利润不再补税，个人在资本市场上获得的股票交易的资本利得不予征税，等等。同样，在会计所允许列支的成本、费用项目中，存在着一些不允许税前扣除的项目；而一些税前允许扣除的项目可能是非成本、费用项目。因此，这些会计与税法差异项目的存在，就使得企业应该关注会计与税法的具体差异，尽量缩小应税所得，并加大税前扣除力度，利用纳税调整手段降低税收负担。

②利用暂时性差异与永久性差异的处理差别。永久性差异是指在某一会计期间，由于会计准则、会计制度和税法在计算收益、费用或损失时的口径不同、标准不同，所产生的税前会计利润与应税所得之间的差异。这种差异只影响当期的应税收益，不会影响到其他会计期间，所以，永久性差异不需要进行账务处理。

暂时性差异是指资产或负债的账面价值与其计税基础之间的差额。暂时性差异按照其对未来期间应税金额的影响，分为应纳税暂时性差异和可抵扣暂时性差异。前者是指在确定未来收回资产或清偿负债期间的应纳税所得额时，将导致产生应税金额的暂时性差异。后者是指在确定未来收回资产或清偿负债期间的应纳税所得额时，将导致产生可抵扣金额的暂时性差异。

对于永久性差异和暂时性差异，在税收筹划中应予以区别对待，具体操作技巧如下：

其一，尽量控制永久性差异，这种差异体现着税法与会计的税前扣除差异，通常应控制不利的永久性差异的数额，增大有利的永久性差异。比如，技术开发费加计扣除，税法允许在发生当期按照实际发生额的150%扣除。这一永久性差异就是有利的，企业通过加大科技投入就能够实现税前超额扣除，降低所得税负担。

其二，掌握永久性差异与暂时性差异的转化技巧。对于一些超过税法扣除标准的扣除项目，一般会产生不利的永久性差异，如业务宣传费有扣除限额，如果一旦超出则不得扣除，而广告费却是允许递延到以后期间扣除的暂时性差异项目，所以，实现业务招待费向广告费的转化，就可以实现足额扣除。

（二）信息披露与税收筹划

1. 会计信息披露与税收筹划之间的冲突

会计与纳税在许多情况下是一致的，因为会计核算是纳税的基础，会计规则在一定程度上讲也是形成税收信息的基础。从税收筹划的角度分析，为了减少税负支出，企业倾向于向税务当局报告低收益信息，但也往往希望向股东报送高收益信息，因为高收益可能导致其他方面的好处。基于这种纳税和报告的不同需求，就造成了税收筹划与会计信息披露之间的冲突。

（1）税收筹划影响会计信息披露。

①多种契约力量综合影响会计信息披露。会计是企业与其利益相关者之间缔结的一份契约，由股权契约、报酬契约、债权契约、监管契约等子契约组成，会计在企业契约中起着资产计价、收益计量的基础性作用，同时也在提供履约信息、维护缔约主体

市场地位、提供各缔约主体谈判的基础信息等方面发挥巨大作用。在错综复杂的企业契约关系中，会计信息披露在一定程度上是多种契约力量综合作用的结果，或者说是多方利益均衡的结果。会计信息披露在一定意义上又显示出对各种契约关系的制衡作用。所以，许多节税策略所要求的交易会降低报告给其他利益方的利润，税收筹划的信息披露要求可能与利益相关者的信息披露要求相矛盾。如果一味强调税收筹划，可能会导致信息披露成本的上升。

例如，在控制净收益的会计方法中，减少了当期净收益确认的会计方法和信息披露，显然是有利于节税的，但可能造成所显示的低盈利水平对企业融资不利，其最大的可能情况是会增大融资成本。因此，企业在信息披露时，不能够只考虑如何满足税收筹划，还要考虑如何保障融资成本的低廉，或者说，应该在节税收益与融资成本上升之间寻找平衡。

再如，一些上市公司在不违反法律的条件下，采取推迟费用入账时间以降低当期费用，其结果导致公司本期利润增加，但该信息披露以后会使公司的股价因此而上扬，这对公司来说是有利的。显然，但推迟费用的另一结果是虚增本期利润导致增加了本期的所得税支出，从税收筹划角度来看是不划算的，这就暴露了税收筹划与信息披露之间的不可调和的矛盾。因此，税收筹划追求税后利润的做法，可能是一个急功近利的短期行为，经常与信息披露出现冲突，在一定程度上也存在着与企业长期战略的矛盾。

②形成税收筹划与信息披露矛盾的契约关系。由于多种契约力量综合影响信息披露，所以税收筹划与信息披露的冲突也在一些契约关系方面有所体现，这些契约关系主要有以下四项：

第一，通常基于会计盈利的管理层的报酬契约；

第二，往往以会计数据或财务比率为基础而签订的债务契约；

第三，采用会计数据为定价基础的债券和权益证券的投资契约；

第四，基于会计数据的各监督管理部门的监管契约。

这些契约关系存在的根本原因在于企业内外部的各种委托—代理关系。委托人和代理人作为理性“经济人”，必然都是自身效用最大化的追求者。委托人与代理人之间的目标函数有着较大的矛盾冲突。以所有者（股东）与管理层之间的委托代理关系为例，所有者（股东）的目标函数比较简单，即所有者（股东）追求股东权益最大化，而管理层的目标函数就比较复杂，他们既追求经济利益，如更高的工资，又追求非经济利益，如更多的闲暇时间、更好的办公环境、更高的职位、更小的风险等。并且由于管理层不是企业的所有者，他们和所有者之间必然存在着利益冲突，管理层也必然存有机会主义倾向。一定意义上讲，由于委托—代理关系的存在，才形成会计信息披露与税收筹划之间的冲突。

对于税收筹划来说，筹划收益代表着所有者的利益，当管理层利益与税收筹划有冲突时，管理层并没有动力推进税收筹划活动。相反，如果管理层的报酬与会计报告利润紧密相连，管理层还极有可能由于内在利益的冲突而放弃节税计划，这就会带来隐藏行为问题，因为所有者相对管理层来说处于信息劣势，从而无法发现没有采取税收筹划节税计划的管理层，更谈不上惩罚和纠正管理层的隐藏行为了。

（2）税收筹划与会计信息披露的典型冲突

①存货计价方法。企业在一定期间的成本必然受到存货计价方法的影响。存货计价方法有先进先出法、加权平均法、移动加

权平均法、个别计价法等多种方法，在不同市场环境和税收条件下，存货计价方法对于税收的影响也是不同的。表3－2分析了存货计价方法的选择对会计信息及税收负担的影响。当采用后进先出法时，当物价上升，所得税率不变时，后进先出法是使税负最小化的一种存货计价方法。

表3－2　　存货计价方法的选择

项　目	比例税率			累进税率
价格变动方向	物价上升	物价下跌	物价波动	物价波动
存货计价方法	后进先出法	先进先出法	加权平均法或移动加权平均法	加权平均法或移动加权平均法
对会计信息及税收支付的影响	多计发出存货成本，少计期末存货成本，减少当期所得税支出	提高本期发出存货成本，减少当期收益，减轻所得税负担	避免各期利润忽高忽低及企业各期应纳所得税上下波动，利于企业资金安排与管理	使计入成本的存货价格比较均衡，进而使各期利润比较均衡，避免适用较高的税率而加重税负

后进先出法在一定条件下可以节约税收，许多纳税人热衷于纳税计算采用后进先出法，但后进先出法同时又降低了企业的会计利润，这不利于信息披露目标的实现，所以存在着财务报告成本的增加。但还是有证据表明企业在选择后进先出法时，节税是最主要的因素，而出于债务融资及盈余管理的考虑则不甚重要。后进先出法还可以发挥其相反的增加税收的作用。在存货价格上升期，如果企业当期的商品销售数量超过进货数量，那么后进先出法向企业提供了一个增加报告收入和应税收入的机会，因为此时企业利用后进先出法核算的销货成本包括了旧存货的较低的成本，此时配比确认的会计收入和应税收入都会增加，相应地所得

税的支出也必然会增加。

需要提醒读者注意的是，由于后进先出法对会计利润和所得税负担都会造成极大影响，因此，《企业会计准则》和《企业所得税法》都已经完全摒弃了后进先出法，这对防止企业操纵利润和避税大有裨益。

②潜亏资产的处置。当企业存在潜亏资产时，对于该类资产的处置可能会带来筹划的税收利益。但这种潜亏资产处理的结果也可能会减少披露给投资者等信息使用者的会计利润。这一潜亏资产处置交易就造成税收筹划与会计信息披露之间的矛盾。

所谓的潜亏资产，是指那些会计账面价值高于其市场公允价值的企业存量资产。从税收筹划角度分析，出售该资产可以确认资产潜亏所造成的损失，这种损失实质上是“资产处置损失”，之所以通过资产处置确认出来，原因就在于这时可能是最佳的出售时间，因为该纳税期间纳税人有着高昂的应税收入。但在税前扣除该项损失时，也同样必须在财务报告中确认出来，这就造成了会计信息披露方面的顾虑，企业可能需要在该会计期间披露较高水平的收益以达到其他目的。所以，出于信息披露的考虑，企业可能最终放弃处置潜亏资产获取税收利益的好处。

在会计实务中，潜亏资产的处置除了直接辨认潜亏资产出售之外，还可能出现其他两种形式的操作模式，下面分析这两种模式：

其一，债务重组形式的潜亏资产处置。作为债务人，企业存在重组的到期债务，还存有潜亏资产，那么企业可以采用以货抵债的重组方式实现还债和潜亏资产的转让。按照《企业会计准则第 12 号——债务重组》规定，以非现金资产清偿债务，债务人应将重组债务的账面价值与转出资产公允价值和相关税费之和的差额，作为重组收益，确认为当期损益。转让的非现金资产公允价值与其账面价值之间的差额，计入当期损益。那么，用潜亏资产还债时，会出现资产转让损失。至于该转让损失的具体处理，债务重组准则应用指南中明确规定：非现金资产为存货的，应当作为销售处理，按照收入准则的规定，以其公允价值确认收入，同时结转相应的成本。非现金资产为固定资产、无形资产的，其公允价值和账面价值的差额，计入营业外支出。非现金资产为长期股权投资的，其公允价值和账面价值的差额，计入投资损益。

其二，非货币性交换形式的潜亏资产处置。采用潜亏资产对外交换形式，潜亏资产在交换过程中也会出现公允价值与账面价值的差额，这一差额也会因为确认为损失得到税前扣除而降低当期所得税，所以，非货币性交换形式也可以作为税收筹划的有效方法之一。

2. 盈余管理、会计信息与所得税支付

（1）盈余管理对会计信息的影响。

①盈余管理的概念。美国学者斯科特（William. K. Scott）在其所著的《财务会计理论》一书中认为，盈余管理是指在 GAAP 允许的范围内，通过对会计政策的选择使经营者自身利益或企业市场价值达到最大化的行为，盈余管理是会计政策的选择具有经济后果的一种具体表现。只要企业管理当局有选择不同会计政策的自由，他们必定会选择使其收益最大化或使企业价值最大化的会计政策，这就是所谓的盈余管理。

美国会计学家凯瑟琳·希珀（Kathehne Schipper）认为，盈余管理实际上是企业管理人员通过有目的地控制对外财务报告过程，以获取某些私人利益的“披露管理”。因此，盈余管理是为了获得某种私人利益（而并非仅仅为了中立地处理经营活动），对外部财务报告进行有目的的干预。

希利（Heady）对盈余管理作出如下解释：当管理者在编制财务报告和构建经济交易时，运用判断改变财务报告，从而误导一些利益相关者对公司根本经济收益的理解，或者影响根据报告中会计数据形成的契约结果，盈余管理就产生了。

②盈余管理的动机分析。契约理论认为，企业是一系列契约的联结，如投资者为激励经营者而与之签订的奖金计划，企业为承诺债权人利益而与之签订的债务契约等。契约的双方是企业的管理层和投资者、债权人以及政府监管部门等，前者提供会计信息，而后者是会计信息的使用者。相对于外部信息使用者而言，企业管理层拥有更多的内部信息。当面对契约的束缚时，企业管理层产生了通过选择会计政策、进行交易安排和内部政策控制等调节盈余的机会主义行为，其结果是导致包括董事会在内的外部信息使用者无法准确把握会计盈余的质量。

西方实证会计理论的创始人瓦茨和齐默尔曼为盈余管理动机提出了三个假设：奖金计划假设、债务契约假设和政治成本假设。奖金计划假设认为，如果其他条件不变，与企业签订了奖金计划的管理层更倾向于通过会计政策的选择将未来的盈余调节到当期。债务契约假设认为，如果其他条件不变，企业偏高债务条款的程度越大，管理层通过选择会计政策将未来盈余调节到当期的可能性越大。政治成本假设认为，如果其他条件不变，企业面临的政治成本越大，管理层越可能通过选择会计政策将当期的盈余调节到未来。

此外，税收也是盈余管理的一个最明显的动因。希望减少税负的企业通常在物价上涨时采用后进先出法。但现实状况并非总是如此，还有一些企业宁愿选择先进先出法获得较高收益却放弃税负节约的好处。从契约的角度分析，原因在于有多种企业内外部契约关系在影响着盈余管理行为。然而，由于税务部门是采用税务会计的规定来计算应纳税款，因此在一定程度上缩小了企业可操纵的空间。

③盈余管理可能引起会计信息失真。盈余管理在资本市场普遍存在，可以恰如其分地称之为“市场参与者的游戏”。企业盈余管理是为了达到财务调节的目的，但过度的盈余管理会形成会计信息操纵，从而导致虚假会计信息披露。

为了适应多变的经济环境，会计准则在制定时留有余地，由会计人员根据实际情况进行会计政策选择，因此制定的会计准则具有一定的弹性，使得这些弹性能够适应企业创新发展的需要。但当这些弹性被过度扭曲或滥用时，失当的盈余管理行为便随之出现。许多企业为了达到盈利预期的目标，在提供会计信息时，操纵行为取代了忠实披露，以操纵为特征的盈余管理行为带来会计信息失真现象。

（2）盈余管理对企业税负的影响。

①盈余管理与税收成本之间的关系。在资本市场中，公司管理层出于融资、契约和政治管制等目的，往往有意识地进行盈余管理。然而，管理层的盈余管理行为并非毫无成本，可能要面临未来可能的法律风险之外，一项直接的成本便是所得税成本。一般情况下，公司调增利润，会在当期多支付所得税；调低利润，便节约了当期所得税。所以，当管理层通过盈余管理增加利润时，往往需要为此多支付所得税。因此，管理层的盈余管理行为，面临着财务报告成本[①]与税收成本[②]之间的权衡。

杜邦和平卡斯（Dopuch and Pincus）对公司管理层选择存货

---

① 财务报告成本是指公司由于报告较低的收益或利润时，产生的真实的或可能的成本，包括融资成本上升、债务契约终止、政府管制加强等成本。

② 税收成本是指由于管理当局操纵盈余、增加利润而导致的所得税负增加。

计价方法的动因进行了考察，研究发现税务因素是公司选择存货计价方法的一个重要因素[①]。他们研究还发现，对于采用后进先出法的企业，当价格上涨时，其节税效果是客观的。但并非价格上涨时所有的企业都采用后进先出法，而是一些企业继续保持先进先出法，为什么呢？这些企业由于存货数量少，存货变动大，存货周转率高，实际税率低，虽然采用先进先出法却并没有承担巨额的税负。Dhaliwai、Frankel 和 Trezevand 针对采用存货后进先出法的公司管理层的期末清货或购货行为进行了研究，在采用存货后进先出法的公司中，公司管理层往往通过在期末清理存货来增加报告收益，并支付增加的所得税成本，也可以通过在期末增加购货来降低报告收益和应税收益。在那些低税率、高负债和盈余很可能发生负面变化的公司中，更经常出现存货的期末清理，规模也更大[②]。

像税负因素影响存货计价方法的选择一样，还有许多研究也都表明，所得税成本确实影响公司的盈余管理行为，具体而言：公司所得税负越高，盈余管理收益越低，则公司越没有积极性进行盈余管理，即所得税费用构成公司盈余管理行为的重要影响因素。

Erickson、Hanlon 和 Maydew 将会计舞弊与其相应的税务成本相联系，他们以美国证监会在 1996～2002 年间认定财务欺诈和虚增利润的 22 家公司为分析样本，考察了这些公司为其会计舞弊行为所支付的税务成本[③]。该研究通过对于调整前和调整后

① Dopuch, N., Pincus, M. 1988. Evidence on the choice of inventory accounting methods: LIFO versus FIFO. Journal of Accounting Research.

② Dhaliwai, D., Frankel, M., Trezevand, R. 1994. The taxable and book income motivations for a LIFO layer liquidation., Journal of Accounting Research.

③ Erickson, M., Hanlon, M., and Maydew. 2004. How much will frims pay for earnings that do not exist: Evidence of taxes paid on allegedly fraudulent earning, The Accounting Review (2).

的所得税差异，计算出盈余管理的税务成本。研究结果表明，公司每虚增一美元利润，平均要为此支付 12 美分的税务成本，这表明上市公司愿意为盈余管理行为支付一定的税收成本，这也进一步说明了税收筹划与盈余管理有时也会出现矛盾和冲突，协调税收筹划与盈余管理的关系也是必要的。

②纳税调整项目对所得税及盈余管理的影响。根据上述分析，盈余管理对所得税会产生影响，哪些项目在影响盈余管理和所得税呢？下面我们根据所得税纳税申报表，分析比较纳税调整项目对所得税及盈余管理的影响，如表 3－3 所示。

表 3－3　　纳税调整项目对所得税及盈余管理的影响比较

行次	项　目	差异或交易类型	对所得税及盈余管理的影响
1	工资薪金支出	永久性差异	可调节盈余，不影响所得税
2	工会经费	永久性差异	可调节盈余，不影响所得税
3	职工福利费	永久性差异	可调节盈余，不影响所得税
4	职工教育经费	永久性差异	可调节盈余，不影响所得税
5	利息支出	永久性差异	可调节盈余，不影响所得税
6	业务招待费	永久性差异	可调节盈余，不影响所得税
7	广告费、业务宣传费	暂时性差异	可调节盈余，不影响所得税
8	折旧、摊销支出	暂时性差异	可调节盈余，不影响所得税
9	提取减值准备	暂时性差异	可调节盈余，不影响所得税
10	坏账准备金	暂时性差异	可调节盈余，不影响所得税
11	社会保障性缴款	永久性差异	可调节盈余，不影响所得税
12	罚款支出	永久性差异	可调节盈余，不影响所得税
13	与收入无关的支出（如贿赂等）	永久性差异	可调节盈余，不影响所得税
14	股权投资转让净损益	暂时性差异	可调节盈余，影响所得税
15	财产损失	永久性差异	可调节盈余，影响所得税

续表

行次	项　目	差异或交易类型	对所得税及盈余管理的影响
16	上交总机构管理费	永久性差异	可调节盈余，影响所得税
17	关联交易	真实性交易	可调节盈余，影响所得税
18	投资收益	真实性交易	可调节盈余，影响所得税
19	超期亏损	永久性差异	可调节盈余，影响所得税
20	加计扣除的研究开发费用	永久性差异	不可调节盈余，影响所得税

③盈余管理与所得税负之间的关系。文献研究表明，上市公司、高负债率公司、财务困境公司、盈余略高于零的公司的会计收益与应税收益的差异较大。Hanlon 研究认为，会计收益和应税收益的差异越大，则盈余的持续性越低①。

对我国上市公司的盈余管理行为进行研究发现，不同的盈余管理行为的所得税成本是不同的。但实际上盈余管理行为并不必然导致所得税费用的增加，其原因在于会计规则要比税收制度更加灵活，管理层在操纵利润的同时，并不一定导致所得税负担发生变化。例如，税法规定公司在变更折旧政策时，必须经过税务部门的批准方可据以计算应税所得，而会计准则规定只要得到董事会的批准就可以变更折旧政策，折旧政策的变更必然会影响会计盈余，但对所得税负担却没有任何影响。实际上，由于盈余管理的迫切需求以及税收成本的约束，上市公司往往会寻找既能够实现盈余管理操纵利润的目的，又能够不多负担税收的盈余管理手段。例如，国内一家上市公司，曾利用会计折旧与税法折旧政策的差异来操纵利润。该公司有一价值昂贵的不动产类固定资产，其会计折旧年限为 40 年，年折旧率为 2.5%；在计税时，

① Hanlon, M. 2005. The persistence and pricing of earnings, accruals, and cash flows when firms have large book - tax differences. The Accounting Review 80 (1).

其税法折旧年限按照20年，年折旧率为5%。每期的会计折旧额与税法折旧额相差一倍。很显然，这种会计与税法政策差异的存在，导致会计利润被人为操纵抬高了，而按税法确认的应纳税所得额却远比会计利润低，导致应纳税额并未增加。从合法性角度分析，会计折旧与税法折旧存在差异是允许的，这是企业经营运作中的一种正常现象。但笔者从会计与税法协调角度分析，认为这可能有操纵嫌疑，理由有二：一是会计折旧年限与税法折旧年限相差悬殊，这一差异远远偏离正常范围；二是会计与税法在折旧年限方面均超过一定年限（税法最低折旧年限20年），那么为何不取税法最低折旧年限作为会计折旧年限呢？很显然，上述案例属于纳税人操纵非应税项目进行盈余管理的典型案例。

企业通过盈余管理操纵会计利润时，倾向于选择非应税项目。因为非应税项目只影响会计利润，不影响企业税负。企业盈余管理幅度越大，其通过操纵非应税项目规避所得税负担的动机就越大。同时，企业选择非应税项目操纵会计利润，被税务稽查发现的概率也小，因为非应税项目不影响企业税负，这种盈余管理行为不被税务稽查人员所重视，或者即使税务稽查发现此类问题也疏于问津，因为税务稽查监管审查此类事件有“狗拿耗子多管闲事”之嫌。

五、经济学视野下的税收信用治理

（一）税收信用缺失的经济学分析

1. 征税信用：委托—代理关系的无监督状态

按照布坎南的宪政思想，国家拥有征税权，国家是一个虚拟的主体，它只有委托政府实施征税权，国家与政府之间是一种委托—代理关系，政府再将征税权委托给税务机关，这其中还存在多重的委托—代理关系，即中央政府将征税权层层委托给地方各级政府；税务机关内部不同级别的各层级之间还会发生层层委托—代理关系。一方面，在征税权的行使及具体征税过程中，税务机关拥有税收情况的绝大部分信息，是信息占优势的一方，而国家与政府不参与征税的具体过程与管理，是信息劣势的一方，两者之间存在严重的信息不对称问题，这必然导致税务机关与政府之间逆向选择和道德风险问题的出现。另一方面，这种多重代理关系会产生高昂的代理成本，这还不是关键性问题，最关键性的问题是国家的意志和命令并不能在层层委托—代理关系中被完全贯彻执行下去，即在各级税务机关征税过程中就会出现执法上的偏差。

这种征税信用缺失现象是税收委托—代理关系中常见的问题，但最关键的是如何构建一套监督机制，委托人实现以尽可能小的成本监控代理人的行为，使代理人的行为不至于偏离委托人的初衷。但是目前中国之所以存在征税信用缺失问题，关键是国家和政府并未对最终行使征税权的税务机关进行有效监督，征税权的委托—代理关系处于一种软约束状态，主要原因有两个：一是税收法律不完善（包括税收立法、税收执法以及税收司法）造成的；二是政府与税务机关本质上的一体化，即政府与税务机关事实上是一个统一体，所以很难形成自我监督机制，也就不存在有效的监督。

2. 用税信用缺失：政府预算软约束的直接结果

用税信用是指政府财政使用税款的决策与具体操作过程的理财信用。如税款的使用是否有效、合理，能否确保纳税人广泛、平等受益；税款的分配、使用过程是否民主、透明等。这是政府信用的重要组成部分。政府的用税信用具体表现为以下方面：财政职能范围的界定能充分体现市场经济的要求；政府收支依法纳入预算管理；财政预算编制、审查、执行和决算符合法律程序，且公开透明；财政预算支出绩效跟踪、奖优罚劣等。

相比较而言，用税信用比征税信用和纳税信用更为重要。政府的用税信用又会直接影响纳税人的纳税信用，前者无信，则后者不法。纳税人关心税款的使用方向和效率是维护自身权益的正当之举，要求用税人依法用税、信守用税信用也是理之当然。纳税人是否依法纳税，实际上在相当程度上取决于政府能否有效用税。如果纳税人依法足额履行了纳税义务，但并没有得到相应的、高质量的公共产品和公共服务，这势必会影响到税收信用体系建设，挫伤纳税人诚信纳税的积极性，也会影响到税务机关的征税积极性。因此，只有政府做到了诚信用税，才能有效促进纳税信用和征税信用的建设。通常在政府征税、用税信用度较高的国家，纳税人对税法的遵从度也比较高，纳税信用状态就比较好。

用税信用缺失的诱因在于政府预算的软约束。政府预算软约束主要有以下表现形式：（1）政府预算先执行后审批；（2）预留政府预算资金，部分预算资金不落实到具体的部门和项目；（3）随意调剂使用或者截留、挤占、挪用预算资金，政府预算不能约束有关政府部门的行为；（4）大量财政性资金不纳入政府预算，政府预算无法约束各级政府及其部门预算之外的行政行为；（5）任意突破政府预算约束，增加支出项目，扩大预算支出。

政府预算软约束的危害是十分严重的：一是削弱了预算制度约束政府行为的功能，其结果是该管的没有足够的财政资金支出，不能管的政府却插手去管，政府“缺位”与“越位”并存。

二是影响国家宏观调控的效果，国家预算是一个重大的问题，里面反映着整个国家的政策，因为它规定着政府活动的范围和方向①。三是预算软约束成为腐败的重要源头，政府官员可以随意分配和使用国家财政资金，而不需要承担相应法律责任。

因此，治理用税信用缺失的关键是改变政府预算软约束为硬约束，形成对政府行为的强有力的约束机制。政府预算硬约束的前提条件有三个：（1）政府预算可信可行，具有操作性，各级政府及相关预算单位能够从正式的预算安排中取得足够的预算收入，以满足其必要的预算支出。（2）完善政府预算的执行制度及违反预算的惩罚制度，从而保障政府预算的权威性和执行力度。（3）政府预算规范、合理、有效，充分体现社会经济发展要求和社会民众的意愿。

3. 中介机构税收信用缺失：税务合谋的困扰

（1）税务合谋的涵义。合谋（captured）有互相吸引、相互勾结的意思，强调的是共同联结在一起以牟取各种利益，而不管动机如何。如果从“利益划分”的角度理解“合谋”，合谋是指两个或两个以上的当事人计划商量后，为了暂时的共同利益而不顾法律或道德的约束进行的结盟行为。合谋在现实中可以分为两类：一是具有明确的合谋协议，也就是蓄意的串通行为；二是默契合谋，这种合谋没有明确的协议，但同样可以达到合谋的效果。

在税收领域，也存在中介机构与纳税人之间的税务合谋现象。所谓税务合谋，是指中介机构为了追求自身利益，可能与纳税人串通起来，采取不正当手段为纳税人做出虚假税务鉴证报告或形成其他虚假性涉税材料，帮助纳税人偷逃税款或取得其他税

① 毛泽东主席 1949 年 12 月在中央人民政府第四次会议上的讲话。

收利益、欺骗国家和社会，并从中渔利的一种社会经济现象。税务合谋的目的在于税务中介机构和纳税人都能够获得客观的收入。纳税人一般可以降低税款支出，虚假纳税申报顺利通过。税务中介机构可能获得高额的税务服务收费，维持长期的合作关系等。

很显然，中介机构的税收信用缺失现象主要是由税务合谋引起的。税务合谋与偷逃税款的共生共存现象，严重损害了国家税收利益，破坏了税务中介机构的独立性，对税收信用的形成、维护和发展产生消极影响。

（2）税务合谋的分类。根据税务合谋产生的动机不同，可以将税务合谋划分为三类：即内生性合谋、外生性合谋和管制性合谋三种。

①内生性合谋是指来源于理性经济人自身利益的驱使而产生的合谋。税务中介机构手中的鉴证权利使其想获取更多收益，在自身利益驱动下，自然就会做出迎合客户需求的行为，即产生内生性合谋。内生性合谋具有主动合谋之意，利益的自然驱使，使得一些税务中介机构常常会铤而走险主动参与合谋。

②外生性合谋是指税务中介机构自身没有合谋之意，而是由于外界种种压力迫使其参与，具有被动合谋之意。导致税务中介机构被动参与合谋的外界压力通常有三类：一是税务中介服务市场带来的竞争压力；二是被服务单位的主动要求；三是政府及相关机构施加的政治压力。过度的市场竞争、仅有的市场份额，同时被服务单位对税务中介机构具有选择权，如果税务中介机构“不配合”被服务单位，极易被其他替换掉。纳税人天然具有降低税款支出的需求，就四处寻找能够配合其虚假纳税申报，为其出具不真实的税务鉴证报告或其他涉税资料的税务中介机构，这也诱发了外生性合谋的产生。政治压力这一因素，在我国现行体

制下主要表现为国有企业、上市公司等的一些税收指标要求，也促使税务中介机构长期处于“被动地位”。尤其是出现外部约束和激励失衡时，税务合谋现象极易发生。

③管制性合谋严格来说并不是客户与税务中介机构之间的直接合谋，而是由于行业管理不善造成的合谋。当发生经济利益联系或是出现复杂人事关系时，监督者对被监督者的监管很难公平、公正，在面对税务合谋行为发生时也监督者也容易消极对待。管制性合谋在我国一些地区是客观存在的，比如一些税务师事务所协会收取的会费是按照事务所的营业额来确定，这样容易片面追求经济收益，忽视对税务服务质量的监管。

（3）税务合谋的识别。税务合谋具有较强的隐蔽性。税务合谋具有很强的隐蔽性主要是由于税务服务质量难以衡量，税务活动专业性过强，目前还没有一套行之有效的衡量标准。很难发现税务合谋的原因在于税务合谋的证据隐蔽性非常大，难以直接获取，而且税务合谋大多数为主观表现，因此我们很难直接判断税务合谋是否存在，只能通过一些间接的方式去识别。

从税务合谋形成的机理中发现，税务合谋的需求方、税务合谋的供给方以及税务合谋共生的外部环境，三者相互作用。从需求方去识别，主要关注纳税人面临的各种压力和利益需求，这是纳税人进行虚假纳税申报、实施税务舞弊行为的主要动机，他们同样也会为虚假纳税申报和税务舞弊行为寻求“庇护”的税务鉴证报告。纳税人获取“庇护”税务鉴证报告的方式主要有两种：一是贿赂税务中介机构；二是变更税务中介机构。因此我们通过观察纳税人是否频繁变更税务中介机构来识别税务合谋，同时我们也要对一些合理变更因素综合考虑，并非变更税务中介机构就意味着会发生税务合谋行为。从供给方识别，税务鉴证报告是税务中介机构进行合谋的载体，我们根据纳税人所处的特定时期，分析和观察税务鉴证报告的合理性以判断审计合谋是否存在。也可以从中介服务费用入手，如果纳税人的费用占该税务中介机构的收入比重较大时，就应该特别关注，此时税务中介机构很难保持独立性和公正性，税务合谋的可能性增加。

（二）税收信用的治理结构

税收信用的治理结构中主要包括以下信用主体：政府、税务机关、纳税人、中介机构、社会公众。其中，税务机关行使征税权力，是征税信用的主体，纳税人履行纳税义务，属于纳税信用的主体，中介机构开展税收鉴证与服务，属于中介机构税收信用的主体。而政府是一个特殊的主体，不仅是用税信用的主体，还是制定契约规则、信用制度的制定者，同时还充当税收信用的总监管人，在治理结构中居于主导地位。社会公众是税收信用的舆论监督者，在一个运行良好的社会结构中，其对税收信用的监督作用必不可少，发挥着重要的舆论监督功能。税收信用的治理结构如图 3－6 所示。政府对税务机关、纳税人、中介机构均实施法定的政府管理和监督行为，政府和社会公众之间形成相互监督的关系，社会公众对政府的违法行为或不作为可以实施舆论监督；税务机关对纳税人进行税收征管，形成一种监督与被监督的关系，但同时税务机关也接受纳税人的监督，纳税人有权检举税务机关在税收征管中的违法行为；中介机构与纳税人之间也构成一种相互监督关系，中介机构对纳税人进行专业性鉴证与审查监督，纳税人同样可以检举税务中介机构的违法行为以形成有效监督。对于如何发挥税收信用治理结构中各个信用主体的作用，我们将在税收信用的治理模式中详细论述。

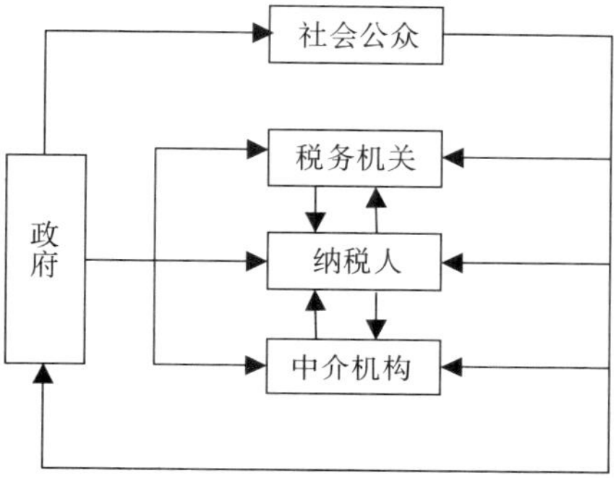

图 3-6 税收信用的治理结构

注：图中的箭头均指实施监督，一些信用主体之间的监督是双向的。

（三）税收信用的多重治理模式

税收信用是多个信用主体之间在长期的税收实践中逐步形成的一种良性互动关系，即信用主体之间彼此密切配合，精诚协作，并形成一种自我约束、诚实守信的关系模式。其实，税收信用治理的本质是寻找促进税收信用关系改进的基础条件和有效措施。在一个税收信用体系中，各信用主体之间具有复杂的博弈互动关系，只要有一方失信，就会带来多米诺骨牌式的连锁效应。中国之所以出现税收信用缺失问题，与治理结构的综合治理能力差有着密切的关系。因此，对税收信用缺失的治理需要从各信用主体角度出发，实施全方位综合治理才能奏效，并最终形成税收信用的多重治理模式。

按照税收信用的治理结构，税收信用的多重治理模式包括以下治理内容：（1）发挥政府职责；（2）建立政府用税信用；（3）提升税务中介机构信用度；（4）提升税务机关的公信力与执行力；（5）提高纳税人的税法遵从度；（6）唤起社会公众的信用治理力量。

1. 发挥政府职责：提供依法治税的制度环境

依法治税是市场经济的必然要求，是现实税收信用的前提和保障。依法治税涵盖税务机关依法征税、纳税人依法纳税、政府依法用税、税务中介机构依法提供客观、公正的税收鉴证服务。我国出现严重的税收信用缺失现象，有两个制度环境方面的原因：

（1）税收法律制度的不完善性会导致税收信用缺失。

首先，我国传统法律文化存在重公权利轻私权利，重刑法轻民法，重实体法轻程序法的习惯和做法，导致缺失契约、平等、正义等现代化精神的缺失，没有培养一种法制化环境；其次，税收立法主要站到国家利益角度考虑，没有充分体现纳税人的愿望和诉求，使纳税人成为税收法律关系中的弱势群体；最后，税收执法的随意性和不公平性，以及税收执法腐败问题，损害了税法的权威，践踏了税法的尊严，导致纳税人对税收制度冷漠和不信任。

（2）税收法律制度的监督作用影响税收信用。

首先，税务机关对纳税人监管不到位，一些纳税人的税收违法行为得不到惩治，助长其纳税信用不遵从行为；其次，税务执法行为虽然受到监察机关、审计部门、税务机关上下级之间的监督，但这些实施机制的法律规定仍不完善，执行也不到位，最终未能对税务执法行为进行有效监督。

因此，治理税收信用缺失问题，必须创造公平的税收制度环境，重视税收立法的权威性和公正性。同时还要发挥税收法律制度的正向监督作用，即强化税收法律制度的执行力，形成较为严厉的税收惩罚机制。

2. 政府用税信用：构建税收信用的基石

政府信用是现代信用社会的一个关键组成部分。政府作为市场的参与者和干预者，充当着市场经济信用关系的维护者、守护人的角色。更为重要的是，政府作为市场的参与者与干预者，也与其他市场主体发生信用关系。很显然，政府的用税信用也是衡量政府信用的重要指标之一。

政府的用税信用问题是由政府是公共权力的执行者这一基本事实引起的。政府的用税信用之所以存在问题，大致是由以下原因引起的：（1）政府的能力有限，并不能保证所制定的政府预算非常完美无缺，能够完全满足预期目标，也可能政府预算的执行力不强。而不论是由政府能力有限还是执行力不强所引起的政府预算的执行结果不理想都表现为用税信用问题。（2）政府官员滥用职权、腐败行为及不作为是引发政府用税信用的导火索。（3）税收政策朝令夕改、政府本身的失约行为是用税信用问题的大敌。譬如前些年政府预算用于教育方面预算资金在实际运行过程中并未投入到位，致使教育事业发展缓慢甚至停滞不前，造成政府失信于教育事业，使社会民众严重置疑政府的用税信用。

在政府用税信用方面上，最起码应做到以下两点：其一，要增强税款使用的公开和监督。由于现行国家预算过于粗放和表面化，缺乏纳税人监督机制，难以真正体现“取之于民，用之于民”的税收本质，因此国家预算不仅要延伸到基层，而且还要将各级政府的公共支出预算及其使用情况纳入全程监督体系，确保公共支出预算的监督无盲区。其二，大力惩处各种腐败行为，保证公共支出资金的安全性。政府的用税信用在很大程度上影响着纳税人的纳税热情和征税机关的征税动力，也影响着政府在社会民众心目中的形象和地位。政府信用对其他主体起着明显的示范效应和导向作用。所以，政府的用税信用是税收信用缺失的源头，只有建立诚信政府，构建政府的用税信用，才能够带动社会各界对税收信用的遵从和维护。

3. 提升税务中介机构信用度：维护税收信用的基础

税务中介机构是一个特殊的群体，它们对维护税收信用起到极为重要的作用。一般来说，税务中介机构作为税收信用的维护者，其作用主要体现在两个方面：

（1）税务中介机构具有监督纳税信用的基础性作用。税务中介组织从专业角度出发，能够对纳税人的税收活动作出公正的评价，对重要的涉税事项和税务申报表进行专业鉴证，这在一定程度上起到重要的监督控制作用。日常涉税事务中的企业亏损鉴证、财产损失鉴证、所得税汇算清缴审核、土地增值税清算鉴证等事项，均为税务中介机构服务的核心内容，这些涉税事项的鉴证业务从某种意义上讲均对维护税收信用起到重要的、不可或缺的作用。

（2）税务中介机构本身也是遵守税收信用的主体之一。税务中介机构的专业素质、守法意识是维护税收信用的前提条件，其客观性、中立性、公正性决定着其税收信用的基本状况。因此，税务中介机构的税收信用影响甚至决定着税收信用的整体状况。

税务中介信用要求税务中介机构必须遵循国家的税法和相关法律政策规定，按照独立、客观、公正的原则，受托代理各类涉税事项，为涉税主体提供优质服务，并承担相应的法律责任。即要求税务中介机构对税务机关守信，维护国家法律法规；又对纳税人守信，保护纳税人的合法权益。不徇私舞弊、维护税法尊严是税务中介机构的重要职责，但我们最为担心的是税务中介机构本身的税收信用状况。税收信用缺失的存在很大程度上是与税务中介机构的税收信用分不开的。建设一支具有高专业素养、诚信负责的税务中介机构，对于治理税收信用缺失问题具有重要的作用。

对税务中介机构税收信用的治理，需要采取以下措施：其一，塑造行业诚信，加强对执业税务师的个人道德约束，在全行业范围内开展以诚信为核心的职业道德教育，加强个人自身修养建设，通过诚信执业倡议和承诺、诚信自律公约等形式，提高执业税务师对职业重要性和光荣性的认识，使诚信自律以及独立、客观、公正成为每个从业人员的自觉行为。其二，利用行业管理制度约束失信行为。建议注册税务师协会建立执业机构和执业人员的诚信档案，记录并定期公布其执业情况、违规行为及相应处罚结果，通过监督体系和失信惩罚机制的建立与完善，提高合谋者的违约成本和被查处概率。其三，政府和社会各界应该从严要求税务中介机构的行为，重视其中立性、公正性、公开性的服务理念的建立，提高其税收信用度水平，树立一个良好的中介形象。政府应加大对税务中介机构的日常检查和重点抽查，建立与审计、财政等部门的联手审计监管机制，对弄虚作假、徇私舞弊及操作合谋行为的税务中介机构必须进行曝光、通报、取缔，甚至追究刑事责任，做到从严惩治，严惩不殆。

4. 提升税务机关的公信力与执行力：税收信用治理的关键

税务机关的征税信用是税收信用的重要组成部分，对税收信用缺失的治理不能忽视征税信用的治理环节。根据委托—代理理论的分析，政府与税务机关之间是一种委托—代理关系，如果政府监控不力，税务机关会作为代理人占据信息优势，会做出损害委托人利益的行为。那么，在委托—代理关系下，应该如何提高税务机关的征税信用呢？

（1）降低征税成本和提高服务质量是提升征税信用的基础。如果税务机关的征税成本很高，征管手段落后，征税效率低下，就不利于提高服务质量。如果服务质量低下，会引起纳税人的不满，降低税务机关在纳税人心目中的形象。因此，征税成本、征管手段、征税效率、服务质量等因素都会对征税信用产生重大影响，想方设法提高税务机关工作效率和服务质量、降低征税成本是提升征税信用的基础。

(2) 税收征管的法制化和严密性是提升征税信用的重要环节。如果税务征管的法制化和严密性程度不高，会导致税务稽查的准确性和力度降低，使一些违法的纳税人成为“漏网之鱼”。这样会大大消弱税务机关的权威性和公信力，影响整个税务机关的征税信用的建立。此外，一些税收计划指标、征税任务也是影响征税信用的因素，按照征税任务而不是按照税法征税，就使得税收征管丧失了法制化要求。因此，税收征管的法制化和严密性程度越高，其社会公信力越高，就更容易治理征税信用的缺失问题。

(3) 税务机关违法征税行为的治理是提升征税信用的重要手段。税务机关寻租、滥用职权、违法乱纪等行为也严重消弱税法的权威性和严肃性，影响征税信用水平的提升。税务机关一些税务人员为了谋取私利而无视国家的法律，滥用职权、徇私舞弊，导致“人情税”、“关系税”、“包税”等现象大量存在，这一方面使税法的权威性和严肃性在纳税人心目中大打折扣，另一方面，这种执法中的不公正行为引起诚信纳税人的强烈愤慨，自然会产生对纳税的抗拒心理，严重影响税法的执行力。

因此，治理税务机关的征税信用缺失尤为重要，这是纠正税务不良风气的关键。以中国当今的现状，要实现税收信用的目标，就必须采取具有远见卓识性的治理措施：一方面，要尽快提升税务人员素质，加大税收执法检查力度，树立税收执法的权威性；加大对税务执法违法行为的处罚力度，坚决杜绝征税中的违法行为，公平对待每一个纳税人。只有税务机关成为一个守法的征税典范，才能更多地带动纳税人依法纳税，讲求税收诚信。

5. 提高纳税人的税法遵从度：改变税收信用的基因

纳税信用不仅是对法律的遵从，还是对道德行为标准的遵守。纳税人作为税收信用的最核心的主体，具有基因特性，纳税不遵从思想和行为可以“遗传”下去。所以纳税人对形成税收信用缺失的影响程度最大。当然，也是税收信用治理的重中之重。

（1）纳税人的纳税遵从意识差是纳税信用缺失的根源。受到“皇粮国税”横征暴敛的传统文化思想的影响，纳税人“厌税”、“恨税”情绪根深蒂固，再加上一些税务人员在征税中态度蛮横，以及某些纳税人确实存在税收负担过重等原因，更导致纳税人的纳税遵从意识差。

（2）权利与义务的严重失衡以及不公平现象滋长了纳税人的“厌税”情绪。长期以来，过分强调税收的强制性、固定性、无偿性，而对纳税人应享有的权利很少予以保护，致使纳税人的契约观念和诚信意识日趋淡化。再加上税收征管中的寻租、不公平现象的影响，更导致纳税人对政府及税务机关的不信任，对诚信纳税行为的不认同。

（3）导致纳税不遵从的原因还有偷逃税稽查概率小和税收处罚力度低。很多纳税人之所以铤而走险，除了“厌税”情绪和诚信观念淡薄外，也与偷逃税的稽查概率低和处罚力度低有很大的关系，纳税人并未形成一种纳税遵从的习惯，反而是钻税法的空子，与税务机关相周旋，争取成为“漏网之鱼”。

因此，对于纳税信用的治理关键是加大偷逃税等税收违法行为的稽查概率和处罚力度，真正落实到实际税收征管工作中，而不是简单地对纳税人进行宣传教育。但是，笔者认为保护纳税人权利至关重要，在税收信用建设中，必须强调纳税人的权利，尤其是赋予诚信纳税人较多的权利和现实回报，在社会上逐渐树立一种权利与义务并重的税收思想和行为标准。

6. 唤起社会民众的信用治理力量：税收信用的舆论压力

社会民众对政府具有舆论监督作用，对税务机关和纳税人也有同样的舆论监督作用。在现代社会，尤其是在税收信用缺失的治理中，必须重视社会民众的舆论监督作用。客观来看，目前社会崇尚“依法治税”的风向标还未很好地树立起来。这主要基于以下两个原因：一是社会的舆论宣传在“惩恶扬善”方面有所欠缺，对诚信纳税和为国家做出重大贡献的纳税人弘扬较少，对重大税收违法行为的舆论报道和抨击不够，致使社会公众并不关注依法治税与税收信用问题。二是社会的信用体系尚未建立起来，不诚信的现象不仅在税收领域存在，在其他很多领域都普遍存在，这在一定程度上制约了社会舆论力量的发挥。

因此，笔者特别强调社会民众的舆论力量，赋予社会民众更多地对政府、对税务机关、对纳税人、对中介机构的监督渠道和监督权限，并开辟报纸、杂志、网络等各种媒体的税收信用专栏，定期发布关于政府、税务机关、纳税人及中介机构的税收违法行为，形成强有力的税收信用监督机制，强化社会民众的舆论监督作用。

本章参考文献

[1] 王绍光：“从税收国家到预算国家”，中山大学行政管理研究中心/政务学院、复旦大学国际关系与公共事务学院、中国留美公共管理学会，“国家治理与公共预算”国际学术研讨会论文集，2006 年 12 月。

[2] 蔡昌：“构建产权型税收体系——基于产权保护与税收立法权的回归的思考”，《税务研究》，2013 年第 6 期。

[3] 杨志勇：“中国地方税系的构建与完善问题探讨”，《涉外税务》，

2013 年第 6 期。

[4] 李文："税制改革中的国际竞争力原则：从主要税种变化的视角"，《经济与管理评论》，2013 年第 5 期。

[5] 兰竹青：《我国中央与地方政府税收划分问题研究》，山西财经大学，2013 年。

[6] 易珏："税制改革方向考"，《中国经济信息》，2013 年第 6 期。

[7] 刘晓红：《中国地方税体系研究》，山西大学博士学位论文，2008 年。

[8] 夏瑞莹："地方政府收入的新来源——基于土地财政问题及财政体制变革的分析"，《经济视角（下）》，2013 年第 6 期。

[9] 麦正华："关于地方税制改革的思考"，《税务研究》，2013 年第 9 期。

第四章 税收筹划新思维

一、税收筹划：大棋局的妙手之招

（一）税收是社会经济活动的焦点

随着经济全球化趋势和市场经济的深入发展，税收与经济的关系更为密切，也更为显性的影响着我们的生活。2013 年 1 月 3 日，瑞士最古老的私人银行——韦格林银行承认帮助 100 多位美国富人逃避税收，同意为此缴纳 5780 万美元的补偿和罚金，同时，这家有着 271 年历史的银行宣布将在经营超过两个半世纪后永久歇业①。法国政府决定从 2013 年起向年收入超过 100 万欧元的个人征收税率为

① “瑞士最古老银行被迫永久关门”，北京日报，2013 年 1 月 6 日。

75%的所得税以及提高财产继承税税率，不少富人“闻风外逃”。法国奢侈品巨头路易威登（LV）公司董事局主席兼首席执行官贝尔纳·阿尔诺曾于2012年9月正式向比利时移民局递交入籍申请（但最终未能移民成功）。法国著名影星热拉尔·德帕尔迪厄2013年1月3日申请加入俄罗斯国籍已获普京总统批准[①]。2016年10月1日，美国《纽约时报》报道披露，特朗普在1995年的纳税申报单中宣称遭受9.16亿美元的损失，这与其地产和赌场亡国当时出现的经营危机有关，此后他利用美国错综复杂的税法抵消所得税，最终减免的税款可能使他得以18年免缴任何联邦所得税。特朗普的主要竞选代理人鲁迪·朱利亚尼称特朗普是个天才，这是合法利用税法的完美案例[②]。

在美国，由于国会每年都对税法进行修订以及一大批游说分子坚持不懈地游说，从而使税收制度变得越发复杂，从而出现更多的漏洞，这给大公司寻求减税造成了可乘之机。万豪国际集团在世界各地许多令人向往的城市和度假圣地有数千家酒店，从费城到巴黎，豪华的地毯和闪耀的吊灯点缀出雍容典雅。但万豪国际集团的所作所为却令人感到意外，它竟然投入6000万美元巨资购置洗煤机。对一个出色的跨国商务酒店来说，洗煤机听起来不会增加收益，但这种投资是一个不同寻常的营利手段。万豪国际集团利用税法中鼓励从非常规来源生产燃料的减税规定，通过投资洗煤机获得超过1.5亿美元的税收减免额，而且以后年度还继续享受减免税待遇。

滑稽的逃税游戏在世界避税地陆续上演，呈现潮涌之势。跨国公司采取各种手段把收入和资产集中转移至海外低税率地区，

① “富人税吓走富人　‘大鼻子情圣’入俄籍”，北京日报，2013年1月6日。

② “拥护者称特朗普避税行为显现‘天分’”，参考消息，2016年10月4日。

把开支转移到高税率地区以规避税收。其中最极端、最受批评的避税途径是在百慕大、巴哈马、香港、英属维尔京群岛等“逃税乐园”注册成立公司。英属维尔京群岛简直是个“避税天堂”，只要在岛上注册的公司不在当地经营，政府免收任何税款，这一税收待遇点燃各国投资者的激情，在维尔京群岛注册的公司已超过80万家。遥相呼应的是百慕大，面积约53平方公里的弹丸之地，仅国际受控保险公司就多达1400多家，原因是在百慕大注册的公司免征公司所得税和个人所得税，也不征收销售税。美国税务经济学家马丁·沙利文对此评价说：“这是公司离开本国的一个较为狡诈的方面。它们不仅把总部转移到海外，而且还转移了资产。”[①] 跨国公司肆无忌惮的逃避税行为引起了各国的重视，2012年，G20墨西哥首脑峰会郑重提出要对防止和应对税基侵蚀与利润转移（Base Erosion and Profit Shifting，简称BEPS）进行调研；2013年2月，OECD发布报告明确指出，跨国公司的税收筹划行为已经造成全球商业竞争环境的严重不公平，会对世界经济发展带来长期和致命的危害。

（二）渔网理论：税收筹划的内涵与本质属性

征税与纳税是一种永恒的、高智商的动态博弈对局，我们经常用“渔网理论”来刻画征纳双方之间的微妙关系：渔民编织渔网出海打鱼。但在打鱼过程中，必然会出现一些漏网之鱼。鱼之漏网，原因在于网，而不在于鱼，鱼从网中钻出来是鱼渴望生存的天性使然。渔民不应该埋怨漏网之鱼，而应该想办法修补好捕鱼之网。其实，将“渔网理论”应用于税收筹划有一定的借鉴意义：税法犹如一张渔网，再结实的渔网都有网眼过大乃至破

① “富人税吓走富人　‘大鼻子情圣’入俄籍”，北京日报，2013年1月6日。

损之处，再完善的税法都有缺陷和漏洞。因此，税收筹划体现着纳税人捕捉"税法漏洞"、寻觅"税收空间"的洞察力，是纳税人对税收环境的反应和适应。更为重要的是，税收筹划堪称税收公平与效率的试金石，能使政府意识到修补"税法之网"的迫切性，进而演变成一种税制变迁的推动力，引发税制的诱致性制度变迁①。

税收筹划是一种融战略规划、经营模式、商务结构及管理方式为一体的，旨在降低税收成本与税务风险的智慧型行为。税收筹划有"皇冠上的明珠"之美誉，已经得到全世界的广泛关注，备受企业家和高层管理者推崇。何谓"税收筹划"？税收筹划是指纳税人在既定的税制框架为，通过对纳税主体的战略模式、经营活动、投资行为、理财涉税事项等进行事先规划和安排，以规避税务风险、递延纳税、控制或减轻税负为手段，实现税后收益最大化目标的一系列税务规划活动。出于理财决策和税收利益的考虑，集团企业、商务机构乃至个人都十分关注税收筹划的实践运作。许多税务师事务所、税务研究机构、会计师事务所、律师事务所等中介组织积极推出高端税收筹划服务，一些上市公司、集团企业开始尝试设立税务部并开展卓有成效的税收筹划活动。

"横看成岭侧成峰，远近高低各不同"，对税收筹划的理解与认识也是如此。基于私法自治原则②，基于法律框架下对税收

① 诱致性制度变迁是与强制性制度变迁相对立的一种制度演进模式。北京大学林毅夫教授认为："诱致性制度变迁指的是一群（个）人在响应由制度不均衡引致的获利机会时所进行的自发性变迁；强制性制度变迁指的是由政府行动来加以促进。"（参见林毅夫："关于制度变迁的经济学理论：诱致性变迁与强制性变迁"，载《财产权利与制度变迁》，上海三联书店、上海人民出版社 1994 年版，374 页。）

② 私法自治原则，建立在 19 世纪个人自由主义之上，强调国家应严格限制自己的权利范围和权力界限，充分关注个体利益和最大限度地发挥个体的主观能动性和积极性，以实现社会效益的最大化和社会的公平正义。

利益的合法追求，税收筹划被界定为纳税人享有的一项合法权益。税收法定原则确立了纳税人的税收筹划权，而私法自治使这种权利成为现实。税收筹划是市场经济的必然产物，是纳税人具有法律意识的主动行为，它不仅具备合法性的基本要件，更体现着民主、正义的税收契约精神。因此，对于有失公平的税收逃避行为必须坚决遏制和打击。如果放纵税收逃避行为，就会使“经济生态”失衡。因此，我们需要一个公平、透明的游戏规则，需要缔结一份税收筹划博弈合约。

（三）税收筹划的演变与拓展

关于税收筹划的起源，根据文献记载，最早可以追溯到19世纪中叶的意大利，当时意大利的税务咨询业已存在税收筹划服务，这可以看作是税收筹划的初期萌芽。税收筹划的正式提出始于美国财务会计准则（FASB），美国财务会计准则委员会（FASB）在《SFAS109——所得税的会计处理》中首次提出“税收筹划战略（Tax - Planning Strategy）”。欧洲税务联合会于1959年在法国巴黎成立，当时由5个欧洲国家的从事税务咨询的专业团体发起成立，其主要业务就是为纳税人开展税收筹划。美国经济学家迈伦·斯科尔斯、马克·沃尔夫森（2004）提出了“有效税收筹划理论”[①]，该理论体现了一般均衡的战略思想，旨在建立一个透视税收规则如何影响税务决策、资产定价、资本结构和财务战略的理论框架。自从罗纳德·H. 科斯获得诺贝尔经济学奖以来，产权经济学思想逐步渗透进税收领域，税收筹划被视为“由社会多方契约关系制约的、多方契约力量之合力推动的

① 迈伦·斯科尔斯、马克·沃尔夫森：《税收与企业战略》，中国财政经济出版社2004年版。

一种经济行为”（蔡昌，20C8）[1]。在承认理性经济人的逐利本性、契约的不完备性和利益博弈均衡为基础等前提下，契约各方当事人（涵盖经营者、投资者、债权人、供应商、代理商等利益相关者）便有动机、有条件利用交易契约进行税收筹划运作，在更大范围内、更主动地灵活安排理财涉税事项，以达成契约各方的共赢局面。美国税务学会主席萨利·琼斯、谢利·罗兹－盖特那奇（2010）敏锐地指出：“税收代表一种经营成本，而且要像产品成本、雇员工资、财务成本等一样进行管理。将税收作为一种战略规划变量，特别强调其在经营决策制定中的角色。”[2]萨利·琼斯、谢利·罗兹－盖特那奇还在《高级税务管理》一书中系统阐述“战略税收筹划理论”，深入研究税收战略、经营战略、企业成长和扩张战略、资本交易等对交易各方的净现金流量、利润表和资产负债表的影响。

二、税收筹划的诱因、动因与形成机理

（一）税收筹划的诱因

1. 税收制度的“非中性”和真空地带

由于各国经济背景不同、税收法律环境不同，税制的具体规定千差万别。为了实现不同的目标，各国规定了许多差异化政策，比如差别税率、免征额、减免优惠政策等，这使得税收制度

① 蔡昌：《契约视角的税收筹划研究》，中国财政经济出版社 2008 年版。

② 萨利·琼斯、谢利·罗兹－盖特那奇：《高级税收战略》，中国人民大学出版社 2010 年版。

呈现出“非中性”的特征，从而企业的经营活动面对税收契约呈现差异化的反应，理性的企业自然会选择符合收益最大化的税收筹划方案，并有意识地进行事前筹划和安排。

税收制度是政府在有限信息条件下的决策结果，不可能对现实的所有情况、所有交易和事项产生约束，也难以对未来的情况、交易和事项作出规范，从而必然留下真空地带，形成税法空白。税法空白诱发了纳税人进行税收筹划的热情。纳税人利用税法空白进行税收筹划，是其追逐税收利益的一种本能反应。

2. 税收漏洞的存在

在税收活动中，导致税制失效、低效的因素都可称为税收漏洞（tax loop - hole）。税收漏洞可视为税制本身因各种难以克服的因素而形成的税制缺陷。从法律角度看，税收漏洞可分为立法税收漏洞和执法税收漏洞。尽管政府反对纳税人利用税收漏洞进行避税，但不可否认，不论发展中国家还是发达国家，其税收漏洞是普遍存在的，而且今后很长时间内都会存在。由于纳税人的数量是巨大的，对税法的解剖和考察是全方位的，因此只要存在税收漏洞，就很容易被纳税人识破并捕捉到。

面对税收漏洞，纳税人不会无动于衷，也不能无动于衷，“只要符合规则，可以打‘擦边球’，钻规则的漏洞”[①]。所以，税收漏洞的存在诱发了纳税人的税收筹划行为，利用税法中存在的逻辑矛盾和税制缺陷进行税收筹划，是纳税人追逐税收利益的一种方式。

3. 税收负担重、税收监管体系严密

当税收负担过重会导致税收筹划现象的产生。税收负担过重

① A. Michael Spence. Economics（sixteen edition）（迈克尔·斯宾塞：《经济学》第16版）。

促使纳税人寻找有效的税收筹划方法以控制其税负支出，税收筹划既不违法又能有效降低税负，必然成为纳税人追逐税收利益的首选。因此，在税收筹划和税收负担之间存在着一种良性的互动关系，从某种意义上看，税收负担背后所隐含的政府的宏观政策意图是引导纳税人进行税收筹划的路标，而税收筹划则是纳税人针对“路标”所做出的良性反应。

严密的税收监管体系会形成良好的税收执法环境，纳税人要想获得税收利益，只能通过合法的税收筹划获取正当的税收利益，而一般不会、不易或不敢选择逃税避税行为获取税收利益。

4. 公正的社会政治环境

在社会政治环境较为理想的社会中，纳税人通过政治运作减轻税负的空间较小，纳税人将倾向于在依法纳税的前提下，通过税收筹划减轻自己的税收负担。在政治环境缺陷较多的社会中，纳税人仅通过政治运作或行政操作就可以减轻税收负担，因此，纳税人将倾向于进行政治运作，采取贿赂政府官员或税务官员等手段，通过偷逃税或欺诈等手段减轻自己的税收负担。因此，社会政治环境是影响税收筹划的一个不可忽视的社会性因素。而公正的社会政治环境是诱发税收筹划行为的基础性条件。

（二）税收筹划的动因

1. 理性经济人的选择

理性经济人假设是经济学的理论基石，同时也是税收筹划动因的理论支撑。理性经济人能根据自己所处的环境条件来判断自身利益并决定行为走向，尽可能实现利益最大化。纳税人作为市场中的纳税主体，根据市场条件和税收环境理性地选择最优纳税方案，追求税负最小化或者税后收益最大化的经济结果是其理性选择。

理性纳税人减轻税负、实现税后收益最大化是其与生俱来的动机和不懈追求的目标。在法律允许的情况下，纳税人总是在寻求这样一个结果，即在最晚的时间支付最少的税款。正如盖地教授所指出的："纳税人在纳税理性的支配下，最大限度地寻求投入最少（纳税额与相关成本）、产出最大（税后利润、企业价值）的均衡。"①

2. 税收法定与私法自治的融合

税收法定与私法自治是税收筹划存在的法理基础。税收法定是规范和限制国家权力、保障公民财产权的基本要求。税制的法定性越强，税收筹划的预期性越明确，税收筹划的技术、方法就越具有稳定性和规范性。私法自治则表现为公民个人参与社会活动、处分其私有财产权利的自主性。税收法定和私法自治二者相互融合，相互协调，共同保证纳税人权利的实现。基于私法自治原则，利用私法上的经济活动形式的自由选择权，在法律框架下进行合法的税收筹划，是纳税人享有的一项正当的权利。

3. 利用税收规则的自由度

纳税人作为税收契约关系中的弱势群体，虽然不能制定税收规则，但可以利用税收规则，享有利用税收规则的自由度。因此，纳税人更好地理解税收规则，利用税收规则，即从现行税收规则中谋取最大的税收利益才是上乘之计。纳税人无法选择税制（除非移民到世界上别的国家或迁移到国际避税地），但可以选择适用税制的相关条款，灵活利用不同的税收规则谋取税收利益最大化。

（三）税收筹划的形成机理

自负盈亏的经济主体在激烈竞争的市场环境及其他内外部制度因素的推动驱使下产生了利益最大化需求，强烈的利益需求天

① 盖地：《税收筹划理论研究——多角度透视》，中国人民大学出版社 2013 年版。

然激发了企业的节税动机，所以从逻辑角度分析，本能的驱利动机使纳税人寻找降低税收负担的各种手段以实现税后收益最大化。

在这种情况下，纳税人和代表政府税收征管的税务部门目标的差异性将引发一场激烈的博弈对局。博弈结果不外乎两种情况：一是企业选择了非税收筹划手段而遭到税法的严厉制裁和处罚，随着税收监管力度的加大，企业通过这种方式获得的收益很可能无法弥补由于处罚导致的利益丧失。二是企业选择税收筹划行为，使企业通过税收筹划获取的利益能够弥补并超过所耗费的成本。

税收筹划与税收监管实际上是一对相互促进的矛盾体，税收监管为税收筹划提供了法律保障，税收制度的变革又指导着税收筹划的顺利实施；税收筹划活动为税收制度的变革和完善指明了方向①。上述博弈过程导致了税收筹划的产生，这就是税收筹划的形成机理，如图 4－1 所示。

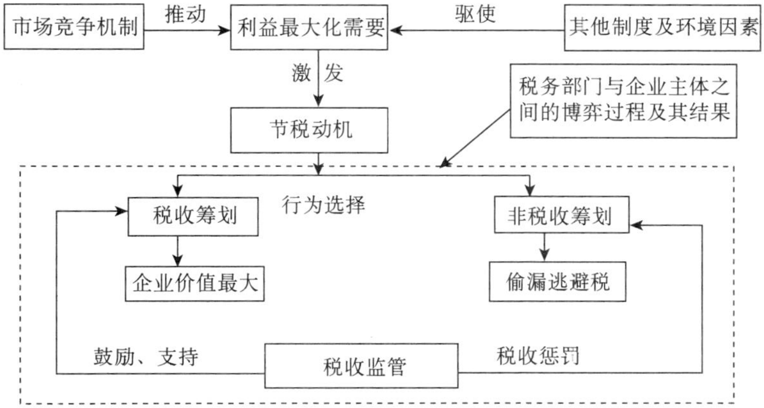

图 4－1　税收筹划的形成机理

---

① 孙进营、张峰、马骥：“税收筹划动力源泉分析”，《南京财经大学学报》2008 年第 4 期，第 40－44 页。

三、“税收链”在税收筹划中的应用

（一）“税收链”思想及其应用

对于一个企业来说，其所从事的生产经营活动是多种多样的，因此，在生产经营过程中面临的税收问题也是多种多样的，既有增值税、营业税等流转性质的税收，又有企业所得税、个人所得税等所得性质的税收，还有诸如房产税、契税、印花税等行为目的性质的税收。

迈克尔·波特（Porter，1985）在《竞争优势》一书中提出的“价值链（Value Chain）”理论认为，一般企业都可以被看作是一个由管理、设计、采购、生产、销售、交货等一系列创造价值的活动所组成的链条式集合体。单纯从企业的生产经营过程来看，企业经营过程包括供应活动、研发活动、生产活动、销售活动等四大经营活动，企业先采购原材料，然后设计产品、研发技术，继而进行生产加工，最后再到市场上销售产品。所有这些经营活动都与价值创造过程有关，即企业因四大经营活动形成一条清晰完整的价值创造链条，我们称之为“价值链”。

如果沿着价值流转的路径观察，企业所负担的税款也形成一个完整的税收链条，涵盖采购、研发、生产、销售活动的各个纳税环节，故称之为“税收链”，如图4-2所示。利用“税收链”有助于分析税收的形成机理与纳税环节。对于企业而言，其所承担的税款都是在业务流程和价值流转中形成的。

税收筹划是一种实现企业价值增长与战略目标的重要工具，企业税收链（价值链）某一环节的改善或优化，都可能与税收

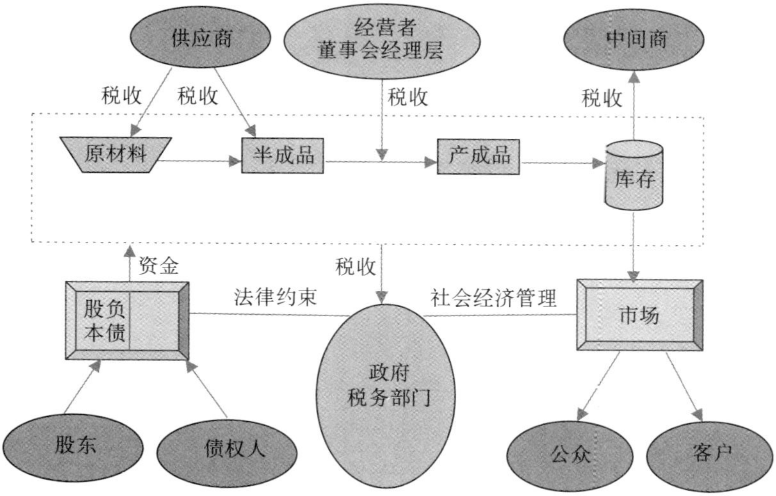

图 4－2　税收链的主要构成要素与结构

注：图中虚线框内部分为企业生产经营主体部分，利益相关者皆用椭圆形表示。

筹划发生直接或间接的关联。因此，站在战略的高度，用战略思想统筹税收筹划工作，结合企业内外部环境的变化，将企业税收链（价值链）与税收筹划有机结合，对企业的涉税事项进行战略规划。因此，税收筹划可能引致企业经营风险和税收风险，产生“牵一发而动全身”的连锁反应。

企业分析解剖“税收链”，就能够找到税收筹划的易胜之地，即与哪些利益相关者合作最有效，在哪个流程开展税收筹划最合适，哪些税种的税收筹划空间最大。基于“税收链”的企业税收筹划战略，必须树立一种系统的思维模式，从整体和全局角度出发，不能仅考虑局部流程的税收负担及个别纳税主体的税收利益，而应该视野更开阔，系统考虑“税收链”全部流程中的税收负担以及所有相关纳税主体的税收利益。

“税收链”思想要求企业从利益相关者角度看问题，不仅要考虑企业自身的税收情况，还要从企业与利益相关者的交易在整个“价值链”上的位置来考虑，照顾到利益相关者的税收利益。

（二）合作博弈：税收筹划的战略方法

国家征税的目的是为了获得财政收入，从而满足国家机器运转的需要。而对于企业来说，其所缴纳的税款则构成了生产经营活动的一项成本。企业经营的目的是实现利润最大化，这就决定了企业必然会想方设法减少成本，以获得较高的税后利润。因此，企业总是千方百计地通过一定的手段降低税收负担。这样，纳税人与国家之间就存在着一种博弈关系。那么，企业怎样才能更好地实现税收筹划的战略目标呢？我们认为，合作博弈是企业开展税收筹划的战略方法。

税收筹划的合作博弈包括企业与企业之间的合作博弈，企业与税务机关之间的合作博弈，以及企业与客户之间的合作博弈。这种合作博弈行为不是博弈各方如何合谋以逃避税收、对抗政府，而是法律框架下的正当的合作博弈行为，具有双赢或多赢的经济效果。

1. 企业之间的合作博弈

企业之间的税收合作博弈是多种多样的，企业之间或集团内部组织之间通过合理的转让定价模式转移利润与税收，这是常用的税收筹划方法。例如，集团内部企业之间通过转让定价将高税区的利润转移至低税区实现，则可以降低集团整体的税收负担。其实，这种现象引申开来，只要两个企业之间有购销往来关系，就是利益关联方，就可以利用转让定价共同实现筹划节税。市场价格处于不断波动的状态，有高也有低，因此，转让定价可以稍高于市场价格，也可以稍低于市场价格，具有一定的弹性空间。

如果把这种现象一般化，利用转让定价的灵活性，在关联企业之间合理进行利润转移，就能够合理控制税负。

企业之间的合作博弈主要有以下情形：一是商品交易的定价筹划；二是提供劳务或服务的定价筹划；三是无形资产交易的定价筹划；四是租赁业务的租金筹划；五是收入确认的筹划；六是费用转嫁的筹划。

企业之间的交易活动的合作博弈主要表现为三种形式：一是其中一方完全掌握产权或控制权，另一方购买使用权；二是双方通过交易活动实现产权转让；三是双方运用委托—代理方式进行合作。这三种方式都存在不同程度的税收筹划空间，其实质是资源使用权让渡或产权转让中的税收规划。

2. 企业与客户（消费者）之间的合作博弈

企业与客户（消费者）之间的合作博弈也是一种相当重要的合作博弈行为。按照一般经营管理常识，商品最终总要销售给客户，因此企业与客户之间的合作博弈就尤为重要。比如建筑服务，到底是采取“甲供材”还是“乙供材”，其税收结果相差悬殊，但这一问题是可以协商解决的。再如房产租赁，出租人与承租人在租金额度以及支付方式上也是可以磋商合作的，双方的契约安排和有效合作会大大降低税收负担。

3. 企业与税务机关的合作博弈

企业与税务机关也存在着合作博弈关系，而且这种合作博弈也具有税收筹划空间。税务机关征税本身是要花费征税成本的，而企业的生产经营活动错综复杂，税务机关根本无法完全掌握企业经营活动的全貌。因此，对税务机关来说，详细了解每个企业的具体情况，并对企业每项经营业务都实施监控，需要花费高昂的税收征管成本。如果企业与税务机关相互沟通和协调，就能有效地减少税收征管成本。比如，涉及转让定价时，企业与税务机关采取预约定价安排，不仅可以方便税务机关征税，降低其征税成本，还可以给纳税人带来好处，即纳税人采用适当的转让价格控制税收负担，又能避免转让价格遭受税务调整的风险。

（三）基于利益相关者的税收筹划战略模型

税收筹划战略是指导税收筹划全局的计划和策略，具体表现为企业适应税收环境的一组税收行动计划和策略，其作用在于规避涉税风险、降低税收负担。税收筹划战略要求企业将税收筹划纳入企业战略决策之中，以获得市场竞争优势。基于企业税收筹划环境的复杂性，尤其是企业面对众多的利益相关者，应该借鉴战略管理的思想，制定科学的税收筹划战略。

为了提高税收筹划的效率，实现税后收益最大化目标，企业在与利益相关者的交易需要充分考虑税收因素的影响，这就是建立税收筹划战略模型的意义之所在。基于利益相关者的税收筹划战略模型设计如图 4－3 所示。

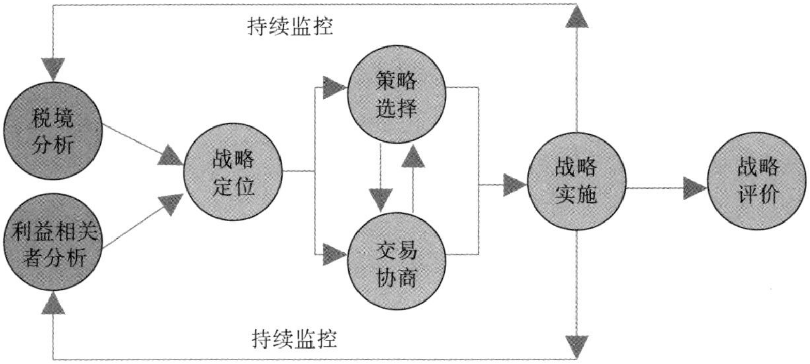

图 4－3　基于利益相关者的税收筹划战略模型

1. 战略环境分析

（1）税境分析。所谓“税境”，是指对企业所处的税收环境，主要从经济发展水平、市场开放程度、物价变动、税制变革、税种结构、征管模式、税务人员素质等方面分析税收环境的复杂性与变动性，为制定税收筹划战略提供基础性环境信息。

税境分析要预测税收制度的变化及其对企业和利益相关者的税收影响。中国正在进行的税制改革对社会经济产生了重大影响，企业也存在着许多税收筹划的机会和空间。我国的税制改革比较透明，企业也完全可以预期改革走向，这就方便企业作出合理的纳税行为调整及税收筹划战略安排。

（2）利益相关者分析。在市场经济中，企业与利益相关者的关系非常密切，为了实现税收筹划战略目标，必须对利益相关者的基本情况进行分析。对利益相关者的分析，主要从行业背景、经营特征、发展战略、业务模式、税收状况等方面进行分析，掌握利益相关者的经营情况、财务状况、纳税状况，为税收筹划战略制定及具体策略选择提供决策依据。

2. 战略定位

企业根据税境分析及利益相关者分析确定税收筹划的战略目标，给出明确的战略定位。税收筹划战略表明了公司未来的路径指向，是企业税收筹划的前进方向。税收筹划的战略定位必须建立在企业外部环境、内部条件和战略目标的基础之上。

3. 策略选择

美国战略学家乔治·斯坦纳（George A. Steiner）教授认为："策略即为达成策略计划中制订的目标所采取的特别行动，通常，这类行动是指资源的配置与运用。"① 从博弈论的角度理解，策略就是参与人在给定信息的情况下的行动规则，它规定参与人

① 刘心一、刘从戎：《税收规划——节税的原理、方法和策略》，经济管理出版社 2006 年版，第 541 页。

在什么时候选择什么行为。其实，策略也可以理解为特定环境下对于特定问题的应对之策，即“对策”。对一个企业而言，策略是抽象的，它体现着企业的战略导向，企业战略驾驭着策略，其实战略可以被认为是一组或多组策略的组合。

策略支配着整个生产经营活动，决定着企业的生存和发展。企业战略的实现在于成功地选择策略，对于企业税收筹划战略也是如此。在企业实际经营管理活动中，策略选择可以被看成是通过资源的系统规划来建立竞争优势的一种适应性行为。

4. 交易协商

交易协商主要是关于税收利益分配的协商，包括两个方面：一是企业与税务部门协商税收利益的分配，如税务部门与企业协商给予一定的税收优惠，鼓励企业实施再就业工程或吸引投资；二是企业与利益相关者协商交易价格及交易形式，如协商关联定价的原则、关联交易的时间、契约履行的条件等。交易协商可以在企业与其一个利益相关者之间进行，也可以在企业与其多个利益相关者之间进行。交易协商的目的是就交易中的税收利益达成一致，形成利益均衡的双赢或多赢状态。

交易协商是策略选择的下一步，两者有着直接的关联，也相互影响。策略选择决定交易协商的内容，交易协商的结果也可能会引起策略选择的调整。

5. 战略实施

战略实施是把战略付诸实施或执行的过程。要把税收筹划战略变成现实，需要具体付诸实施。在税收筹划战略实施过程中，要特别注意环境变化和战略定位的持续改进问题。

现代社会环境变化迅速，即使税收筹划战略制定得相当缜密、科学，也需要在执行中随着环境的变化进行修订。在图 4 - 3 中，建立在税境分析和利益相关者分析基础上的持续改进，就是一种环境应变能力的提高，能够使税收筹划战略更能适应环境的变化。

6. 战略评价

战略评价是对战略实施结果的评价与总结。税收筹划战略实施后，应该对税收筹划战略的实施结果进行检查和评价。将税收筹划战略的实施结果与战略目标进行比较，审查执行业绩及战略执行成本，分析其税收筹划战略的有效性。此外，战略评价还要从税收筹划对企业的财务、税收及战略管理的影响角度分析税收筹划战略的适应性。

四、税收筹划的契约思想①

（一）税收筹划的契约特征

1. 契约是税收筹划的根源与基石

企业的实质是“一系列契约的联结”，包括企业与股东、管理者、债权人、政府、职工、供应商、客户等之间的契约。各契约关系人之间又存在着利益冲突。当我们承认“理性经济人”的逐利本性、契约的不完全性和部分契约是以会计数据作为基础等前提条件时，部分契约关系人（如股东或管理者）便有动机和机会进行一些操纵，以实现收益最大化。因此，只要企业税收契约中使用会计数据作为决定税负大小的重要指标，则在税收契约执行过程中，投资者与经营者就会产生对会计数据及相关行为进行管理控制以谋取自身利益的动机。纳税人掌握着公司真实的

① 部分内容原载于《税务研究》，2012 年第 6 期。

会计信息，在信息不对称和契约不完备条件下，纳税人自然具有强烈的税收筹划动机以减轻其税收负担。纳税人对税法的选择性利用和税负的低位选择属于一项正当的权利，对税收规则的利用拥有相当的自主权和自由度，这也进一步解释了税收筹划之所以存在的缘故。所以，如果没有税收契约关系存在，就没有税收筹划存在的可能性。

2. 税收筹划存在多重契约方及利益诉求

纳税人的税收筹划行为要考虑多重契约方，即在进行税收筹划时不仅要考虑纳税人与税务当局的关系，还要考虑纳税人与其利益相关者的关系。所以，纳税人开展税收筹划所考虑的契约方至少应该包括税务当局和利益相关者两类不同的契约方。

纳税人针对不同的契约方，应当采取不同的契约模式和税务对策。引入“契约理论”作为研究的起点，采用契约思想诠释税收筹划，旨在说明契约方影响税收筹划的决策行为。不同的契约方有不同的利益诉求，一个成功的税收筹划方案不仅体现在纳税人所获取的税收利益的大小，还取决于各契约方所获取的税收利益及其满意程度。迈伦·斯科尔斯（Myron S. Scholes）曾对契约观点作如下评论：“契约具体说明在不同的环境下，契约各方作出决策和收取现金流的权利。”[①] 迈伦·斯科尔斯还阐述了“在税收筹划中必须考虑所有契约方”的观点。

3. 税收筹划受制于法定税收契约

税收筹划是纳税人在税制框架下通过投资、经营、理财等活动的事前谋划、安排以降低风险和减轻税负的规划活动。税收筹划之所以出现，源于纳税人与政府之间的法定税收契约关系。因

① 迈伦·斯科尔斯、马克·沃尔夫森：《税收与企业战略》，中国劳动社会保障出版社2004年版，第3页。

为政府作为企业契约的参与者，在向企业提供公共物品的同时，也“强制”与企业签订了税收契约，即颁布所制定的税法，并按税法规定强制性征税。所以，税法应被视为政府与纳税人签订的通用税收契约。在这种固定契约下，税款征纳是由税收的强制性来保障的。政府征税是出于保证财政收入以维护国家机器的正常运转，而纳税人依法纳税则是一种责任和义务。

在市场经济环境下，出于自身利益的考虑，纳税人总有寻求节税的动机。如果税收不具强制性，而是像慈善活动一样靠企业自愿捐赠，那么，税收筹划就会失去其存在的意义。所以，只要存在法定税收契约，就一定会存在税收筹划。税收筹划实际上是纳税人对税收环境的一种适应性反应。但税收筹划必须在税制框架下开展，这是法定税收契约对税收筹划的一种强制性约束。

（二）契约规则的利用与契约选择

1. 利用契约规则获取税收利益

税收筹划的作用在于利用契约规则合理安排交易，降低隐含在交易中的税收负担。如果企业之间存在税率差，即面临不同的企业所得税税率，则企业之间可以通过订立契约而合法地约定将应税收入从高税率纳税人那里转移到低税率纳税人那里。这是纳税人之间的一种税收合作博弈模式。其实，纳税人之间所订立的契约模式（契约中蕴含的交易结构、交易形式、交易要素等）稍作调整，就会显著地引起税收负担的变化。

税收筹划担负着实现税后利润最大化的重任，即为最大化税后收益而组织的生产必须考虑契约各方目前和未来的税收状况。税收筹划要求企业充分利用现有税收契约的优惠条款，积极发掘税法空白点与税收漏洞，以寻求更大的节税空间；税收筹划鼓励企业充分利用契约平等原则，在与税务机关或其他利益相关者缔约过程中，尽可能争取更多的税收利益。所以，从契约角度观察，税收筹划的过程其实就是纳税人利用契约规则获取税收利益的过程。

2. 税收筹划的契约选择策略

诺贝尔经济学奖得主迈伦·斯科尔斯认为：为实现各种社会目标而设计的任何税收制度都不可避免地会刺激社会个体进行税收筹划活动。任何既追求财产再分配、又资助特定经济活动的税收制度，都会导致边际税率在不同契约方之间，特定契约方在不同时期、不同经济活动中产生大幅变动。美国税务学会主席萨利·琼斯认为：企业交易的税收结果取决于交易事项的法律和财务结构。公司经常通过改变结构来改变税收结果①。

在市场经济中，纳税人的交易活动可以通过契约形式约定交易结构、交易条件，即不同的契约形式界定不同的业务模式。纳税人与其利益相关者通过调整契约条件、变换契约形式、设计交易结构等手段，在更大范围内、更主动地安排纳税事宜以获取税收利益。迈伦·斯科尔斯认为：低税负和高税负的企业双方可以签订一项安排财产权的契约，若该契约能够使低税负企业有效地将税收利益出售给高税负企业，这对双方都有利②。

当出现同一纳税人在不同纳税期存在税率差，以及同一纳税人同一纳税期内不同经济活动间存在税率差的背景下，也可以通过调整契约内容、变换契约形式、设计交易结构等手段进行契约选择，以寻求税收筹划的节税空间。

① 萨利·琼斯：《税收筹划原理——经营和投资规划的税收原则》，中国人民大学出版社 2008 年版。

② 迈伦·斯科尔斯、马克·沃尔夫森：《税收与企业战略》，中国劳动社会保障出版社 2004 年版。

（三）契约视角的税收筹划模式创新①

1. 税收契约的内涵与类别

（1）税收契约的内涵。税收契约思想源于社会契约论。霍布斯、洛克、孟德斯鸠、卢梭等人将契约思想从私人领域扩展到了公共领域，形成了社会契约论思想。税收契约正是社会契约在税收领域承继、沿袭的必然产物。税收契约作为一种公共契约，天然具有契约的基本属性。税收契约的表现形式为税收法律制度，它是国家和纳税人经过多层次博弈形成的一种相对固化的税收分配与管理关系。

税收制度的演化其实是税收契约关系演化的积累与外在表现形式。税收契约建立在平等原则基础之上，税收契约的缔结必须遵循社会正义与诚实信用原则。因此，税收契约一旦签订是受法律保护的。税收契约既要求纳税人依法诚信纳税、不能蓄意逃避税收；也要求政府代表国家行使征税权须以宪法为依据，依宪治税。税收契约对政府与纳税人的合法权益均等保护，不偏袒任何一方。

（2）税收契约的类别界定。契约理论认为，企业实质上是“一系列契约的联结”。税收契约是企业契约的重要组成部分，是企业契约关系网中的利益焦点。在企业契约集合中存在着两类较为明显的税收契约：一是政府与纳税人之间的“法定税收契约”，二是纳税人与其利益相关者之间的“交易税收契约”。这两类税收契约在经济发展中发挥着重要作用，影响着资源配置效率与纳税主体的税收利益。

① 蔡昌：“税收契约的源流嬗变：类型、效力及实施机制”，《税务研究》，2012 年第 6 期。

税收筹划作为由社会多方契约关系制约的、多方契约力量之合力推动的一种社会经济行为，也与税收契约之间有着千丝万缕的联系。在承认理性经济人的逐利本性、契约的不完备性和相当一部分契约是以会计信息为基础等前提条件的情况下，税收契约各方当事人（包括经营者、投资者、供应商、代理商等利益相关者）便有动机、有条件进行税收规划和安排，以实现税后利润最大化乃至企业价值最大化的战略目标。

2. 法定税收契约与政策性税收筹划

（1）法定税收契约的内涵。税收本质上是一种契约关系，作为公民财产权的一种让渡，公民必须获得政府提供的公共产品。政府和公民之间以获得公共产品为“标的”的特殊交换关系具有公共契约的性质。政府征税和纳税人缴税是一种权利和义务的交换。政府具有政治权力的垄断性，为避免政府对其权利的滥用，政府和纳税人之间需要缔结“契约”，把政府与纳税人之间的产权的分割用“法”的形式固定下来。由于政府和纳税人之间的税收契约是政府强加给纳税人的一种不可推卸的责任，政府是不请自来的“法定契约方”，笔者把这种天然存在的税收契约称为“法定税收契约”。例如，作为税收程序法的《中华人民共和国税收征收管理法》，以及作为税收实体法的《中华人民共和国企业所得税法》《中华人民共和国个人所得税法》《中华人民共和国车船税法》等都是法定税收契约的典型表现形式。在经济学界和法学界，法定税收契约已经得到广泛的认可、传播和应用。

法定税收契约其实是政府依照政治权力以提供公共产品为目的而分享纳税人利益的依据。在法定税收契约缔结过程中，政府和纳税人是平等的，政府和纳税人各自依法享有法定权利。这种双方权利平等关系体现了契约精神的本质，并贯穿于政府和纳税人之间关系的各个层面。在政府和纳税人法定税收契约的履行中，超出作为这种契约要求的税法规定的额度和范围的税款征收就是一种掠夺，而纳税人也不应该因其向政府纳税而提出某些过分的要求。

法定税收契约是按照国家的意愿设定的，政府出于宏观经济调控的需要，必须经常性地修改税法，因此，税收契约条款的额固定性是相对的。但是，税收契约条款的修正通常又带有明显的时滞性特质，税法的级次越高，其修正的时滞性就越强。税收契约条款的非固定性以及修正的时滞性会对纳税人的税收筹划行为产生重大影响。

（2）法定税收契约的效力。法定税收契约具有强制性。法定税收契约的效力不仅源于政府具有政治强制力，还源于税收契约的签订具有公共选择的机制和程序。法定税收契约的签订是社会成员通过公共选择机制选择的结果，它代表着社会成员集体意愿的表达。在经过一定的立法程序把这种集体意愿固化为税收法律后，税收契约就有了法律强制力，社会成员和政府都必须遵守。如果纳税人和政府或者税务当局违反税法这种税收法定契约，必须承担相应的责任。

《中华人民共和国税收征收管理法》规定了对纳税人的核定征收、税款追缴、滞纳金征收、纳税担保、税收保全、纳税救济等保障政府税收权益的措施。同样，政府或者税务当局对纳税人可能造成的侵犯时也要承担一定的责任。政府在税务当局对纳税人执法不当造成的损失要承担相应的赔偿责任：税收保全不当造成的损失政府要对纳税人进行税收赔偿；对纳税人超额征收的税款要加息归还给纳税人。法定税收契约对税务执法人员本身的徇私舞弊规定了禁止性和惩罚性条款。法定税收契约的效力不仅是强制性，也包含着代表着执政者偏好的政府利益的驱动。

（3）法定税收契约的实施机制。法定税收契约是国家和公民之间为获得公共产品或服务而签订的。法定税收契约签订过程是双方合意通过公共选择机制得以表示的结果。一旦国家和公民之间签署了这一契约，法定税收契约就具有了强制性。国家作为民众订立社会契约的缔约方，其实是一个抽象的权利主体，国家的权利要由政府这个代理人来执行。

法定税收契约的实施是一个复杂的过程。从契约论的观点看，国家权利和公民（纳税人）的权利是平等的，但国家的公权力和公民的私权利发生冲突时，公民权常处于弱势地位。政府作为国家的代理人，有追求预算收入规模最大化的动机与行为。为保障纳税人的权利，就需要围绕税收契约进行立宪，以保障税收契约实施过程中双方权利、义务的一致性。对于符合税收宪政的税收契约，由国家委托政府的征税机关来实施税款的征收。征税机关代表政府对违反税法（税收契约的固化形式）规定的纳税人实施强制征税、加收滞纳金或者罚款等惩戒行为，以保障政府获得税收收入的权利。政府也要对税收的征收使用情况向纳税人进行信息公开，接受广大纳税人的监督。对政府违反法定税收契约的情形，纳税人有权借助其代表机构通过公共选择的程序更改税收契约内容，并让政府对纳税人进行合法补偿。因此，法定税收契约的实施机制是建立在委托—代理制基础上的，但委托—代理制的执行须以法定税收契约的依法履行为前提。法定税收契约的有效履行会促进一国或地区税收制度的优化与演变。

（4）政策性税收筹划：法定税收契约框架下的税收筹划创新。政策性税收筹划是指企业在不违背税收立法精神的前提下，与政府的税务、财政等部门进行协商，试图改变现有对企业（或行业）不适用的税收制度，以实现企业利益最大化的筹划活动。政策性税收筹划作为一种动态的筹划方式，其对国民经济和企业产生宏观和微观的双重效应，不仅企业的涉税风险小，而且其对完善税收制度发挥着重大的作用。

从经济学角度分析，政策性税收筹划实质上是一种税收筹划的创新活动，它改变了原来的法定税收契约关系，本质上是一种契约变革性质的税收筹划模式。当企业发现税收制度的非均衡[①]，从而产生税收制度的创新需求，企业通过游说手段或其他方式推动政府的税收制度变迁，政府根据这一制度需求对税收制度供给进行调整，制定多种备选的税收制度变迁方案，企业再根据自身利益需求影响或决定税收制度变迁方案的选择，最终达到税收制度变迁后的再次均衡状态。

政策性税收筹划是以一种更有效率的新的税收制度来替代旧有税收制度的过程，真正体现了税收制度由非均衡到均衡的运动[②]。政策性税收筹划与一般的税收筹划策略存在较大的差异，但是它并非对目前税收筹划模式的背叛，而是对税收筹划模式的延伸和扩展，更能在税收筹划中发挥纳税人的主动性。一般采取政策性税收筹划的企业是那些掌控重大资源，拥有话语权的重要行业的大型企业集团，在我国以金融业、石油化工业、电力水利等能源业以及烟草业等国有垄断行业为主，他们具有较高的社会经济地位甚至一定的政治地位，能够影响国计民生和政府宏观决策。政府为了实现一定的宏观经济目标，也会对其政策需求或利益诉求提供宽松型的税收政策，或者专门为其提供特殊性税收政

① 税收制度的非均衡是指税收征纳博弈各方对现行税收制度不满意的状态，从供求关系看，呈现出一种制度供给与制度需求不一致的状态。

② 税收制度的非均衡必然意味着现行税制安排的净收益小于可供选择税制安排的净收益，而基于企业（行业）特殊性的对原有税收制度的修正和改进，符合税收的公平与合理原则。国家的利益不仅不会减少，反而会因为企业（行业）生产积极性的提高而大幅增加，形成税收制度创新的潜在收益，推动税收制度的变迁。

策或税收优惠待遇。

3. 交易税收契约与税收筹划理论创新

（1）交易税收契约的内涵。契约是交易当事人在市场交易活动中所确立的一种权利义务关系，交易活动的实质是交易当事人对财产权利做出的契约安排，其目的是实现资源在时间和空间上的合理配置与有效利用。企业是“一系列契约的联结”，在这种契约的联结中，存在着包括股东、债权人、供应商、代理商、终端客户、职业经理人、雇员等在内的各类利益相关者。尽管企业与这些利益相关者之间的关系是纯粹的市场关系，但他们之间交易合约的缔结对企业的纳税行为和税收负担也有着微妙的影响。[1]

企业与其利益相关者之间的税收关系是交易当事人各方确立的权利和义务关系的一种，笔者把它们之间由于交易活动引发的税收关系称之为“交易税收契约”。交易税收契约是企业契约集合中的子契约，可以将其界定为企业法人与其利益相关者在交易活动中所形成的有关财产权利流转中的税收协议或者约定。斯韦托扎尔·平乔维奇（1990）认为，契约是人们用以寻找，辨别和商讨交易机会的工具[2]。对契约功能的这一深刻认识非常适用于交易税收契约，缔约各方缔结交易税收契约的目的在于探寻和把握交易机会、获取经济利益。交易税收契约的各缔约方利用契约的签订合理规划其税务活动，实施税务战略管理，并最终实现税收利益乃至经济利益的最大化。

企业与其利益相关者的“交易税收契约”所涉及的各项交

① 蔡昌：《契约视角的税收筹划研究》，中国财政经济出版社 2008 年版。

② 斯韦托扎尔·平乔维奇（蒋琳琦译）：《产权经济学》，经济科学出版社 1999 年版。

易包含复杂的关系，关系和交易紧密结合，同等重要且不可分割，属于一种典型的关系契约①，具有以下四个显著特征：

第一，交易税收契约各方存在契约团结或共同意识。缔约方利用正式或非正式规则确保他们之间关系的稳定性。正是复杂的利益相互依赖性使交易缔约各方当事人必须就某些事件达成共识，这种共识的达成具体表现为当事人之间的沟通。在沟通过程中，各种正式或非正式规则会产生，以规范交易过程中当事人的行为，减少契约各方存在的信息不对称，从而降低交易费用。因此，交易税收契约强调合作及其长期关系的维持，契约当事人都愿意建立一种规制结构来对契约关系进行适应性调整。

第二，交易税收契约各方是伙伴关系。与法定税收契约要借助法律的强制性来维护政府与纳税人之间的契约关系不同，交易税收契约要依赖于企业与利益相关者的经济活动“市场合约”，他们之间是以利益为纽带结成的伙伴关系。其实，基于伙伴关系的交易税收契约的最终目标是获得相应的经济利益。因此，交易税收契约注重经济伙伴关系的过程性与连续性，以至于很多契约条款悬而未决，留待以后根据商业形势作适当的变化。这使得交易税收契约具有灵活多变的特征。因此，交易税收契约的缔结与履行过程中，不出现阻碍契约自由的权利、等级和命令，纯粹是一种商业环境下的利益合约。在交易税收契约中，冲突的解决可以自我调节，可以通过第三方的介入，也可以通过其他的利益协调机制。

第三，交易税收契约具有“不完备性”特征。与法定税收契约相比，交易税收契约的“不完备性”更加明显，这种不完

① 关系契约的概念是由著名法学家麦克尼尔（Macneil）提出的。他认为契约具有社会性和关系性，即契约是当事人及其协议内容的内在性社会关系的体现。

备性增加了缔约各方灵活应对商业形势变化的便利，也增加了交易税收契约履行的难度。交易税收契约的履行需要依靠契约团结或者共同意识。交易中的企业一般假定会持续经营，因此，企业和其利益相关者之间的经济关系也可以看作是长期的。这种长期合作不论是采取一次次独立的短期合约，还是采取一次签订一种长期合约，都使得交易缔约各方形成一种长期的、信息不完备下的动态博弈关系。在长期的博弈中，即使交易活动的参与者极为注重短期利益，但也有动机假冒成注重长期合作的参与者从而获得长期利益的最大化。因此，交易税收契约的履行要依赖缔约各方长期的合作博弈，而不是短期的、一次性的竞争博弈。

第四，交易税收契约具有合法边界下的自由性。交易税收契约缔约各方的自由权利受到法律保护，这些自由权利包括缔约的自由、选择缔约方的自由、决定缔约内容与形式的自由、变更或解除缔约的自由，这些自由权利体现在了契约的意思自治。但缔约各方不存在绝对的自由权利，其缔约的自由度具有一定的边界，即必须在法定税收契约的框架约束下进行，必须受制于一国或地区法律的约束。超越了这一边界，交易税收契约是不成立的。

（2）交易税收契约的效力。“交易税收契约”属于一种经济规则或者经济合约，建立在利益基点上。利益是研究人类经济活动的出发点。利益是“社会化的需求，它在本质上属于社会关系范畴”。[①] 人类个体与群体既是利益的需要者，同时也是利益的供给者。在利益相关者的社会网络中，获得利益必须通过与其他利益主体进行利益的交换。交易活动的每一利益相关者都是“理性人”，在交易中都追求短期利益或长期利益的最大化。由于交易各方的力量并不均衡，交易中必然出现利益冲突。契约因

① 周孟璞：《马克思主义哲学全书》，中国人民大学出版社 1996 年版，第 376 页。

利益冲突而存在，以利益协调为目的，通过利益关系调整而对交易行为进行约束。“交易税收契约”以追求利益作为效力根源，它是寻求经济利益的一个有效工具，缔约方都倾向于从税收契约中获得相应的利益。由于利益的存在和分配才吸引纳税人及其利益相关者签订有利的税收契约以保护自身利益。从这一角度分析，“交易税收契约”的履行并不需要具有强制性政治约束，主要由交易的利益各方为获得满意的利益而自我约束。当然，交易税收契约效力的发挥也必然被限定在以宪法、合同法、税法等为首的法律框架内。

契约是市场中交易当事人在交易过程中所确立的一种权利义务关系。交易时所约定的基本内容，构成了契约的基础。交易活动的实质是交易当事人之间对财产权利所作出的契约安排，其目的是实现资源在时间和空间上的合理配置和有效利用。从利益相关者角度分析，企业与包括股东、债权人、供应商、客户、职工等在内的各利益相关者之间存在着微妙的关系，他们之间的博弈竞争与合作关系是靠契约来维持的，这种契约其实是一种纯粹的市场契约。

企业与利益相关者之间的税收契约作为企业契约集合中的一个子契约，是在经济交易中形成、维护并履行的，其本质是税收影响各利益相关者收益分配与资源配置的一个强有力的工具。交易税收契约明显区别于政府与纳税人之间的“法定税收契约”，如果我们给交易税收契约一个准确概念，可以表述如下：交易税收契约是利益相关者在经济交易中所形成的有关财产权利流转的有关税收方面的协议或约定。

从税收筹划角度分析，“交易税收契约”的引入，可以指导企业与其利益相关者签订理性的税收契约，在更大范围内、更主动地巧妙安排纳税理财事宜，有效开展税收筹划，实现企业与其利益相关者的双赢。

（3）利用契约规则的税收筹划：交易税收契约形式的转化。交易税收契约属于一种典型的关系契约，在缔约、履约过程中，易于在各契约方之间进行契约形式的变换以获取税收利益。交易税收契约形式的转化主要有以下三种模式：业务形式转变、业务口袋转换、业务期间转移。

第一，业务形式转变。即利用交易税收契约的形式转化规律，将企业的业务活动从一种业务形式转变为另一种业务形式。随着业务形式的转变，其所涉及的业务收入和税种也会发生相应变化，最终所导致的税收负担自然不同。即通过业务形式转变可以产生税收筹划节税空间。

第二，业务口袋转换。即利用交易税收契约的形式转化，将一个纳税主体的业务转化为另一个纳税主体的业务。最为典型的案例是利用关联企业之间的税率差，以转让定价方式实现利润转移，从而实现税收筹划节税目的。

第三，业务期间转移。即利用交易税收契约形式的转化，将一个纳税期间的业务转移为另一个纳税期间的业务，就可以实现业务收入、费用（成本）及税金的跨期转移，以实现筹划节税。

最典型的交易期间转换的例子是控制收入的实现时间。控制收入的实现时间就可以合理地将收入归属于合理的期间，从而影响企业当期的应税收入和税收。在经济生活中，企业控制收入的实现时间主要有以下方法：其一，合理安排交易时间，控制交易进度。即调节经济业务的交易时间来合理控制税收；其二，利用交易合同来控制，即通过交易合同的签订和履行控制税收；其三，通过不同的收入结算方式来控制收入实现时间及税收归属期间。

利用税收契约形式转化实现业务期间转移，还可以利用一些理财工具来实现。譬如企业年金①就是一种重要的工具。国际上通行的企业年金计划采用的是 EET 征税模式，字母 E（Enterprise）、E（Exempt 代表免税）、T（Tax 代表征税）来表示政府对企业年金计划的课税情况。该模式对职工在工作期间的企业年金（补充养老保险费）、企业年金基金（补充养老保险基金）的投资收益免税，只对在职工未来领取补充养老保险金时才予以课征个人所得税。这种企业年金计划事实上是一种将现在收入转化为未来收入并推迟交纳税收的薪酬形式。

下面从税收筹划角度分析企业年金的税收优势。假定企业采用企业年金计划时，每年把少支付的现金形式的工资 U 全部转化为企业年金，个人所得税税率为 t。个人所获得的相当于年金部分的工资全部用于投资，投资报酬率为 r，企业年金基金的投资报酬率也为 r。企业年金缴纳的持续期间为 n 年，第（n+1）年初全部返还给个人。

若企业采取现金形式的工资 U，则税前工资投资 n 年后获得的收益为：

$$F_c = U(1-t)[1+r(1-t)]^n$$

若企业把现金工资 U 转化为企业年金形式，则企业年金项目经过 n 年后获得的收益为：

$$F_p = U(1-t)(1+r)^n$$

由于 $U(1-t)(1+r)^n > U(1-t)[1+r(1-t)]^n$

① 企业年金（Occupational Pension）是指政府养老保险制度之外，雇主为进一步提高其雇员退休后的收入水平而建立的一种补充性养老保险制度。在欧美国家，企业年金一般称为补充养老保险计划（Supplementary Schemes 或 Complementary Schemes）。《企业会计准则第 10 号——企业年金基金》应用指南中规定：企业年金是指企业及其职工在依法参加基本养老保险的基础上，自愿建立的补充养老保险制度。企业年金由企业缴费、职工个人缴费和企业年金基金投资运营收益组成，实行完全积累，采用个人账户方式进行管理。

故：$F_p > F_c$

比较现金形式的工资和企业年金，其投资回报率有差别，现金形式的工资，其投资报酬率为 r(1 - t)，企业年金的税前投资报酬率为 r。所以，对于职工来说，获得的企业年金显然比现金形式的工资更为合适。

若企业采取现金形式的工资，每年多获得的现金工资 U 在 n 年后的税后总收益 E_c 为：

$$E_c = U(1-t)[1+r(1-t)]^n + U[1+r(1-t)]^{n-1} + U[1+r(1-t)]^{n-2} + \cdots\cdots + U[1+r(1-t)] = U(1-t)(1+1/r(1-t))\{[1+r(1-t)]^n - 1\}$$

若企业把现金工资 U 转化为企业年金形式，n 年后企业年金基金的税后总价值 E_p 为：

$$E_p = U(1-t)(1+r)^n + U(1-t)(1+r)^{n-1} + U(1-t)(1+r)^{n-2} + \cdots\cdots + U(1-t)(1+r) = U(1-t)(1+1/r)[(1+r)^n - 1]$$

比较可知，则必有：$E_p > E_c$ 成立。即职工以企业年金形式获得的税后总收益大于现金形式的工资的税后总收益，所以，从税收筹划角度分析，企业年金优于现金形式的工资。

（4）利益格局调整：交易税收契约下的税收筹划。基于交易税收契约的安排，纳税人可以利用契约规则实现税收筹划模式的创新。企业与其利益相关者（如供应商、代理商、债权人）之间的契约关系集中体现在商品、劳务、资金的成本和价格之中。企业及利益相关者在与税务当局博弈的过程中利益趋于一致，自然形成一个利益团体，因此他们都希望尽量减少税收负担。于是，利益团体中的利益相关者就有可能进行合谋，即签订合谋契约，从政府手中争取更大的税收利益。同时，利益团体中的利益相关者之间又存在着利益冲突，都希望将税负转嫁给他人（税负前转或税负后转），而不希望别人将税负转嫁给自己。因此，形成一个极为微妙的博弈对局关系。

根据纳税人及其利益相关者的利益格局调整情况，税收筹划被划分为以下三种类型：偏利税收筹划、零和税收筹划、多赢税收筹划，如图 4－4 所示。

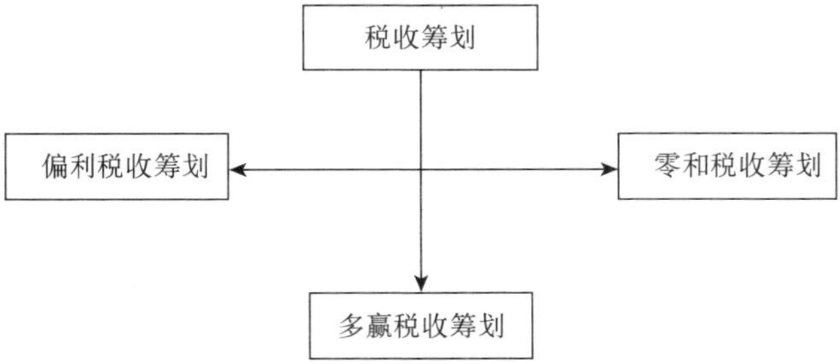

图 4－4　税收筹划的三大类型

类型一：偏利税收筹划。偏利税收筹划是指通过交易税收契约的优化能够创造出新的价值，即企业通过税收筹划享受所带来的税收利益的同时，对利益相关者不会造成利益损失，但利益相关者也没有任何额外收益。换言之，税收筹划使得企业获取税收利益，但不对其利益相关者产生任何影响。为了有效实施税收筹划，有时可能需要利益相关者的各种形式上的支持与配合。

偏利税收筹划的显著特征是其偏利性，即税收筹划所创造出来的新的价值，主要分配给筹划者一方。由于利益相关者没有收益也没有损失，他们并不热衷于这种筹划活动，但出于战略联盟或维护合作关系的考虑，利益相关者一般都会支持或配合税收筹划。若企业改变交易模式进行税收筹划，可能需要客户在签订交易契约时予以配合，因为交易模式的改变可能会导致交易契约的改变。

当然，纳税人实施的税收筹划活动也可能不需要利益相关者参与或者配合，如企业自身创造条件单方面享受税收优惠就属于纯粹的偏利税收筹划。例如，某大型集团公司适用 25% 的企业所得税税率，为降低税收负担，该集团公司将其经营的高科技产业分拆出来，单独设立了一家高新技术子公司，该子公司可以享受15%的低税率优惠。该项税收筹划活动不会影响客户的税收利益，但可以降低集团公司总体的税收负担，因此属于纯粹的偏利税收筹划。

类型二：零和税收筹划。零和税收筹划是指企业进行税收筹划获取了一定的税收利益，但其利益相关者却因此蒙受与企业税收利益等额的税收损失，即双方的税收利益与税收损失之和为零。这虽然对双方总体的税收结果没有影响，但对于任何一方都产生了重大影响，反映为税收利益在双方之间的等量转移，没有产生新的价值，最终体现为双方税收利益的一种再分配。

零和税收筹划在现实生活中也并非完全不可能，如果企业承诺给予利益相关者一定的补偿或其他经济利益，也可能会使利益相关者被迫接受该类型的税收筹划。由于企业获得的税收利益是建立在利益相关者承担等量税收损失的基础上的，因此，来自于利益相关者的阻力会使零和税收筹划难以付诸实施。在现实经济中，较典型的零和税收筹划的例子是税负转嫁。税负转嫁实质上是商品供应者与需求者之间的税收博弈，供求双方天然地存在着利益冲突，自由价格机制的存在是税负转嫁存在的客观条件。税负转嫁的受益方通常是强势的一方，而弱势的一方蒙受税收损失，但也只能被动接受。

类型三：多赢税收筹划。多赢税收筹划是指能够给企业以及参与其中的利益相关者都带来税收利益的一种税收筹划类型。税收筹划给企业带来税收利益的同时，也给其利益相关者带来税收利益，即双方都能从税收筹划活动中受益。企业作为主动的筹划一方，积极获取税收利益是其天性使然；而利益相关者是被动的一方，被动地享受税收筹划带来的好处。因而，利益相关者非常愿意甚至热衷于参与这种类型的税收筹划。多赢税收筹划是一种最佳的税收合作模式，有时可能涉及三方或者三方以上的利益相关者，这时税收筹划所带来的税收利益在企业及所有利益相关者之间进行分配。

五、产权安排、企业边界与税收筹划

（一）企业边界及其模糊性对企业税负的影响

1. 市场与企业的相互替代性影响企业税负

完全竞争下的市场交易是最优的，市场交易的结果是实现帕累托最优。但是，在现实经济中不存在完全竞争，且市场交易费用不为零。同样的交易，通过市场进行或在企业内部进行所花费的交易费用显然是不同的，交易费用成为衡量交易是通过市场进行还是通过企业进行的标准。

下面根据效用理论，采用均衡分析法进一步论证市场与企业的相互替代性，如图 4－5 所示。

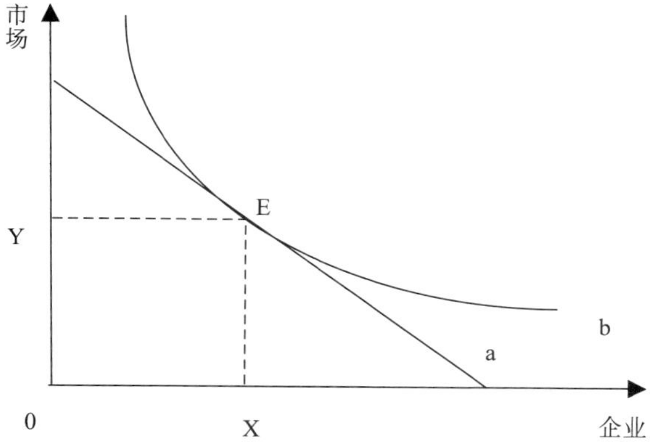

图 4－5 市场与企业的相互替代性

假定一项交易只能通过市场或在企业内部进行，且每笔交易通过市场交易的价格即市场交易费用（包括税收）表示为 P_1，每笔交易通过企业内部交易的价格即企业内部组织交易的费用表示为 P_2，企业的总交易费用限额用 C 表示。纵轴表示通过市场交易的交易量 Y，横轴表示通过企业交易的交易量 X，且 $C = P_1Y + P_2X$。向下倾斜的直线 a 是预算约束线，表示当总交易费用限额和每笔交易所需的市场交易费用、企业内部组织交易费用给定的条件下，企业的总交易费用限额所能实现的两种交易方式的各种组合。而凸向原点的曲线 b 是无差异曲线，表示能够给企业带来相同效用水平的两种交易方式的组合。

曲线 a 与曲线 b 相切于 E 点，E 点为均衡点，即最优的交易方式组合点，E 点处无差异曲线和预算线的斜率是相等的。无差异曲线斜率的绝对值为边际替代率 MRS，预算线斜率的绝对值为两种交易费用（交易方式的代价）之比，即 P_1/P_2，因此效用最大化的均衡条件为：

$$MRS = P_1/P_2 = \Delta X/\Delta Y$$

（1）市场被企业所替代的税收筹划。如果交易通过市场进行时，其交易费用过高，则应该把交易放到企业内部来进行，这样就能降低与市场有关的交易费用，具体可通过资本运营，以产权调整、资产重组等手段扩大企业边界，使市场交易实现内化，即原本属于市场的交易活动就转变为企业内部的业务活动，即一部分市场将会被企业所替代。虽然企业内部处理“交易”的组织费用①会增加，但这时与市场有关的交易费用就会明显锐减或彻底消失。总的来看，企业所增加的组织费用抵不上减少的与市

① 企业内部的组织费用也是交易费用的一种形式，主要表现为在企业内部有关“交易”的组织协调成本及监督成本等。

场有关的交易费用，则最终的结果是总的交易费用降低了。所以，交易费用的变化依赖于企业边界的变化。显然，企业边界在一定程度上是可以被安排的，产权调整、资产重组是引起企业边界变化的重要手段，而税收筹划通过对企业规模、产权结构及组织形式等的调整，进而做出适当的税收安排，就可以充分利用企业边界的变化微妙地影响税收。

（2）企业被市场所替代的税收筹划。当然，对存在着不同边界的企业而言，所显示的企业规模大小也不同。随着市场部分或全部地被企业所替代，企业边界不断扩张，企业内部“交易”的空间分布、交易的差异性和相对价格变动的可能性会增加，引起企业内部的组织费用不断增加，如果增加到超过交易通过市场进行时的交易费用，则此时企业边界就显得过于膨胀而超过最优企业规模。为了降低市场的交易费用和企业的组织费用之和，就必须缩小企业边界，即通过产权调整、资产重组把一部分非核心资产或低效率资产剥离出去，这就是以资产剥离、企业分立为特征的资本收缩，资本收缩的本质是企业的一部分被市场所替代。

考虑到税收负担因素，当交易通过市场进行时，会形成一道流通环节，显然会形成商品所有权的转移或服务（劳务）交易的确认，这就需要缴纳增值税、消费税、印花税等与交易相关的流转税。而交易在企业内部进行时，由于没有商品所有权的转移和服务（劳务）交易的确认，在法律形式上就不构成流通环节，所以也就不存在流转税的负担问题。税收筹划尤其是针对流转税、所得税的筹划不能不考虑企业边界的影响和约束。

作为市场交易费用的重要组成部分，企业税负会通过对产权边界的调整来影响企业对市场的替代程度。在企业与市场的相互替代中，产权边界不断调整变化，引起企业税负也会相应发生变化。

2. 企业边界的模糊性影响税收筹划

“企业边界”概念是由罗纳德·H. 科斯首次提出的，科斯（1937）认为，企业边界决定于企业和市场在组织交易活动时的交易成本边际比较，在组织交易活动的过程中企业是最优化行为者。企业将倾向于扩张直到在企业内部组织一笔额外交易的成本，等于通过在公开市场上完成同一笔交易的成本或在另一个企业中组织同样交易的成本为止，此时企业处于最佳规模，企业边界应该是清晰的，企业边界在一定程度上是可以被安排的。产权交易、资产重组等都是引起企业边界变化的重要手段，企业通过对生产规模、产权结构及组织形式等的调整，结合税制变化及适当的税收筹划活动，就能够利用企业边界的调整影响税收活动乃至于企业税负。

张五常（1983）提出企业边界的模糊性，他认为企业的出现并不意味着市场失灵。一部分市场被企业所替代，其实质是要素市场取代了产品市场，一种合约取代了另一种合约。这种观点认为企业与市场的区别在于合约的形式不同，是采取产品买卖合约、分包合约、租赁合约，还是工资合约。在选择哪种合约形式时，以交易费用的多寡为标准。市场和企业的区分似乎不再重要，企业边界也逐渐变得模糊。在这一分析框架下，税收的多寡不必然取决于企业边界的大小，而是很大程度上依赖于交易合约的性质、内容以及履约情况，即交易合约的特征属性成为影响企业税负的关键因素。因此，税收筹划面对模糊性的企业边界，对交易合约的关注程度远远高于企业边界。

（二）产权安排的税收筹划原理

1. 产权流转的税收约束机制

产权流转是产权安排的基础。产权流转，其实质是产权穿越企业边界，表现为产权交易或产权重组活动。产权流转意味着产权主体的改变，是一种实质性的产权结构变化。对产权流转实施严格意义的征税是我国税法始终贯彻的基本原则。

产权穿越企业边界的行为属于应税行为，即产权流转必然被征税，存在着税收约束机制。但企业发生不同类型的产权流转，政府将对其征收不同税目、税率的税赋。其实，没有产权流转，就没有产权安排的变化，也就不会出现产权安排的税收空间。因此，产权流转的税收约束机制，是形成产权安排的税收筹划空间的基础性条件。

2. 产权结构与企业边界共同决定税收要素

产权结构是指产权的构成因素及其相互关系和产权主体的构成状况。产权结构主要涉及两个方面：一是特定主体拥有哪些产权或财产，其财产结构如何；二是特定主体内部的权力结构，这是为产权运作而设置的内部机构及人员的分工安排。这两个方面，对于不同的主体，可能具有不同的意义。特定主体所拥有产权的结构，也就是其资产结构。对于特定主体所拥有的微观产权结构，具有十分重要的经济意义：第一，任何主体的产权，都不仅仅意味着拥有财产的所有权，而且意味着该产权主体一种与社会的产权关系，意味着一种产权的分配关系。第二，单个主体的产权结构——拥有哪些资产的产权，是资产的全部产权，还是部分产权，是所有权，还是经营权，是全部经营权还是部分经营权，意味着该产权主体与别的产权主体之间的不同的分离组合关系和不同的委托—代理关系。第三，每个产权主体既有的产权结构及产权结构的变动，都影响全社会的产权分布，从而影响资源配置。[①]

① 黄少安：《产权经济学导论》，经济科学出版社2004年版。

产权结构显著地影响税收，主要是因为产权结构及其变化会改变税制要素的内容，即纳税时间、纳税地点、纳税环节、征税对象、纳税主体等会随着产权结构的变化而变化，而这些税制要素又会对税收负担形成显著性影响。这就是产权结构影响税收的基本原理。

企业边界显著地影响税收，主要是改变了企业规模、组织结构和资产所有权归属。在市场与企业的相互替代中，以流转税和所得税为代表的主体税种及税收负担会发生显著性变化。

因此，在一定环境条件下，由于产权结构与企业边界的变化与调整，会造成企业面临的税收状况发生巨大变化。比如并购重组活动会引起产权结构的微妙变化，从而形成以下税收空间：一是企业通过外部扩张，进入新的行业、新的领域，所享受的税收待遇自然有所不同；二是企业并购重组的根本目的在于利用亏损弥补政策，以降低其盈利水平和税收负担；三是企业的并购重组引起资本投资关系发生变化，其客观效果在于转换纳税人身份或纳税人性质，进而获取一定的节税利益。

3. 产权安排影响税收负担及税收筹划战略

产权安排的实质是对财产权的分配。产权安排分为产权初始安排和产权后续安排。科斯定理揭示了产权安排的重要性及其对资源配置效率的影响。科斯定理表明，无论交易费用为零还是为正，产权初始安排不同，意味着财富分配格局不同，必然影响收益分配的状况。因为产权的初始拥有者，不仅意味着拥有一定的财产存量，而且还拥有获取更多收益（财富增量）的机会。产权后续安排是对产权初始安排的调整，在现实经济实践中可能有多种原因导致产权安排的调整。产权安排的调整导致的直接后果是产权关系的变化和财富分配格局的变化。产权安排的调整会发生交易费用，正是由于交易费用的存在，会影响产权安排的效率。

产权安排的调整有多种方式，其中对税收及税收筹划有着重大影响的是一定条件下的产权交易和资产重组活动。导致产权安排发生变化的最典型的产权交易和资产重组活动是企业并购、企业分立、股权收购以及组织架构选择等行为。企业并购、企业分立、股权收购或组织架构调整都是资源优化配置方式，都不可避免地影响着产权关系，甚至打破了原来的企业边界，实现资产的转移及产权结构的变化，而资产的转移和产权结构的变化会影响企业的税收负担和税收筹划战略。因此，利用产权安排的调整寻找税收筹划的节税空间极为重要，这其实也是优化企业财税管理、实现价值增长的重要方式。

从一定意义上说，产权安排框架下的税收筹划其实就是寻找产权结构和企业边界对税收负担的微妙影响，并尽力打破这种产权结构和企业边界的“税收束缚”，创立一种基于税负最小化、收益最大化的产权结构模式。

（三）基于产权安排的税收筹划范式

产权安排是一种基于资产交易、产权结构调整的资源配置方式，它能够打破原有的企业边界。因此，从一定意义上讲，不同的产权安排会带来不同的企业税负。产权安排对企业税负的影响效果体现着产权安排的节税效应。

1. 企业性质选择的税收筹划范式

按照我国法律规定，企业有公司制企业和非公司制企业之分：非公司制企业主要指个人独资企业与合伙企业，公司制企业主要指有限责任公司和股份有限公司。公司制企业属于法人单位，有独立的法人财产，享有完整的法人财产权。因此，公司制企业应独立对其会计利润总额作相应的纳税调整后缴纳企业所得税，如果向自然人投资者分配股息或红利，还要代扣自然人投资者 20% 的个人所得税。

我国税法对公司制企业既要征收企业所得税又要征收个人所得税，这就是通常所说的"双重征税"。相比较而言，我国税法对个人独资企业、合伙企业只征收个人所得税。但由于存在股息、红利与资本利得之间可能的转化通道，以及资本利得税率偏低甚至享受免征待遇，公司制企业"双重征税"模式下的总税负并不必然多于个人独资企业、合伙企业所缴纳的税款。因此，在企业组织形式选择决策中，存在选择个人独资企业、合伙企业与公司制企业的税收筹划范式。

下面构建一个比较合伙企业与公司制企业的税后收益的模型[①]。模型有以下假定：公司的税前收益率为 R_C、合伙企业的税前收益率为 R_P，R_C 和 R_P 在不同时期均保持不变。企业所得税税率为 t_c，个人所得税税率为 t_p，资本利得税税率为 t_g。由于存在非税因素，合伙企业的生产经营和投融资活动面临较高的管理成本。在公司缴纳企业所得税之后、个人所得税之前，公司的收益率为 r_C，且 $r_C = R_C(1 - t_c)$，合伙企业缴纳个人所得税之前的收益率为 r_p，且 $r_p = R_P(1 - t_p)$。假定该投资项目持续期为 n 年，n 年后公司清算买回所有的股票，且公司中间不对股东支付股利或分配利润。

如果项目是在合伙企业中实施，当取得收入时，合伙人以税率 t_p 支付税收，则合伙人 1 美元的原始投资 n 年后的税后累计收益为：$[1 + R_P(1 - t_p)]^n$。

如果项目是在公司中实施，则 n 年后公司清算买回所有的股

① 迈伦·斯科尔斯、马克·沃尔夫森：《税收与企业战略》，中国财政经济出版社 2004 年版，第 59 页。

票时，股东投入到公司的 1 美元投资的税后累计收益为：$[1+R_C(1-t_c)]^n-t_g\{[1+R_C(1-t_c)]^n-1\}$。

当合伙企业与公司的税后收益率相等时，合伙企业形式与公司形式的税收筹划决策效果没有差异，令此时的公司层次的税后收益率的均衡临界值为 $r_C{}^*$，则有：

$$[1+R_P(1-t_p)]^n=[1+R_C(1-t_c)]^n-t_g\{[1+R_C(1-t_c)]^n-1\}$$

故整理可得：$r_C{}^*=\{[(1+r_p)^n-t_g]^{1/n}/(1-t_g)^{1/n}\}-1$

根据上式可知，$r_C{}^*$受以下因素影响：合伙企业缴纳个人所得税之前的收益率 r_p、资本利得税税率 t_g，以及投资项目持续期 n。从税收角度分析，如果公司层次的税后收益率大于 $r_C{}^*$，则投资者选择公司形式更合适；如果公司层次的税后收益率小于 $r_C{}^*$，则投资者选择合伙企业形式更合适。

公司制企业晚于个人独资企业、合伙企业而出现，但公司制企业相对较为进步，这不仅体现在公司较低的运作风险方面，而且也体现在公司纳税方面的独特优势：公司在冲抵损失时不限于当期利润，损失甚至可以延续冲抵未来的利润；公司能够在合理范围内税前列支有利于雇员的年金支出；公司还能够在企业所得税前列支更多类型的成本费用项目，这些都是个人独资企业、合伙企业所无可比拟的。

2. 分支机构形式选择的税收筹划范式

分支机构主要有分公司和子公司两种形式。其中，分公司不具有独立法人资格，没有独立的财产权，其经营活动所有后果均由总公司承担，其企业所得税汇总到总公司集中缴纳；子公司则具有独立的法人资格，拥有独立的财产权，通常独立对外开展经营活动，与母公司之间没有连带责任，其税收自行申报缴纳。

分公司的税收优势主要体现在如下三个方面：一是在经营初期，可以将其经营亏损抵补总公司的利润，降低企业总体税收负担；二是在总公司与分公司之间进行资产、资本等的转移时，由于不涉及产权归属的变动，因而不必纳税；三是分公司交付给总公司的利润属于内部结转，不必纳税。

子公司的税收优势也体现为三个方面：一是子公司可以独立享受所在区域或行业的税收优惠政策；二是子公司的利润分配形式灵活，不受母公司的干预；三是作为独立的法人主体，子公司的税务风险不会轻易传递给母公司，即母公司不产生风险连带责任。

根据分公司与子公司的不同税收特征，下面对分支机构形式选择进行决策分析。假设分支机构与总机构都不存在税收优惠，根据总机构与分支机构预计的盈亏状况及税率差异，分为以下八种情况讨论，如图 4－6 所示①。

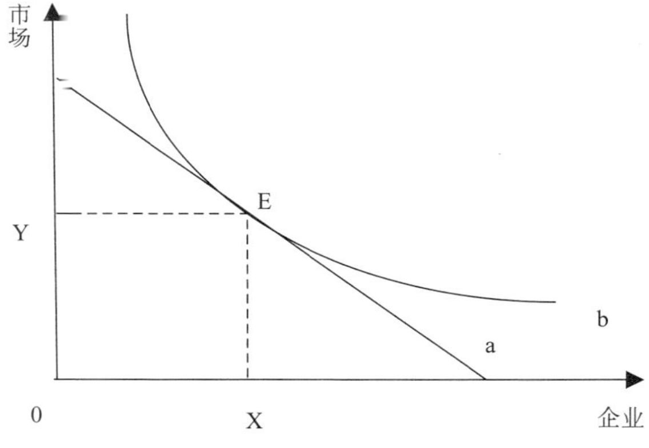

图 4－6　选择分支机构形式的决策模型

图 4－6 中，横轴表示总机构的预计盈亏状况，纵轴表示分

① 宋献中、沈肇章：《税收筹划与企业财务管理》，暨南大学出版社 2002 年版，第 161－162 页。

支机构的预计盈亏状况。t 表示分支机构的税率，T 表示总机构的税率。由于我国存在多重税收优惠政策，企业所得税存在 25%、20%、15%等多档税率，这里分别讨论 $T>t$ 和 $T\leq t$ 两种情况，图 4－8 中虚线区域表示采用分公司形式合适，其余区域表示采用子公司与分公司形式没有差别。

第Ⅰ、Ⅱ种情况下，总机构与分支机构预计皆为盈利，则分支机构不论采取哪种形式，企业（集团）应纳税额都相等。若要求子公司将税后利润分回母公司，在第Ⅰ种情况下，满足条件 $T>t$，按规定则联营企业分回利润要就税率差补税（如果属于正常法定低税率则不需要补税），因此采用分公司形式更为有利。第Ⅱ种情况下，满足条件 $T\leq t$，不涉及补税也没有退税，故采用子公司与分公司没有差别。

第Ⅲ、Ⅳ种情况下，总机构预计亏损，分支机构预计盈利。分支机构最好采用分公司形式，能够在当期实现盈亏互抵，利用分公司盈利弥补总机构的经营亏损，可降低集团的整体税负。

第Ⅴ、Ⅵ种情况下，总机构与分支机构预计皆为亏损，则分支机构不论采取哪种形式对企业（集团）的应纳税额的影响都一样。

第Ⅶ、Ⅷ种情况下，总机构预计盈利，分支机构预计亏损。在这两种情况下，分支机构采用分公司形式更为有利，因为可使集团推迟纳税。

在设立分公司与子公司的筹划决策中，还要考虑分支机构所处的区域优势及其享受税收优惠政策的情况。若分支机构单独运作，其所享受的税收优惠优于母公司时，分支机构应采用子公司形式，反之采用分公司形式。还要考虑分支机构初期经营情况，由于开办费、市场风险等因素的存在很容易导致分支机构出现亏损，所以在分支机构组建初期，最好采用分公司形式；当分公司开始扭亏为盈后，宜再把分公司变更注册设立为子公司，这样能获取一定的税收利益。

需要指出的是，对于母子公司的控股比例的设置也存在一定的税收筹划空间。如果母、子公司均是居民企业，且母公司对子公司直接控股100%时，允许双方的资产或股权划转采用特殊性税务处理，不计算确认企业所得税。《财政部、国家税务总局关于促进企业重组有关企业所得税处理问题的通知》（财税〔2014〕109号）对资产划转或股权划转的适用范围并未限定为国有及国有控股企业集团，而是适用于各种所有制性质的母子公司之间。

财税〔2014〕109号文件关于股权或资产划转的具体税收政策如下：对100%直接控制的居民企业之间，以及受同一或相同多家居民企业100%直接控制的居民企业之间按账面净值划转股权或资产。凡具有合理商业目的、不以减少、免除或者推迟缴纳税款为主要目的，股权或资产划转后连续12个月内不改变被划转股权或资产原来实质性经营活动，且划出方企业和划入方企业均未在会计上确认损益的，可以选择按以下规定进行特殊性税务处理：（1）划出方企业和划入方企业均不确认所得；（2）划入方企业取得被划转股权或资产的计税基础，以被划转股权或资产的原账面净值确定；（3）划入方企业取得的被划转资产，应按其原账面净值计算折旧扣除。

《关于资产（股权）划转企业所得税征管问题的公告》（国家税务总局公告2015年第40号）规定：母公司向子公司按账面价值划转其持有的股权或资产，母公司获得子公司100%的股权支付。则母公司按增加长期股权投资处理，母公司获得子公司股权的计税基础以划转股份或资产的原计税基础确定。但适用上述政策，必须满足一个后续条件，即交易双方应在资产划转完成后的下一年度的企业所得税年度申报时，各自向主管税务机关提交书面情况说明，以证明被划转资产自划转完成日后连续 12 个月内，没有改变原来的实质性经营活动。

3. 产权重组的税收筹划范式

所谓产权重组，是指对产权结构以及由产权结构所决定的产权具体实现形态进行重新的组合和构造①。产权重组的实质是产权安排的后续安排，其直接目的就是要将企业的产权结构调整到理想状态，从而使企业获得更大的权益，具体到税收上，就是使企业达到税后收益最大化。通过产权重组进行税收筹划主要有以下三种具体途径：

（1）企业合并与企业分立的税收筹划。企业合并属于一种扩张性的产权重组，其应用在税收筹划中主要体现在以下几个方面：①通过横向合并，实行横向一体化战略，扩大企业规模和市场占有率，形成规模经济并有效降低企业税负。②通过纵向合并，实行纵向一体化战略，实现节约交易成本。例如对上下游企业合并可以节约流转税金及附加。③通过合并与本企业处于不同行业的企业，进入新的领域、新的行业，享受相关税收优惠而降低企业税负。④通过合并存在较大经营亏损的企业，可以抵补本企业的高盈利，降低整体税负。

企业分立是一种与扩张性的合并重组相反的重组方式，其应用在税收筹划中主要体现在以下几个方面：①通过将企业中存在的兼营或混合销售业务分离出来，使其适用零税率或低税率降低企业税负。②企业存在适用累进税率的业务类型，可以将该类型业务分拆，采取企业分立方式将其分立为两个或多个适用低税率的纳税主体。③通过对企业流程中不同环节的业务进行分拆，从而增加一道流转环节，实现诸如增值税进项税额抵扣以及转让定

① 胡建绩：《产权重组》，上海译文出版社 1997 年版，第 27 页。

价转移利润等手段降低企业税负。

企业在进行税收筹划时究竟是选择合并重组还是分立重组，可以参考哈特的理论模型①。假设有两种资产 a_1 和 a_2，以及两个经营者 M_1 和 M_2，根据这些要素，可以形成两种分立型和两种合并型的产权结构，如表 4－1 所示。哈特经过论证后得出如下结论：当 a_1 和 a_2 两种资产密切相关或高度互补时，采用Ⅰ或Ⅱ的合并型产权结构更容易降低交易成本。当某个经营者与某种资产密切相关时，例如 M_1 必须拥有 a_1 或 a_2 的全部控制权才更具有生产力，则采用Ⅲ或Ⅳ分立型产权结构。

表 4－1　　哈特模型中的产权结构类型

合并型		分立型	
Ⅰ	Ⅱ	Ⅲ	Ⅳ
$(a_1, a_2) \in M_1$ M_2 是 Ø	$(a_1, a_2) \in M_2$ M_1 是 Ø	$a_1 \in M_1$ $a_2 \in M_2$	$a_1 \in M_2$ $a_2 \in M_1$

（2）股权交易与资产交易的税收筹划。从产权重组的角度观察，股权和资产都属于企业这一产权主体所拥有的财产，两者都具有独立性和确定性，都可以单独交易。其交易结果不会影响企业的产权性质，只会影响企业的产权结构。因此，股权交易与资产交易都属于产权重组的范畴。

利用股权交易、资产交易改变企业边界进行税收筹划时，会涉及企业所得税、增值税以及土地增值税等多个税种。比较资产交易与股权交易，一般资产交易只涉及单项（或一组）资产的交易，而股权交易涉及部分股权或全部股权的交易，两者所适用的税收政策存在较大差异：资产交易涉及增值税、印花税和企业

① 哈特：《企业、合同与财务结构》，上海三联出版社 1995 年版，第 95－110 页。

所得税，譬如存货、固定资产交易时，转让方应视同货物销售行为缴纳增值税、企业所得税；而股权交易并未引起交易双方资产、负债的实质性流动，不属于流转税的征收范围，仅仅征收印花税和企业所得税。鉴于股权交易的目的在于通过股权控制实现对目标企业的控制，股权交易作为一种典型的企业重组形式，已经被越来越多的纳税人借用其作为一种有效的税控工具。

股权收购与资产收购通常需要区分一般性税务处理与特殊性税务处理，因为两者的税务处理是不同的。一般性税务处理也就是人们常说的应税重组的税务处理方式，而特殊性税务处理也就是人们常说的免税重组的税务处理方式。企业在进行所得税筹划时，应尽可能地满足税法规定的条件[①]，以适用免税重组的税务处理方式达到节税的目的。股权收购与资产收购的税务处理比较如表 4 - 2 所示。

表 4 - 2　　股权收购与资产收购的税务处理比较

项目	股权收购	资产收购
定义及实质	通过购买目标公司股东的股权达到对目标公司实施绝对控制的行为，其实质就是目标公司股东投资形式之间的变换	一家企业购买另一家企业实质经营性资产的交易行为，其实质是购买非现金资产
支付形式	股权支付、非股权支付或两者的组合	

① 特殊性税务处理需满足以下五个条件：第一，具有合理的商业目的，且不以减少、免除或者推迟缴纳税款为主要目的；第二，被收购、合并或分立部分的资产或股权比例不低于 50%；第三，企业重组后的连续 12 个月内不改变重组资产原来的实质性经营活动；第四，重组交易对价中涉及股权支付的金额不少于 85%；第五，企业重组中取得股权支付的原主要股东，在重组后连续 12 个月内，不得转让所取得的股权。

续表

<table>
<tr><th colspan="2">项目</th><th>股权收购</th><th>资产收购</th></tr>
<tr><td rowspan="2">处理方式</td><td>一般性税务处理（目标企业股东的所得实现确认）</td><td colspan="2">1. 被收购方应确认股权、资产转让所得或损失
2. 收购方取得股权或资产的计税基础应以公允价值为基础确定
3. 被收购企业的相关所得税事项原则上保持不变</td></tr>
<tr><td>特殊性税务处理（目标企业股东的所得未实现确认）</td><td>1. 被收购企业的股东取得收购企业股权的计税基础，以被收购股权的原有计税基础确定
2. 收购企业取得被收购企业股权的计税基础，以被收购股权的原有计税基础确定
3. 收购企业、被收购企业的原有各项资产和负债的计税基础和其他相关所得税事项保持不变</td><td>1. 转让企业取得受让企业股权的计税基础，以被转让资产的原有计税基础确定
2. 受让企业取得转让企业资产的计税基础，以被转让资产的原有计税基础确定</td></tr>
<tr><td colspan="4">注：股权支付是指企业重组中购买、换取资产的一方支付的对价中，以本企业或其控股企业的股权、股份作为支付对价；非股权支付是指以本企业的现金、银行存款、本企业或其控股企业股权和股份以外的有价证券、存货、固定资产、其他资产以及承担债务等作为支付对价</td></tr>
</table>

产权重组的实质为产权结构调整，其目的是通过产权安排来优化资源配置。企业在重大产权重组活动中，将全部或部分实物资产以及与其相关联的债权、债务和劳动力一并转让给其他单位和个人的行为，其实质是一种类似股权交易的“净资产”交易，其本质是一种产权交易。考虑我国税制对股权交易并不课征任何流转税，因此对这种表现为“净资产”交易的产权交易也不征收流转税（主要是增值税或消费税）。对满足特殊性税务处理要

求的资产重组活动，不确认资产（或股权）转让所得，也不征收企业所得税，即中国税制对产权重组几乎一路开“绿灯”。所以，纳税主体利用产权重组实施有效的产权安排以降低企业税负不失为一项明智的战略选择。

4. 代际间财富转移的税收筹划范式

财产继承是实现财富转移的一种有效方式，世界上一些国家已经开征遗产税，有效地监控财富的传承与转移。鉴于我国目前还未开征遗产税与赠与税，所以财富拥有者在代际之间传递时会选择继承方式以降低其税收负担。目前，我国政府对房产、汽车等大额记名财产有产权登记要求，转移时必须办理过户手续；而金银珠宝、古玩字画等收藏品、投资品等并未建立严格的产权登记制度，当大量财富以无记名财产的形式存在，且通过继承、赠与等方式在代际间进行转移时，政府则难以对其实施有效税收监管。

能够实现在代际之间低税负率转移财富的税收筹划范式是保险避税模式，即利用保险避税原理实施代际之间的财富传承，基本操作模式如下：上代财富拥有者为下代子女投保各类人身保险产品，子女作为保险受益人于未来期间所收到的各项保险理赔金和保险返还款均适用免征个人所得税优惠待遇，且亦不再视为继承或受赠的财产（遗产）而征收遗产税和赠与税。上述保险避税原理，实质上是一种低税负的产权安排。譬如，一些保险机构利用保险避税原理设计的“零岁保险计划”，深受家长们的青睐；还有一些保险机构推出的寿险也属于合法的理财工具，寿险合同反映的是保险方与投保方之间的保险给付关系，利用寿险既可以预防风险、保全财富，又可以合理规避遗产继承风险。所以，借助保险工具低税负转移财产的模式被很多家庭所接受，保险这一理财工具就冠冕堂皇地成为具备税收规避功能的代际间“财富传递管道”。

六、税收筹划的博弈均衡[①]

（一）税收筹划的博弈基础

从博弈论的角度来看，税收筹划可以理解为企业作为独立的经济主体在税收制度的约束下，通过合理地规划、安排其财务活动和税务事项，以达到减少税款支出、递延纳税，并最终实现税后收益最大化的博弈行为。

1. 税收筹划的博弈结构

（1）决策主体。税收筹划博弈的参与者，主要包括企业、政府、税务机关、股东、债权人、供应商、代理商、消费者、企业管理层、雇员、社会公众等。

（2）制度结构。税收筹划博弈的制度结构主要包括宪法、税法、公司法、合同法以及相关的法律法规。

（3）行为。企业在博弈中的行为是指企业在尊重法律、遵守税法的前提下，事前系统地对自身的经营、投资、理财等活动进行规划和安排，以达到节约税收、递延纳税和降低风险等目标的税务规划行为。

（4）均衡。税收筹划博弈对局中的各决策主体都能够满足于当前所达成的协议，或暂时无力改变协议而只能接受的状态。

（5）收益。在每一个可能的博弈对局中，税收筹划博弈各方获得的收益。

2. 税收筹划博弈的基础性条件

① 原载于《湖南商学院学报》，2016 年第 6 期。

（1）信息的不对称性。从企业与政府的关系角度来讲，企业并不完全知晓立法者订立税收法律的意图及其执行标准，他们无法准确预测国家税收政策的变化，对于税法中的“非不允许”事项，企业有一定的自主选择空间。税务机关也不能够完全掌握每一个所辖企业的经济运行情况、获利情况以及财务运算情况。企业和税务机关的信息不对称给企业提供了税收筹划空间。

（2）税收契约的不完全性。税收契约不完全性主要是针对法定税收契约来说的。政府颁布的税法可以视为一对多的法定税收契约，一般不会针对每个企业的特殊情况协商签订个别契约，企业具有一定程度的主动选择性。另一方面，税收法律法规的制定跟不上经济发展的速度，对经济活动中的一些创新业务，税法没有触及或根本没有并未做出任何明确规定，不免出现了一些税收漏洞和税法空白，使税收契约的不完全性特征更加显著。

（3）契约签订的灵活性。契约的灵活性主要是针对交易税收契约来说的。“交易税收契约”注重纳税人与其利益相关者之间的关系，这种经济战略伙伴关系的维护依赖于“市场合约”，在经济利益的驱动下，市场合约并不像税法那样是固定不变的，而是完全可以在各方合意的基础上做出改变。即企业与其利益相关者是“统一战线”伙伴，他们可以通过改变契约结构、交易条件以及进行价格协商等方式签订“合谋契约”，共同与税务机关进行博弈，以期获得最大化的税收利益。

（4）私法自治与决策自主性。在私法自治原则下，企业对自己的经济业务具有自主决策权和灵活的经营权。经济业务的发生时间、地点、交易方式的不同会导致税收结果的不同。比如通过控制财务费用、销售费用、管理费用的发生时间，可以调节各期之间的企业所得税和净利润水平。因此，私法自治和决策自主权为企业税收筹划博弈奠定了基础。

（二）税收筹划博弈机理与博弈对象

1. 税收筹划博弈机理

（1）税收筹划博弈源于契约的不完全性。著名经济学家劳伦斯·克莱因（L. R. Klein）说："契约的不完全性主要有两个原因：一是不确定性意味着存在大量的偶然因素，且要预先了解和明确针对这些可能的反应，其费用是相当高的；二是履约的度量费用也是相当高的。"① 正是税收契约的不完全性直接导致了企业税收筹划博弈行为的产生。

①法定税收契约的不完全性。一方面，由于存在税制缺陷及税收征纳双方信息不对称，导致我国税法的模糊性广泛存在，且存在一定的税收漏洞，这就决定了法定税收契约是不完全的，税收契约不可能规范所有情况下所有纳税主体的税收事项。另一方面，由于政府及征税机关未能在税收征管中严格履行法定税收契约，且征税机关拥有较大的税收自由裁量权。所以，上述因素直接导致了法定税收契约不完全性。企业在法定税收契约不完全性环境下，只有积极主动地与政府及征税机关进行税收筹划博弈才能获取税收利益，实现其最终的财务目标。

②交易税收契约的不完全性。我国市场环境不断变化、错综复杂，企业与其利益相关者订立的交易税收契约只是一种合意的约定。受市场环境变化和利益驱动的影响，这种交易税收契约随时可能发生改变。由于交易税收契约存在一定程度的不稳定性，企业需要不断地与利益相关者进行博弈，通过不断改变交易税收

① Klein, B. (1980) Borderlines of law and Economic Theory: Transaction Cost Determinants of Unfair Contractual Arrangements. American Economic Review Papers and Proceeding 70, May, 1980, pp. 356 ~ 362.

契约的条件、内容和结构来达到税收筹划的目的。

（2）税收筹划博弈的实质是改变税收契约关系。企业税收筹划是对其经济业务的一种重新规划和安排，任何类型的税收筹划都会影响到企业之间的利益分配关系。企业作为“一系列契约的联结”的结点，其对经济业务的重新规划和安排都是通过契约来改变利益分配格局的，即最终都表现为契约关系的改变。税收筹划本质上都是税收契约关系的改变，即为契约中规定的各利益主体相互联结形式的一种改变。

契约关系的改变使企业与其竞争者及合作者之间的交易结构、交易方式发生改变。从税收逻辑发展角度观察，企业与政府通过税收契约界定其利益分配格局，企业基于法定税收契约的税收筹划是其实对企业与政府之间税收契约关系的改变；企业与其利益相关者通过改变市场交易结构和交易方式获取税收利益，企业基于交易税收契约的税收筹划，其实是对企业和利益相关者之间税收契约关系的改变。

2. 税收筹划博弈对象

企业税收筹划的博弈对象可以分为两大类，即政府和利益相关者。政府又包括作为社会经济事务管理者的各级政府组织和作为征税代理人的税务机关；利益相关者又包括股东、债权人、管理层、上下游企业（供应商、代理商等）、客户、企业雇员、社会公众等。企业税收筹划博弈结构如图4－7所示。

（1）企业与政府的博弈对局。企业与政府之间存在着微妙的博弈关系。一方面，企业受制于这些政府，要遵守各种法律法规，定期接受各项检查；另一方面，企业又受益于这些政府组织，各级政府为企业提供了良好的发展平台和政策支持，有些地方政府还为企业提供各种类型的财政补贴和税收减免优惠。政府依赖企业创造的价值而生存，提升政府绩效的源泉也在于企业创造的收益。企业和政府在索与取之间博弈，政府提供更多的政策

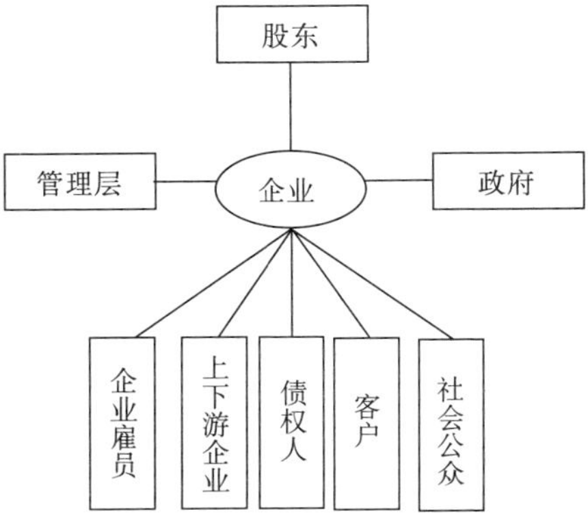

图 4-7　企业税收筹划博弈结构

优惠和发展平台，企业提供更多的价值回报政府，二者在这种博弈框架下相互依存、共同发展。

从博弈论角度分析，企业和税务机关构成了博弈对局的双方。政府为了获得更多的税收收入，会不断修订和制定新的税收法律，通过强制性契约来约束和限制企业以使其按照政府意图纳税；企业为了维护其自身利益，追求合法框架下的税收筹划。因此，企业与税务机关形成了一种动态博弈对局，征纳双方在动态博弈过程中相互竞争和妥协，最终实现了双方都能接受的均衡结果。

（2）企业与上下游企业（供应商、代理商等）的博弈对局。企业与上下游企业之间既存在着竞争又存在着合作。在与税务机关的博弈过程中，企业、供应商、代理商、消费者的利益趋于一致，它们都希望尽量降低税负，降低商品成本和价格，这一利益共同点便成为它们之间合作的基础。企业的经济活动可以通过契约形式约定，不同的契约形式界定不同的业务模式和纳税结构。如果企业与供应商、代理商之间合理安排或调整其契约关系，就可以在更大范围内更主动地安排纳税事宜以期达到节税的目的。即它们之间有可能达成博弈合作，从政府手中争取更大的税收利益，实现除政府之外其他各方利益的帕累托改进。如果企业与供应商、代理商之间存在税率差异，或面临不同的边际税率，则通过订立契约可以实现共同的税负降低。

企业与上下游企业之间的竞争体现在税负转嫁方面。税负转嫁没有造成国家的税收流失，只是企业与供应商、代理商等上下游企业之间税收利益格局的重新调整。从企业节税角度分析，企业既可以通过低购进商品或生产要素的价格将税负转嫁给供应商，也可以通过提高商品或生产要素的价格将税负转嫁给代理商，从而实现其税后收益最大化目标。

（三）基于税务稽查的博弈模型

1. 博弈模型设计

（1）模型研究的基础：

①参与人：企业和税务机关。

②制度结构：国家订立的税法、公司法、企业制定的内部规章以及道德约束。

③假设条件：

第一，纳税人和税务机关均是理性的经济人，其目的都是使自己的利益最大化；

第二，企业与税务机关是信息不对称的；

第三，不存在企业向税务执行人员寻租的情况；

第四，税制不完备性假设，即税法本身存在一定的不合理、不完整和非一致性，企业有税收筹划的空间。

（2）变量设定。在本模型中会涉及以下变量，其含义如下：

T：企业在税收筹划之前所要缴纳的税收

p：企业进行税收筹划的概率

q：税务机关对企业进行税务稽查的概率

m：企业进行税收筹划的成本

n：税务机关进行税收稽查的成本

b：企业进行税收筹划之后少缴的税收占 T 的比例

r：税务机关对企业进行税收稽查，认定该税收筹划行为合法或者未发现企业有税收筹划行为的概率

c：税务机关稽查后认定企业税收筹划不合法时对企业的罚款比例

（3）模型设计。在税企稽查博弈均衡模型中，参与人包括企业和税务机关。由于实行纳税申报制度，税务机关根据企业自行申报税额进行征收，并在适当的时候进行税务稽查，对企业纳税申报的真实性与合法性进行检查。企业作为理性的经济主体，在纳税申报时有两种策略可以选择：进行税收筹划与不进行税收筹划，即其策略是"税收筹划"或"不进行筹划"；税务机关的策略是"稽查"或"不稽查"。

分析企业和税务机关的博弈行为，双方形成一个复杂的博弈对局，如图 4-8 所示。

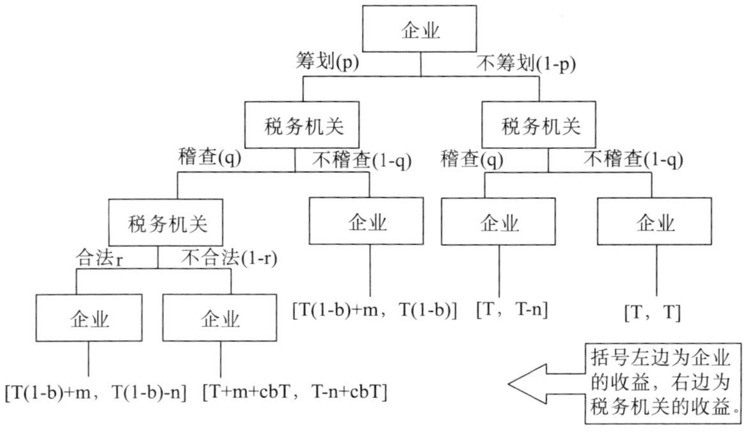

图 4-8　企业与税务机关的博弈对局

在企业开展税收筹划、税务机关进行稽查的情况下，企业的支付为 $r[T(1-b)+m]+(1-r)(T+m+c)$，税务机关的税收得益为 $r[T(1-b)-n]+(1-r)(T-n+c)$，由此可以得到如下的博弈矩阵（如表4-3所示）。进一步简化表4-3，可得到表4-4。

表4-3　　企业与税务机关的博弈矩阵

策略选择		税务机关	
		稽查（q）	不稽查（1-q）
企业	筹划（p）	$r[T(1-b)+m]+(1-r)(T+m+cbT)$，$r[T(1-b)-n]+(1-r)(T-n+cbT)$	$T(1-b)+m$，$T(1-b)$
	不筹划（1-p）	T，T-n	T，T

表4-4　　简化后的企业与税务机关的博弈矩阵

策略选择		税务机关	
		稽查（q）	不稽查（1-q）
企业	筹划（p）	$T[(1+cb)-rb(1+c)]+m$，$T[(1+cb)-rb(1+c)]-n$	$T(1-b)+m$，$T(1-b)$
	不筹划（1-p）	T，T-n	T，T

2. 博弈纳什均衡分析

（1）当 $m<Tb(rc+r-c)$，且 $n<Tb(1+c)(1-r)$ 时，用条件策略下划线法①确定纳什均衡。

①在税务机关选择稽查的情况下，比较 $T[(1+cb)-rb(1+$

① “条件策略下划线法”是求解纳什均衡的一种方法，其步骤如下：1. 将整个支付矩阵分为A、B两个子矩阵；2. 在A矩阵中找出每一列的最大者并在下面划线；3. 在B矩阵中找出每一行的最大者并在下面划线；4. 将A和B矩阵合并；5. 两个数字下均有划线的组合为均衡的策略组合。

c)] + m 与 T 的大小，当 $m < Tb(rc + r - c)$ 时，$T[(1 + cb) - rb(1 + c)] + m < T$，在 $T[(1 + cb) - rb(1 + c)] + m$ 下划线；

②在税务机关选择不稽查的情况下，假定企业开展税收筹划的成本小于企业少缴纳的税收，即 $m < bT$，则 $T(1 - b) + m < T$，企业选择筹划，在 $T(1 - b) + m$ 下划线；

③在企业选择开展税收筹划的情况下，比较 $T[(1 + cb) - rb(1 + c)] - n$ 与 $T(1 - b)$ 的大小，当 $n < Tb(1 + c)(1 - r)$ 时，$T[(1 + cb) - rb(1 + c)] - n > T(1 - b)$，在 $T[(1 + cb) - rb(1 + c)] - n$ 下划线；

④在企业选择不开展税收筹划的情况下，由于 $T - n < T$，税务机关的选择是不稽查，在 T 下面划线。

按照上述分析，我们得到表 4 - 5。

当 $m < Tb(rc + r - c)$，且 $n < Tb(1 + c)(1 - r)$ 时，（筹划，稽查）是企业与税务机关的纳什均衡。

表 4 - 5　　企业与税务机关的博弈矩阵

策略选择		税务机关	
		稽查（q）	不稽查（1 - q）
企业	筹划（p）	$\underline{T[(1 + cb) - rb(1 + c)] + m}$，$\underline{T[(1 + cb) - rb(1 + c)] - n}$	$\underline{T(1 - b) + m}$，T(1 - b)
	不筹划（1 - p）	T，T - n	T，T

（2）当 $n > Tb(1 + c)(1 - r)$ 时，用条件策略下划线法确定纳什均衡。在此条件下，上述情况中的②、④不变，③中情况相反，在 $T(1 - b)$ 下划线，（1）中条件放宽，当税务机关选择稽查时，企业是否选择筹划都不是纳什均衡。

经过分析，我们得到表 4 - 6。当 $n > Tb(1 + c)(1 - r)$，m

无限制时，（筹划，不稽查）是企业与税务机关的纳什均衡。

表 4-6　企业与税务机关的博弈矩阵

策略选择		税务机关	
		稽查（q）	不稽查（1-q）
企业	筹划（p）	T[(1+cb)-rb(1+c)]+m，T[(1+cb)-rb(1+c)]-n	T(1-b)+m，T(1-b)
	不筹划（1-p）	T，T-n	T，T

（3）若 m，n 均无限制条件，引入概率求解贝叶斯均衡。假设企业的期望支出为 EM，税务机关的期望收入为 ET，企业的目标为期望支出最小化，税务机关的目标为期望收入最大化，则可得下列结果：

$$EM(p,q,r)=pq\{T[(1+cb)-rb(1+c)]+m\}+p(1-q)[T(1-b)+m]+(1-p)q\cdot T+(1-p)(1-q)\cdot T$$

$$ET(p,q,r)=pq\{T[(1+cb)-rb(1+c)]-n\}+p(1-q)[T(1-b)]+(1-p)q(T-n)+(1-p)(1-q)\cdot T$$

对 EM 求 p 的导数，对 ET 求 q 的导数并令其导数为 0，可得：

$$\frac{\partial EM}{\partial p}=q\{T[(1+cb)-rb(1+c)]+m\}+(1-q)[T(1-b)+m]-q\cdot T-(1-q)\cdot T$$

$$=qT(cb-rb-rbc+b)-bT+m=0$$

$$q^{*}=\frac{bT-m}{bT(1+c)(1-r)}$$

$$\frac{\partial ET}{\partial q}=p\{T[(1+cb)-rb(1+c)]-n\}-p[T(1-b)]+(1-p)(T-n)-(1-p)T$$

$$= pTb(c - r - rc + 1) - n = 0$$

$$p^* = \frac{n}{bT(1+c)(1-r)}$$

若满足 $p^* = \frac{n}{bT(1+c)(1-r)}$，$q^* = \frac{bT-m}{bT(1+c)(1-r)}$

则此条件下企业和税务机关的博弈达到了均衡状态。

3. 博弈均衡策略分析

在上述第（3）种情况下，企业与税务机关并没有达成唯一的纳什均衡，而是形成了一个动态的贝叶斯均衡解，下面进一步对此博弈均衡解作出分析。

（1）企业的策略分析。对于企业来说，企业的期望支出 EM 与税务机关的稽查概率 q 有关，当税务稽查的概率 $q > q^*$ 时，企业的期望支出较大，一般会选择不进行税收筹划；当税务稽查的概率 $q < q^*$ 时，企业的期望支出较小，企业会选择进行税收筹划；当 $q = q^*$ 时，选择两者皆可。

此外，税务稽查的均衡概率 q^* 与 b、T、m、c、r 等相关。当企业的税负（T）、筹划空间（b）、筹划成本（m）一定时，税法规定的罚款比例越大、稽查后认定为合法的可能性越小，法律的效力会在一定程度上代替税务机关的稽查行为，使得税收筹划空间变小。

将 q^* 转化为 $q^* = \frac{1}{(1+c)(1-r)} - \frac{m}{bT(1+c)(1-r)}$ 可知，当罚款比例（c）、认定为合法的可能性（r）一定时，企业的筹划成本越高、筹划后可减少的税收（bT）越少，稽查的均衡概率越小，企业筹划的动力也不足。

（2）税务机关的策略分析。对税务机关来说，税务机关的期望收入 ET 与企业进行税收筹划的概率 p 有关，当企业税收筹划的概率 $p > p^*$ 时，税务机关的期望收入较大，会选择进行稽查；当企业税收筹划的概率 $p<p^*$ 时，税务机关的期望收入较小，会选择不进行稽查；当 $p=p^*$ 时，选择二者皆可。

此外，企业税收筹划的均衡概率 q^* 与 b、T、n、c、r 等相关。当税务机关的稽查成本（n）越低、企业筹划少缴的税收额（bT）越大、罚款比例（c）越高、认定为合法的可能性（r）越小，税务机关越愿意对企业进行稽查。

（四）基于委托—代理关系的博弈模型

1. 参与人的行动分析

由于公司制企业所有权与经营权的分离，在现代企业内部形成了独特的委托—代理关系，企业的所有权人为委托人，企业的管理层为代理人。基于不同的目标定位，委托人与代理人在税收筹划方面的意愿并不一致，但二者可以通过建立某种互利契约、优化策略以实现博弈均衡。

如果管理层选择税收筹划，其负面效应是增加企业的税务风险和运营风险，有可能会因为税收筹划引起一系列连锁反应，如当期盈利水平不高、报表质量下降，对管理层的职业声誉造成影响，此时管理层的收入并不一定会增加，只会增加股东的利益；如果不选择税收筹划，对于有激励机制的公司管理层来说，又会失去激励收入。

从股东（委托人）的角度来看，他关注的是管理层的经营结果，而不是管理层付出了多少努力。管理层进行税收筹划对股东是有益的，企业为国家上缴的税收越少，留在企业的收入就越多，股东分得的红利便越多。因此，股东为了获得更多的收益，会倾向于与管理层订立契约，比如签订激励性契约，促使其进行有效的税收筹划。

2. 博弈模型设计

（1）变量设定。在本模型中设定如下变量：

D：代理人的总收益

A：代理人的基本年薪

B：代理人由于税收筹划而带来的激励收入

t：代理人为企业进行税收筹划而节约的税收

C：代理人由于税收筹划承担风险而减少的收益

W：委托人的收益

M：未进行税收筹划前委托人的分红收入

N：由于代理人进行税收筹划而使委托人增加的收入

（2）模型设计。假定企业税收筹划中涉及的税收筹划成本、稽查处罚等暂不考虑。则企业代理人和委托人的收益用下列公式表示：

$D(t)=A+B(t)-C(t)$，代理人的总收益等于其基本年薪加上因税收筹划而获得的激励收入，减去代理人因承担风险减少的收益，变量 D、B、C 都是 t 的函数。

$W(t)=M+N(t)-B(t)$，委托人的总收益等于税收筹划之前的分红收入加上税收筹划后增加的收入，减去支付给代理人的激励费用，变量 W、N、B 都是 t 的函数。

假设代理人由于税收筹划而增加的激励收入与其节约的税收成正比，即 $B(t)=bt$，承担的风险与其节约的税收的二次方成正比，即 $C(t)=ct^2$。由于代理人进行税收筹划而使委托人增加的收入与节约的税收成正比，即 $N(t)=nt$。

根据上述条件，股东与管理层的委托—代理博弈矩阵如表 4－7 所示，代理人、委托人的收益函数分别为：

$$\begin{cases} D(t)=A+bt-ct^2 \\ W(t)=M+(n-b)t \end{cases}$$

表 4－7　　委托—代理博弈矩阵

策略选择		委托人（股东）	
		激励	不激励
代理人（管理层）	筹划	$A+bt-ct^2$，$M+(n-b)t$	$A-ct^2$，$M+nt$
	不筹划	A，M	A，M

由表 4－7 可知，当管理层选择不进行税收筹划时（假设管理层是极端的风险厌恶者），无论股东是否对其进行激励，双方的收益是不变的，管理层只在乎自已的年薪，对额外的收益不感兴趣。

3. 委托—代理博弈模型的均衡解

委托人与代理人收益函数的均衡解，可采用作图法进行求解，如图 4－9 所示。

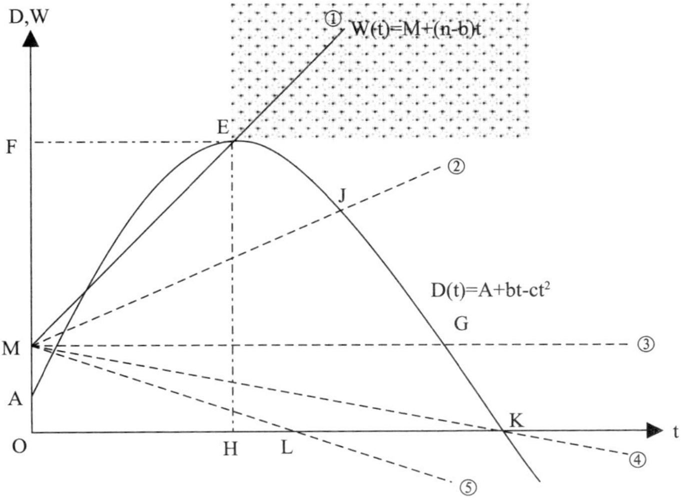

图 4－9　委托—代理博弈模型求解图

D（t）是一个开口向下的抛物线，其与纵轴的交点代表管理层的基本年薪收入。下面根据 W(t) 斜率的分别不同情况进行讨论：

（1）当 $n-b>0$ 时，W(t) 如图 4－11 中①②所示。

①在 E 点时 D(t) 达到了最大值，此时 $t=\frac{b}{2c}$，$D(t)=\frac{b^2}{4c}+A$，与此同时 W(t) 也达到了有效区域内的最大值，W(t) 的斜率 $n-b=\frac{b}{2}+\frac{2c(A-M)}{b}$，$W(t)=\frac{b^2}{4c}+A$，E 点为二者博弈的均衡点。

阴影区域为无效率区域，管理层不能使自己的收入因为税收筹划而有所提高，因此不会为股东冒险。

②若 $n-b>\frac{b}{2}+\frac{2c(A-M)}{b}$，则在区域 EFM 中，管理层的收益还未达到最大化，股东的收益也可以继续增长，股东会进一步增加有效激励以使管理层继续进行税收筹划，二者在博弈的过程中继续最大化各自的收益。

③若 $0<n-b<\frac{b}{2}+\frac{2c(A-M)}{b}$，假定处在图 4－11 中②的位置，此时虽然因为税收筹划而减少了更多的税收，但管理层由于承担的风险太大使得自己的收益开始下降，最终也会影响到股东的收益。

（2）当 $n-b=0$ 时，W(t) 如图 4－11 中③所示。在 G 点时，$W(t)=M$，无论是否进行税收筹划，股东得到的收益是一样的，股东因税收筹划得到的收益和付出的激励成本相等，此时股东不会采取激励措施。

（3）当 $n-b<0$ 时，W(t) 如图 4－11 中④⑤所示。由于 $n-b<0$，即 $n<b$，表示股东为了使管理层进行税收筹划，必须

付出比因税收筹划得到的收益更多的激励成本，这种策略对股东来说是不可取的，因此也是无效的。

①在K点时，管理层因税收筹划承担风险而减少的收益等于其得到的基本年薪和激励收入的和，管理层所有的努力付诸东流，其总收益为0，股东收益也为0。

②在图4－11中⑤表示的情况下，股东的收入极低，而管理层可能会因税收筹划得到额外收益。

以上两种情况是企业现实经营中不会出现的情形，因为税收筹划的风险太大，成本太高，管理层和股东都会维持其原来的收入水平而不会采取任何行动。

当管理层和股东拥有共同利益时，管理层倾向于遵从股东的意愿进行税收筹划；在管理层与股东收益函数不一致的情况下，除非公司治理结构发生变化，否则管理层与股东的行为取向不可能达成一致。现实生活中最常见的使管理层与股东利益一致的措施就是实现管理层持股，如果管理层持股比例足以影响其自身利益，那么拥有剩余索取权的管理层会和股东的目标函数渐趋于一致，且管理层持股比例与税收筹划的实施程度正相关。

本章参考文献

［1］李维安：《公司治理》，南开大学出版社2001年版。

［2］何家成：《公司治理结构、机制与效率》，经济科学出版社2004年版。

［3］李维安：《公司治理教程》，上海人民出版社2002年版。

［4］詹森、麦克林："管理行为、代理成本与所有权结构"（原载《所有权、控制与激励——代理经济学文选》），上海三联书店、上海人民出版

社 1998 年版。

［5］哈特：《企业、合同和财务结构》，上海三联书店、上海人民出版社 1998 年版。

［6］李维安：《公司治理前沿》，中国财政经济出版社 2003 年版。

［7］迈伦·斯科尔斯、马克·沃尔夫森：《税收与企业战略》，中国劳动社会保障出版社 2004 年版。

［8］盖地、钱桂萍："试论税收筹划的非税成本及其规避"，《当代财经》，2005 年第 12 期。

［9］蔡昌：《税收筹划论》，清华大学出版社 2015 年版。

［10］哈特：《企业、合同和财务结构》，上海三联书店、上海人民出版社 1998 年版。

［11］李嘉明、张晓美："非对称信息条件下企业税收筹划的博弈分析"，《税务研究》，2004 年第 1 期。

［12］Jensen, M. C, and W. H. Meckling, "Theory of the Firm: Managerial Behavior, Agency Costs and Ownership Structure", 1976, Journal of Financial Economics, October 1976.

［13］Chtourou. S. M, Jean. Bedard, and Lucie. Courteau. 2000. Corporate Governance and Earnings Management, www. ssrn. com.

第二部分

人文情怀篇

一、税收筹划是门大学问[①]

“税收筹划是门大学问。”最近，读完蔡昌先生新作《税收筹划八大规律》后，感觉这是作者在书中着力要表达的一个观点。税收筹划最重要的是规律还是技巧？这个问题在税收筹划兴起后一直争论不休。“学院派”专家大多重视前者，认为税收筹划规律是最重要的，只有在规律的指导下才能成功筹划；“实务派”人士则从实用出发，认为只要掌握税收筹划技巧，就可以进行筹划。也有人士甚至认为，税收筹划纯粹是操作性的问题，没有什么规律和技巧，更谈不上什么学问。蔡昌博士显然不这样认为，他在其新作中，总结出税收筹划中存在的特定条款筹划、税制要素筹划、寻求差异筹划、税负转嫁筹划、规避平台筹划、组织形式筹划、会计政策筹划及棱镜思维筹划八项规律，并从“运作原理”、“筹划技术”及“案例解析”三个方面对每项规律进行了阐述。笔者认为，蔡昌博士能纯熟运用归纳方法，从大量的个案中总结出税收筹划八大规律，并用简明的语言予以描述，运用演绎方法大略划定每项规律适用的范围及筹划技术，的确算是首创，极大地丰富了税收筹划的理论。

蔡昌博士在书中谈道，税收筹划作为致用之学，目前已被越来越多的纳税人所接受和运用，从而产生了大量的案例。由于税法的复杂性和企业情况的多异性，决定了适用于某个企业的筹划方法，往往不能适用于其他企业，强调税收筹划的操作技巧是有

① 原载于《中国税务报》，2005年5月23日，作者为中国税务报资深记者邹国金先生。

道理的，但我们不能因此而轻视税收筹划规律的研究。同类的大量个案中必然隐含着规律，只有找出这种规律，并按照税收筹划的规律进行实践，税收筹划才能真正成为一门学问。从研究视角上讲，这本书并不拘泥于税收政策的细节，而是把税收筹划放到一个更为开阔的空间里，从更普遍的意义上探讨税收筹划的运作规律及其实践应用的范式，为读者从更深层次上提供一个理解税收筹划与企业战略、经营模式、产权重组、资本结构、资产定价之间彼此影响的分析框架。蔡昌博士表示，这一点他相信读者很容易就能够看出来。

图 1　蔡昌教授与中国注册会计师协会冯淑萍会长交流

二、用“第三种眼光”看税收筹划[①]

在采访蔡昌之前，我们一直对媒体赋予他的“用第三种眼

① 原载于《中国税务报》，2007 年 1 月 22 日，作者为李卓艳、裴林娇。

光看税收筹划”的评价不太理解。何谓“第三种眼光”？“第三种眼光”下的税收筹划有何特点？带着这些问题，我们借参加中国税网组织的新会计准则与税法差异专家研讨会的机会，与蔡昌老师见面作了一次交流。

蔡昌老师大学读的是会计学专业，毕业后，蔡老师走进了“传道授业”的教师行业，当了一名会计老师。在给学生授课的过程中，他对税收的涉猎也很少，仅限于会计核算时所涉及的基本税种。1997 年，他开始陆续给一些企业财务人员做会计培训，由于学员在听讲过程中提出了很多税收疑难问题，于是他开始关注税收及节税问题。在当时，业界还没有“税收筹划”的概念，只有“合理避税”的提法。到了 1999 年，通过两年来与企业财务人员的实际接触，蔡老师开始着手研究财务实务中的税收筹划问题。在当时，税收筹划还是一个新鲜事物，许多企业老总和会计实务工作者很“痴迷”。国内研究税收筹划的人士也不多。于是，他梳理了一些自己对税收筹划的认识，并相继发表和出版了一些文章和著作。2001 年，蔡老师在《中国税务报》筹划周刊上发表了一些关于税收筹划的连载文章——《企业税收筹划策略》（该文“编者按”中称之为筹划“六策略说”）；2002 年，又发表了《集团税收筹划策略》一文，对集团税收筹划总结出了“五大策略”，并论证了“集团筹划空间大于单个企业”的观点；2003 年，他开始研究企业整体筹划的实务操作问题，并分别对工业、商业、服务业等行业的企业税收筹划实践运作模式进行研究；2004 年，他开始研究税收筹划的基本规律，历时 1 年多，于 2005 年出版了《税收筹划八大规律》一书，该书从实务角度归纳研究了税收筹划的基本规律与操作技巧；2006 年出版的《最优纳税方案设计》首次提出“纳税设计三大思想”。

“我喜欢把理论和实务结合起来，为实务找到理论依据，为理论找到实务拓展的空间，于是我提出了用‘第三种眼光’看税收筹划的观点。”蔡昌老师说，用“第三种眼光”看税收筹划主要有三个核心思想：一是从战略规划的角度谈筹划，而不是局限于细节；二是从会计管理的角度谈筹划，而不是只盯着税收；三是从理论联系实际的角度谈筹划，而非纸上谈兵。

“我一直对税收筹划思想与实践结合情有独钟”，蔡昌老师说。在他撰写的《税收筹划八大规律》一书中曾有一段论述引起了我们的兴趣：“税收筹划是致用之学，其实践性很强，归纳和研究税收筹划规律是一种捷径，可以起到举一反三的作用。随着经济环境的不断变化和日趋复杂，税收筹划运作逐步深入到企业的多个层面，筹划方案的系统性、技巧性要求越来越高，许多好的筹划方案源自于一种灵感，大气磅礴，浑然天成，看不到一丝雕琢的痕迹。”的确如此，税收筹划是一门实践学问，必须走理论结合实际之路。

图 2　蔡昌教授与国务院参事刘桓教授交流

三、知行学者的上下求索
——记中央财经大学蔡昌教授①

最近，蔡昌摆在案头的书是三个不同版本的《苏东坡传》。其中，他最推崇林语堂所著版本。即便有所偏爱，其他几本蔡昌也都一一细细品读。蔡昌说，比较不同作者视角中的苏东坡是一件十分有意思的事情。对苏东坡，蔡昌自然也有他独到的解读。“苏东坡是著名的诗人、思想家、政治家，跨越学派，经世济民，他把多重境界融合为一。”蔡昌说，这正是他所追求的人生境界。他很认真地地对记者说，如果时间允许，他也要写一写苏东坡。蔡昌是国内税收筹划领域的先行者、知名的税收筹划专家。在学界，他的研究领域跨越会计学、管理学、经济学和税收学；在业界，他参与国家税制改革的宏观政策制定，也参与到企业微观的税收筹划实务中来，他栖于多境而游刃有余。

理论需要实践的检验。蔡昌积极参与和指导企业税收筹划方案的设计；他用理论的利器为现实中的中国企业披荆指路，而又在丰富翔实的实践案例中不断修正和完善研究成果。他身体力行，践行着知识分子的“知行”之路。“十年磨砺成一剑”、“十年潜心铸就一个专家”，蔡昌至今仍然十分感激求学生涯的恩师郭惠云教授当初这句半是激励半是期许的教导。正是这句话，让当年的蔡昌扎进学术的海洋，潜心于财务与税收专业领域的研究。

物换星移几度秋，十载光阴转瞬过。如今，蔡昌已出版税收、会计、管理方面的专著二十余部，发表学术论文百余篇，主

① 原载于《财会信报》(2009 年 6 月 8 日)，作者为资深记者马海瑞先生。

持国家课题和指导企业财税项目数不胜数，成为国内财务、税务领域内无可争议的权威专家。20 世纪 90 年代，蔡昌从山东财经大学毕业后留校任教，从事会计教学和研究，他最初对会计的理解就是算盘和账簿。“其实大学也没有学多少知识，就专业而论，学到的还是‘资金来源 = 资金运用’，几乎是自己边工作边学习西方会计‘资产 = 负债 + 所有者权益’。”在山东财经大学任教期间，蔡昌几乎阅读了所有相关专业领域的学者的著作，他如海绵吸水般地充实专业知识，既掌握传统的会计理论框架体系，又熟稔最前沿的观点和学术动态，打下了坚实的基础。彼时的蔡昌，如游弋于专业海洋中的鱼儿，不断开拓视野，积累丰富知识，自由穿梭于会计、税务、管理等专业领域，在不断的进步中找到专业研究方向，在学术发展中定位人生坐标。此后，蔡昌又求学于津门，相继获得 MBA 学位和博士学位，其博士论文《契约观视角的税收筹划研究》，将税收筹划的理论研究推上一个新的研究高度。2007 年 6 月，他来到中央财经大学税务学院任教，一切便水到渠成。学术的王国没有疆界，而求索亦是无止境，蔡昌并不是闭门研究，囿于书斋的学者，他的求索之路一直延伸至社会经济这所更大的学校。超越学院知行合璧，“十年磨砺成一剑，而今霜刃试锋芒”。“我一直对税收筹划思想与实践结合情有独钟”，蔡昌如是说。

蔡昌喜欢税收，乐于观察和思考税收问题，而非人云亦云。他对税收实务中的每一个疑难问题都细细思考，从不轻易放过。在潜心攻读 MBA 期间，蔡昌就投身于管理实践，贴近财务会计实践。为完成《国有大中型企业建立现代企业制度研究》，他调查走访了山东省数十家大中型国有企业。从债务管理、资金运作、财务管理、会计核算等方面探索国有企业建立现代企业制度的实践操作。之后陆续研究合并会计、税务会计、财务预算、内部控制，会计发展新领域。在此期间，蔡昌还在全国各高校、政府财税部门、集团企业开设财务会计、税收类讲座，更多地与财务工作者沟通交流。

税收筹划在20世纪90年代是一个新鲜事物，并且重要性日益凸显。蔡昌开始接触并研究会计实务中的税收筹划问题，并应多家企业相邀作关于税收筹划的专题讲座，他的第一个实战案例是广东美的集团。当时，第一次在那么多的企业领导者面前为之“授业解惑”，蔡昌还是“多少有些紧张，心里不是很踏实”。但他独到的见解为企业领导者打开了税收治理的另一扇窗，在场者无不折服，引起许多企业老总和会计实务工作者的极大兴趣。蔡昌也从中得到了继续走下去的信心和动力。接下来，蔡昌梳理了自己关于税收筹划的认识，在中国税务报“筹划周刊”栏目发表关于税收筹划的连载文章——《企业税收筹划策略》，开始了税收筹划理论与实务的探索之路。此后，《集团税收筹划策略与技巧》《图腾公司对症下药税收筹划》《人和连锁商贸公司税收筹划运作》《税收筹划八大规律》《最优纳税方案设计》《税务稽查零风险》《税务风险：防范化解与控制》等论文与著作不断问世，这些著作或从集团税收筹划战略方向，或从筹划实务操作细节角度，总结税收筹划实践运作模式，归纳税收筹划的基本规律与操作技巧，提出“纳税设计三大思想”，总结出“税收筹划八大规律”。在此期间，蔡昌还出版了《税收筹划策略、技巧与运作》《税收筹划方法与案例》《新会计准则与纳税筹划》《理税有道——纳税奥秘与技巧》《增值税转型与纳税操作实务》等相关著作。随着他的著作热销，他的足迹也遍及全国各大城市，主持全国大型财税讲座数百场，并开展《税收筹划策略、技巧与操作》《财务风险管理与控制》《全面预算管理》《价值管理》《财务总监高级理财》等专题讲座。他的讲座理论联系实际，贴近实务，注重实效，结合中国企业实践，解剖典型案例，并当场解答企业棘手的财税问题，深受社会各界好评。蔡昌不断探索，意气风发地走在学者投身社会实践的道路上。

“路漫漫其修远兮，吾将上下而求索”，蔡昌多年来的上下求索足迹勾画出中国财税炫彩蓝图的轮廓。而这幅画卷的最终完成，则需要更多的如蔡昌般的“丹青妙手”的挥毫泼墨。

图 3　税收师职业人才培养发展论坛（2016）

四、简约刚毅　大师风范

——诺奖得主迈伦·斯科尔斯教授侧记[①]

加州斯坦福拜访大师

2013 年 12 月 14 日，美西加州虽已是初冬季节，但感觉风

① 本文原载于《首席财务官》，2014 年第 3 期。

清气爽，广袤的美西原野呈现出五颜六色的绚烂。今天，我和加州伯克利分校的访问学者李冬妍师妹一行三人去拜访斯坦福大学教授、诺贝尔经济学奖得主迈伦·斯科尔斯（Myron S. scholes）先生。

我们和斯科尔斯先生约好了九点在斯坦福大学的一家咖啡厅会面。等我们到达咖啡厅的时候，距离九点还有一刻钟。我们先进去找了一个靠窗的地方坐下，等候斯科尔斯先生的到来。在美国咖啡厅一般 9 点开门，所以这时人还不是太多。这个咖啡厅很大，而且有三四个入口，我们不断地张望，看来往行人是否和照片上的相像。因为和先生联系都是通过 E－mail，还没有真实见过先生，仅仅看过先生的几张照片而已（见图 4）。

图 4　诺贝尔经济学奖得主迈伦·斯科尔斯教授

大约距九点还有五分钟的时候，突然一个中等身材、健朗矍铄的老者从咖啡厅的另外一个门进来四处观望，我和师妹就起身迎了过去，等我们走过去却发现没有人，从门口追出去的时候看到刚才那位老者刚好走进了附近的一家超市。我们从侧面看到了老者，很像照片上的斯科尔斯先生，估计着应该是他。但老者已经进了超市，我们就站在咖啡厅的门口凝视着超市，希望老者很快出现，担心会因此错过。没有多久，那位老者就出来了，我和师妹迎上去，我喊了一声：Professor Scholes，老者笑着答应一声，果然是斯科尔斯先生。我们就上前和先生握手，然后在咖啡厅就坐。

先生很守时，他大约是 8 点 55 分停好车进来环视了一下，没有发现我们才去了旁边超市。我们坐下来点了咖啡、中国茶和一些美式点心。先生很健谈，声音很洪亮，一点不像七十多岁的老人。他告诉我们上个月刚从中国回来。他参加北京的高峰经济论坛，还去爬了长城，并且拿出手机给我们看他在长城上的照片。一下子就把大家的关系拉近了，原来大家认为诺奖大师一定很深沉、很有派头，其实是我们想错了，斯科尔斯先生非常随和，没有一点大师的架子，而且还很幽默风趣。他思路清晰，观点明确，言简意赅，切中肯綮，简约刚毅的风格显露无疑。先生平易近人，和他交流很轻松，就像和一位慈祥的长者谈天说地，聆听老人的教诲。他思维活跃，观点犀利，淳朴的像孩子般流露出一份童真。他盛赞中国经济的快速发展，也对中国存在的环境污染和社会信用等问题发表看法，他曾经受厦门大学、浙江大学、北京大学等机构邀请，曾多次赴中国进行学术交流，他对中国的情况还比较了解。他说去中国李克强总理曾接见过他，他还给中国经济改革建言献策。

斯科尔斯教授因发现期权定价模型而获得 1997 年诺贝尔经济学奖，世人更多地关注其在资本市场、期权定价方面的贡献，但很少知晓他在税收、理财领域的贡献。他的名著《税收与企业战略》成为企业税收筹划和税务理财的经典著作，我是在国内看到过中国财政经济出版社的中译本，到美国后才找到该书的原版，中译本翻译的是原著英文版第二版，而美国目前已经出版第五版。因为我的研究领域也是这个方向，所以就对斯科尔斯先生的税收理财领域的学术研究产生了浓厚的兴趣。后来我辗转找到了斯科尔斯教授的联系方式，并与他建立了联系，他告诉我整个冬天都会住在加州斯坦福，我就约好了来斯坦福大学拜访先生的具体时间。

我们从中国经济谈到税收问题，他对中国的经济改革和税收发展寄以厚望，并鼓励我们下功夫从事税收领域的前沿理论以及实务研究，而且希望能更好地将二者结合起来。他认为，艰涩生硬的理论没有多少用处，必须付之于实践应用。先生身体力行，他创立期权定价模型之后，就和一些投资人创办投资机构，用经济实践活动去检验理论。在交谈中，我表达了准备把先生的税收、理财领域的论文翻译推荐给中国读者，先生爽快地答应了，并对他的论文按照重要性程度做了序列标注交给我们。和先生交谈，自始至终都是那么惬意，那么和谐，如沐春风。

时间不知不觉已经过去了两个小时。按照中国传统，先生在他的英文版著作《税收与企业战略》（Tax and business strategy）扉页上给我们签名，然后一起合影留念（见图5）。我们送给先生一盒黄山毛尖茶和一幅绢制中国传统山水画，同时也对先生表达了即将到来的圣诞和新年的祝福之意。先生表示感谢欣然接受我们带来的异域礼物。随后先生起身告辞，我们送他出来，走到咖啡厅门口，我们才看清先生的汽车，是一辆黑色的奥迪车，很出乎我们的意料，因为奥迪车在美国只能算是很普通的一款轿车，价格也不算昂贵。奥迪车在中国是官方的政府采购用车，纯朴、舒适而实用。这就是诺奖大师的风采，并不追逐权势和奢华，而是以一颗好奇之心不懈追求真理，并永远保持一份纯朴善良与快乐的心情。我觉得这是我们真正感悟到的大师风采，也是我们毕生追求的一种为人品格。

图 5　蔡昌教授与诺奖得主
斯科尔斯教授在斯坦福大学交流

五、期权定价　有效筹划[①]

在世界各地，打开主要报纸的金融版，都会发现关于衍生金融产品转手交易价格的信息，既有期货也有期权。与众多的场外衍生品市场相伴，期权和期货交易市场充斥着多种衍生金融产品组合，有股票、股票指数和基金组合，债券和各种到期形式的其他类固定收入证券组合，还有农产品、原油及其制品，以及电子产品和各类衍生金融产品的组合。世界期权投资市场发生翻天覆地的变化，更多的人把目光投向期权定价问题。

费希尔·布莱克与迈伦·斯科尔斯提出的“布莱克－斯科尔斯期权定价模型”的一个重要特性在于不包含股票的预期收益率，使其独立于投资者的偏好。期权定价技术之所以被采用，因为它降低了交易成本。如果没有这个期权定价模型，交易商既

① 本文原载于《首席财务官》，2014 年第 7 期。

不能精确地给带有隐性期权的有价证券定价，也不能降低交易成本以有效地运用他们的资本与其他交易抗衡。可以说，芝加哥期权交易所和其他交易所的成功应部分归功于期权定价模型。随着交易商们对这些模型的熟悉，出价的范围缩小了。随着交易商们对风险管理技术越来越熟悉，他们就能以更大的规模来支持市场。有了更深化更有效的市场，投资者们开始利用期权为他们自己的投资策略服务。

“布莱克－斯科尔斯期权定价模型”提出了能够控制风险的期权，这为创立控制风险和减小风险的衍生金融工具开辟了道路，也在一定程度上促使衍生金融工具发展成为投资者用以融资和控制风险的重要工具。

期权定价的系统风险考察

在金融市场上，也会发生一些影响颇大的小概率事件，这些事件随着时间的积累和环境的变化，其发生的机会可能并不像统计学意义上反映的那样小，如果一旦发生，将会产生关联效应，以至于改变整个系统的风险，造成致命打击，这在统计学上称为“胖尾”现象。譬如世界领域的影响深远的金融危机会造成期权定价模型一定程度的预测失败。有趣的是迈伦·斯科尔斯本人创办了长期资本管理公司（Long－Term Capital Management，简称 LTCM），根据期权定价模型开展投资运营，在 1994 年至 1997 年间 LTCM 业绩骄人，与著名的量子基金、老虎基金、欧米伽基金被称为“国际四大对冲基金”。但曾取得骄人战绩的这家公司，却在迈伦·斯科尔斯获得诺贝尔奖一年之后，即 1998 年俄罗斯金融危机之际造成 46 亿美元的巨大亏损，后被美林、摩根出资收购接管。

这一戏剧性的事件有其根源，在“布莱克－斯科尔斯期权定价模型”中暗含着这样的一个假设：交易是连续不断进行的，不会出现较大的价格和行情跳跃。但是，作为期权定价核心的风险中性状态前提条件，在价格剧烈变动的时期，这个假设条件无法满足。当系统风险发生改变时，过去有效的金融衍生工具的定价公式就没那么奏效了。但这并未有损“布莱克－斯科尔斯期权定价模型”的价值和魅力，相反更多的机构和个人投资者会充分利用该模型预测期权价格的未来趋势。

有效税收筹划思想的精妙

传统的税收筹划理论没有考虑成本因素，只是以纳税最小化为其核心目标。针对传统理论的种种缺陷，迈伦·主斯科尔斯和马克·沃尔夫森（Mark A. Wolfson）提出了有效税收筹划理论，它是一种在各种约束条件下实现纳税人“税后收益最大化”目标的税收筹划理论。这个理论令人眼前一亮。

有效税收筹划理论框架构成一个严密的逻辑体系。当企业进行投融资决策时，其目标是取得最大化的投资报酬率或最小化的融资成本。税收规则的存在，又使得企业在进行各项战略性决策时必须考虑税收的作用。有效税收筹划理论将除税收成本以外的各项成本统称为非税成本。按照产权经济学的理论，交易成本的定义具有非常广泛的意义，因此税收成本和非税成本可以统一于交易成本。很显然，交易成本是由于交易各方之间利益不一致和信息不对称所引起的。至此，有效税收筹划理论框架的三条思路可以通过交易成本联接起来，如图 6 所示。

有效税收筹划理论框架包括以下三部分内容：（1）有效税收筹划要求筹划者从交易各方多边契约角度来考虑交易的税收问题；（2）有效税收筹划要求筹划者认识到税收成本仅仅是企业的一种成本形式，在筹划过程中必须考虑到所有的成本，一些被

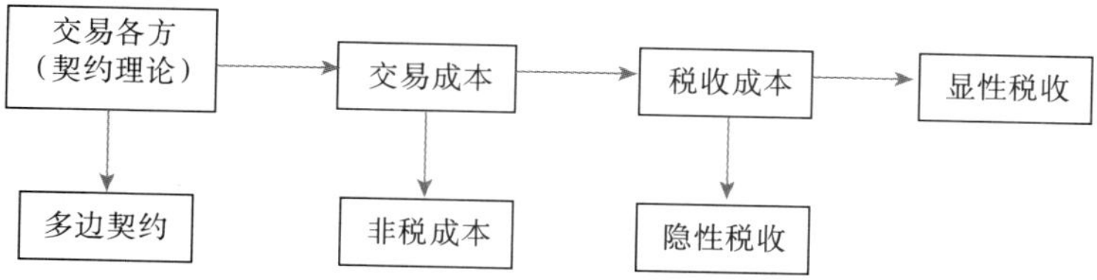

图 6　有效税收筹划理论框架

提议的税收筹划方案的实施可能会带来非税成本，当非税成本高到一定程度时，税收筹划方案则是不可行的；（3）有效税收筹划要求筹划者在投资和融资决策时，不仅考虑显性税收，还要考虑隐性税收。有效税收筹划理论框架的三条思路并非随意的组合，而是有联系的互相依存并层层分解的；而且，多边契约与利益相关者相关，交易成本与企业组织紧密相关，使得在这一框架下的企业税收筹划活动必须从企业整体角度进行，严格区别于短期化倾向的“税负最小化”目标；而有效税收筹划既考虑税收成本又考虑非税成本，目标是“税后收益最大化”。

虽然有效税收筹划理论是基于美国税收制度提出来的，中美税收制度及经济环境存在一定程度的差异性，但有效税收筹划作为一种成本约束下的税收筹划思想，却广泛适用于不同的经济环境和税收制度。

大师的传奇人生

迈伦·斯科尔斯（Myron S. Scholes），美国经济学家、诺贝尔经济学奖得主、芝加哥大学经济学博士、斯坦福大学教授。他与经济学家费西尔·布莱克提出了著名的布莱克－斯科尔斯期权定价公式，该法则已成为金融机构设计金融新产品的思想方法，是当代资本市场的重要理论基石之一。依靠在金融衍生产品理论方面的重要贡献，迈伦·斯科尔斯 1997 年与美国哈佛大学教授罗伯特·默顿一起荣获诺贝尔经济学奖。

提起期权定价模型的发表过程还有一段曲折而有趣的经历。布莱克和斯科尔斯最初曾将阐述该模型的论文试投到最终发表了该论文的《政治经济学杂志》，可是当时的主编根本未给编委们审读就退回了该稿件，其理由是金融内容太多、经济学内容太少。随后，他们又将该文试投《经济学和统计学评论》杂志，这一次他们的退稿信里甚至连审读报告都没有。最后，当《政治经济学杂志》更换了主编，他们又通过芝加哥大学著名金融经济学家尤金·法玛和默顿·米勒与《政治经济学杂志》主编“打好了招呼”，这篇论文才被再次试投到《政治经济学杂志》，并于 1973 年得以最终发表。当时恐怕谁也不会料到，正是这样一篇靠熟人所发表的“关系稿”却在后来为其著作者赢得了诺贝尔经济学奖。

世人更多地关注其在资本市场、期权定价方面的贡献，但很少知晓他在税收、理财领域的贡献。他的名著《税收与企业战略》成为企业税收筹划和税务理财的经典著作。我们从中国经济谈到税收问题，他对中国的经济改革和税收发展寄以厚望，并鼓励我们下功夫从事税收领域的前沿理论以及实务研究，而且希望能更好地将二者结合起来。他认为，艰涩生硬的理论没有多少用处，必须付之于实践应用。斯科尔斯先生身体力行，他创立期权定价模型之后，就和一些投资人创办投资机构，用经济实践活动去检验理论。

六、我与财经社的“情缘”[①]

（一）初识财经社

培根说，知识就是力量。的确如此，作为文革后出生的年轻一代，我与其他同龄人一样，对知识有着强烈的渴求。我本科就读于财经院校的会计学专业，大学里学到的第一门专业课程——《会计原理》，就是由杨纪琬、闫达五、娄而行等会计界大家著述的经典著作。这本书初版于1961年，至20世纪90年代已经再版多次，在会计界可谓影响之大。这本书封面上印着“中国财政经济出版社”字样，给我留下很深的印象。上大学期间，对财经社的总体印象就是这家出版社是国内财经类大牛的出版社，于是对财经社心向往之，存有一份发自内心的愿望，若日后也能写本书在财经社出，那将是无比光荣的事情。

大学毕业后我留校任教，成为一名会计学专业教师，于是读财经社的书籍的机会更多了，读书、买书、藏书成为我的一大嗜好，家里自然财经类的书籍越来越多，由于对财经社的初期印象使得家里财经类藏书居多为财经版。虽然我对财经社有初步印象，但此时我连北京也没到过，对财经社的印象其实还是很模糊的。

机缘蕴于偶然性之中。2004年我第一次踏入财经社——新

① 本文为庆祝中国财政经济出版社成立60周年而作，收录进《根深叶茂 事业长青》，中国财政经济出版社2016年版。

知大厦，源于我的导师盖地教授①，他派我由津赴京到财经社现场修改一本书稿。我第一次见到出版社的樊清玉、温彦君两位老师。书稿修改完毕我就匆匆离京，这次只是初识，并未有更多的深入交往。但是樊清玉老师细腻、认真负责的态度却对我影响很大，她要求出版的著作不能有一个错误和不清楚的地方，要向读者负责。她的这一工作态度深深地影响着我，这一点也逐渐渗透进我的人生，我觉得对自己经手的任何事情都要负责尽职，体现着一个人的基本素质。

（二）结缘财经社

《税收筹划八大规律》是我酝酿写作很长时间的一部著作，2005年书稿写出来之后，我试着联系财经社的樊清玉、温彦君老师，他们看过书稿后，答应按照社里的出版程序，先履行社里的报批手续。没过多久社里通知我这本书通过审批程序并将很快出版，当时甭提我心里有多高兴了，这是我在财经社出版的第一本著作，而且又这么顺利。书在三个月后就出版了，胶版纸印刷，封面颜色基本格调为深蓝色，中间设计一个多彩的圆形光束图案，非常雅致、漂亮。我这样一位初出茅庐的年轻人能得到社里的认可，真是一件幸事。

这本书出版后不到半年时间，社里通知我说要再版。可能就是因为这本书的成功，我与财经社真正结缘了。财经社曾出过一套好书，搞会计专业的人都知道，就是“会计博士论丛”，其中不乏当今活跃在会计界的多位优秀的专家教授。2008年夏天，我重新梳理修订过的博士论文《契约视角的税收筹划研究》在

① 盖地教授是天津财经大学商学院教授，博士生导师，为我国《税务会计》学科的开拓者。

财经社出版，负责稿件和责任编辑的是樊清玉和温彦君老师，他们逐字逐句地一遍遍通读，并告诉我其中还有十余处错漏的地方。当时我就不太相信，因为这篇博士论文不仅顺利通过答辩，而且还获得优秀博士论文称号，哪能有那么多错漏呀！后来我去社里，和两位老师现场比对，才知道很多出版惯例的特殊要求。正是这一次，才使我懂得了一种认真的工作态度和严谨的工作习惯是多么的重要，出版社以及编辑老师那种“为他人作嫁衣”的奉献精神值得大家学习和发扬。

情缘随着时间升华。自从博士论文出版之后，我和财经社真正结下了不解之缘。樊清玉老师陆续策划了几套丛书，不断督促和引导我，使我更多地在财税领域得以深入研究和拓展。趁着这次六十年社庆之机，我梳理了一下曾在财经社出版的三套丛书，基本情况如下：第一套是“蔡博士精典财税系列”，包括《最优纳税方案设计》《企业所得税法解读与运用技巧》《增值税转型与纳税操作实务》《个人所得税法解读与税收筹划实战》《营改增契机与操作指南》共五册；第二套是“税务方法与案例丛书”，包括《纳税实务精解》《税务会计点睛》《涉税理财决策》《税务风险揭秘》《税收筹划谋略》《税务稽查维权》六册；第三套是“十二五税务专业精品教材”，涵盖《税务理财：理论、实务与案例》《税收筹划：理论、实务与案例》《税务会计：理论、方法与实务》。上述专著和教材的出版，是与樊清玉老师的直接鼓励和鞭策分不开的，樊老师总是默默地给我很多鼓励、希望和前进的动力，她在我的一本书的推荐语中写道，她要做个“星”探，这一说法非常生动形象，言外之意是期望我成为专业领域的“明星”。此番溢美之词，大大激发了我专业研究和专业创作的热情。此后，又陆续出版《理税有道》《中国税史》，以及中国社会科学院研究生院重点教材《中国税务操作实务》《税收筹划理论与实务》（上述两本教材与李为人合著）。这些著作和教材也饱含着樊清玉老师悉心编审的心血和汗水。

此后，我和徐洁、樊清玉等社里领导和编审老师们有着更多的交往，我曾作为作者代表参加了会计分社举办的会计出版论坛等活动。

（三）情定财经社

岁月记录着成长的历程和友谊。我在财经社出版著作和教材的十几年间，见证了财经社的辉煌发展，也记录着我自己的一点点进步。财经社几家分社成立以来，形成比较独特的出版优势。当我写一本自己满意的著作时，首先想到财经社，在财经社出版著作是一件非常快乐的事情。我和财经社的编审老师们一直保持着较为密切的关系，在出版著作过程中，也收获了深厚的友谊。2016 年春天，适逢“营改增”全面推开，樊清玉老师就提早和我约了《金融业“营改增”新政与税收筹划》《建筑、房地产业“营改增”新政与税收筹划》等书籍的写作出版，2016 年这两本书也已经出版发行。

从“结缘财经社”，到“情定财经社”，我更加相信财经社的品牌和魅力，也更乐于有了新作品在财经社出版。我视财经社的编审领导、老师们如良师益友，他们也对我寄予更多信任和期许，这种相互信任的感觉让人感觉暖意融融，内心是非常惬意的。

值此庆祝财经社成立六十周年的日子里，赋一首古诗体，献上我由衷的祝福，并与各位财经社的领导、老师和广大读者朋友们共勉：

风雨兼程六十载，扬鞭策马事业旺。

经世济民著鸿篇，拓疆僻壤谱华章。

华山论剑道金融，少林比拳数计量。

惊羡会计蔓延季，财税治国评短长。

2016 年 6 月 6 日记于北京

七、“营改增”是税改里程碑：专访蔡昌教授[①]

2016 年 5 月 1 日起，四大行业全面实施“营改增”，标志着我国税制改革再进一步。中央财经大学税务学院税务管理系主任蔡昌教授对此表示，此次“营改增”的最大影响在于“公平税制、降税增信”，即不仅能够促进税制的公平性，还可合理降低企业税负，有效增强纳税人的税收信用，对我国的税制改革起到有效的推动作用。“营改增”不是税制改革的终点，而是税制改革的起点，并将成为中国税制改革的关键性环节和里程碑。

蔡昌教授认为，这次“营改增”前已经实行增值税制度的工业（涵盖销售货物、加工、修理修配劳务）、商贸企业，也将是一个利好政策。原因在于这些企业拓展了进项税额抵扣范围，新增的税目——销售服务、销售不动产、销售无形资产都纳入增值税征收范围，企业购买销售服务、购买不动产和无形资产，只要拿到增值税专用发票都可获得进项税额抵扣，并起到抵扣税款的目的。因此，“营改增”有利于降低工业、商贸企业的税负水平。

① 本文原载于《新理财》（公司理财），2016 年第 6 期。

具体影响

《新理财》：为什么说在实施“营改增”后，建筑业可能很难扭转税负增长的大趋势？

蔡昌：建筑业在“营改增”后面临一个较大的税负波动及管理行为调整，即建筑业原来适用的营业税税率仅为3%，而“营改增”后建筑业的销项税率为11%，如果不能够充分抵扣进项税额，将面临税负的显著性增加。但进项税额面临土、砂、石料等就地取材的建筑材料难以取得进项税额；建筑业人工费用呈现逐年增高之势，这无形中扩大了不能抵扣税款的成本支出比例。另外，“甲供工程”、“甲供材”的增多，以及挂靠业务的消失，也将推高建筑业增值税税负率。所以，建筑业可能很难扭转税负增长的大趋势。

《新理财》：房地产业将面临着怎样的税负环境？

蔡昌：房地产业“营改增”后享受大大的政策利好。原因在于房地产企业计算销售额时，允许以全部价款和价外费用扣除土地出让金后的余额作为销售额，虽然销项税率为11%，但允许减除土地成本，则将形成较低的实际税率。这将有效缓解房地产业税负压力，如果土地成本占到全部价款和价外费用之和的40%，则实际税率降低到6.6%，相当于比原来的不动产转让营业税5%高出1.6%，但此时还允许减除进项税额，即所有与购入服务、货物、无形资产、不动产有关的进项税额，只要取得增值税专用发票，都可以获得进项税额抵扣，获取的进项税额一般会超过全部价款和价外费用之和的1.6%。所以，最终的实际税负率会低于5%。

《新理财》：“营改增”将对生活服务业的实际税负率产生怎样的影响？

蔡昌：生活服务业“营改增”后采用一般计税方法，税率为6%。但由于生活服务业所涉及的购进进项税额不会太多，因此实际税负率不会比6%下降很多，可能会在5%左右徘徊，这将与原来的营业税税率5%没有太大差异。但是，生活服务业涉及多个领域，比如餐饮、酒店，还有日常生活服务等，还是因为进项税抵扣情况不同而存在一定程度的税负差异性。这需要针对每一类生活服务业，进行更进一步的细微税负分析测算。许多生活服务业企业不含税营业额在500万元以下，属于小规模纳税人，适用3%的征收率，税负也较轻。

《新理财》：由于金融业的复杂性和重要性，我们应怎样审慎分析其税负变动的情况？

蔡昌：金融业“营改增”后采用一般计税方法，税率为6%。但是，由于存款利息收支不计入销项和进项，贷款方利息支出也不得抵扣，因此，全范围打通增值税抵扣链条的理想情景远未实现。“营改增”后名义税率为6%，不含税税率为5.66%，看起来略高于原来的营业税税率，但最终的实际税负率还需要分析税基与进项税额抵扣情况。原来免征营业税的同业线下拆借在增值税制度下将被征收增值税，且年末交易累计服务差价不得结转抵减下一年度应税收入也将稍稍扩大增值税征收范围；另外，金融业普遍可抵扣固定资产（包括有形动产和不动产）进项税额较低，如果仅凭一些现代服务、生活服务项目抵扣进项税，最终金融业的增值税负担也不会出现较大幅度的下降。

图 7　蔡昌教授与上海财经大学经济学院田国强院长交流

优化税制

《新理财》：在此次将“营改增”扩大到四大行业之前，我国实行着怎样的税制体系？其税制特点是什么？

蔡昌：此次“营改增”扩大到四大行业之前，我国除销售货物、加工、修理修配劳务之外的提供服务、劳务及销售不动产、销售无形资产都普遍实行营业税制度。税制特点主要是不允许抵扣流转环节的营业税，而且造成很大的税负不公平性和存在税收漏洞。随着服务业的蓬勃发展，逐渐呈现出营业税额不断膨胀的现象。流转税（主要包括增值税、消费税、营业税）远远超过所得税，税收结构格局失衡，税负转嫁现象相当普遍，纳税人与付税人严重脱节。从而导致国内商品服务价格因承载过多的税收负担而价格过高。

**《新理财》：在我国现行税制体系中，直接税占比低而间接

税占比高，两者间配置不均衡，造成国内商品服务价格过高、对进出口产生不利影响等问题。您认为本次营改增的全面施行，会对我国税收制度和企业税收结构产生怎样的影响？对于我国税制结构的优化与转型有何推进意义？

蔡昌：本次“营改增”的全面施行，对于税收制度将产生深远影响，尤其是会在一定程度上消除重复征税，完善抵扣链条，促进税制更趋于公平。“营改增”后，企业税收结构也会发生深刻变化，尤其是随着国家全面推行减税战略，“营改增”算是减税的一种制度调整，企业整体税负逐渐降低，间接税比重相对降低，直接税比重相对加大。对于我国税制的优化与转型起到重要的推动作用，我国税制逐渐过渡到增值税新时代。

《新理财》：中国税制体系发展到现阶段，为何要进行“营改增”这样的一种税制改革？这样的税制改革的目标是什么？实行营改增，有哪些历史原因？

蔡昌：“营改增”主要指向税制公平性。原来的营业税制难以实现税款抵扣，造成重复征税。而且不同行业之间存在营业税和增值税的制度差异性，除造成税制不公平外，还存在大量的税法漏洞，差异性税制特征诱导纳税人不断寻找避税手段以降低其税负。这样的税制改革的目标主要在于完善税制、调节经济结构，实现各产业的不断融合。实行“营改增”，还有削减税负、应对经济下行、促进经济发展等多种原因。

《新理财》：李克强总理在今年的政府工作报告中提出，从5月1日全面实施营改增并提到要降低行业税负。在全面实施营改增后，真的有望确保所涉行业税负“只减不增”吗？“营改增”降低所涉行业税负的关键和前提是什么？

蔡昌：这次“营改增”，确实可以做到行业税负“只增不减”，但这个结论是有前提条件的。首先，降低行业税负很大程度上是从“营改增”过渡政策层面分析的，税务机关强调营业税改征增值税的平稳过渡，税制改革所设计的平稳过渡政策一般以维持或降低原税负水平为标准，尤其是采取了一系列特殊性扣除政策以及简易计税方法，这些做法确保过渡时期税负不增反降。其次，税负降低与否取决于纳税人的税收管理水平，如果纳税人的交易活动不能取得大量进项税额，则不能有效地实现税款抵扣。行业税负“只减不增”的前提是完善税收管理措施，提高税控水平。

《新理财》：您提到“营改增”扩大到最后四大行业后，金融业将面临机构调整、合同补充、重新议价等问题，为何会出现这种现象？同时，为何说建筑房地产业将面临新老项目抉择，新老合同分野的新情况。

蔡昌：“营改增”后，金融业面临业务整合和模式调整的严峻挑战，这是因为金融业“营改增”全面实行增值税制度在世界范围内尚属首次，很多税收问题牵连到业务活动。若不能有效调整机构、补充合同、重新议价，金融业将面临大量的税务风险。同时，建筑、房地产行业面临新老项目适用税制选择问题，即选择采用一般计税方法还是简易计税方法；新老合同分野，即新老合同因适用不同的税收政策而存在税负差异。所以，税负测算是进行税务决策的基本依据和前提。

《新理财》：“营改增”将如何助力经济机构调整、产业链重塑？

蔡昌：“营改增”有助于产业链重塑，在集团或企业内部形成税款抵扣链条，完善产业链，通过公司分设、流程分拆等方式构建多个产业模块，为经济结构调整奠定坚实的基础。此外，“营改增”能够实现税款抵扣，鼓励集团或企业将其业务单元外包或者采取外购模式，有效地支持经济结构调整和产业链重塑。

《新理财》：此次“营改增”扩大到四大行业，对解决税改的难点与痛点有怎样的影响？

蔡昌：税制改革的难点和痛点之一是改进税制公平性与效率性，强调税收的经济调节作用；难点和痛点之二是税收结构的失衡性；难点与痛点之三是税收信用缺失问题。“营改增”扩围到四大行业，可以改善税制的公平性，调节税收结构，构建税收信用体系。

八、强化电商税收征管　加快公平税制建设①

在当前电子商务迅猛发展的时代背景下，如何以“互联网+税务”为突破口，强化税收公平理念，加快国家税收治理与税收法制化进程，建立促进社会公平正义的现代税收制度，成为业界关注的新课题。

近日在由中央财经大学财政税务学院、税收筹划与法律研究中心主办的2016中国税收与法律高峰论坛上，来自税务领域百余名专家学者以税收公平为切入点，探讨税收公平的基本内涵和未来趋势，就未来电商税收政策走向、电商税收流失的治理展开研讨，为政府制定公平的电商税收政策提供借鉴与参考。

电商飞速发展背景下的“税收流失”

中央财经大学税收筹划与法律研究中心“电商税收流失课题组”在会上发布第三方独立研究成果——《电商税收流失测

① 原载于《中国经济时报》，2016年12月23日，作者为中国经济时报记者牛福莲。

算与治理研究报告》（以下简称《报告》）指出，随着电子商务的飞速发展和日趋成熟，越来越多的交易搬到网上经营，结果是一方面带来传统贸易方式的交易量不断减少，使现行税基受到侵蚀；另一方面，由于电子商务是一个新生事物，使税务部门对其进行征管存在一定的时滞效应，加上互联网、大数据技术在税收领域的应用还需要一个不断完善的过程，电商交易活动在某种程度上成为税务机关的“征税盲区”，形成一定程度的税收流失。

图 8　中国税收与法律高峰论坛暨电商税收流失与治理研究报告发布会（2016）

中央财经大学财政税务学院教授蔡昌指出，基于电子商务活动的数字化、信息化、无纸化，以及虚拟性、隐匿性、国际化和快捷化的特征，当前电子商务的税收征管难点主要表现在以下几个方面，一是纳税主体确定和管理存在困难；二是计税依据确定困难；三是纳税地点的确认存在困难。

对于社会上普遍存在的“网购不开发票也不需要缴税”的认识误区和“潜规则”，中国人民大学朱青教授认为，电子商务在我国不存在税外之地，党的十八大提出“构建一个结构优化、社会公平的税收制度”，这个“公平”除了指社会公平，调节收入分配，也包括纳税人之间的公平，这也是税收的最基本要求。从税收管理角度讲，如果不对电商税收进行监管，以后的税收将很难管理。

中央财经大学税收教育研究所所长贾绍长认为，税收流失问题不仅是一个现实问题，更是制度设计缺陷问题。

推进立法和实践层面的税收公平

近年来，随着“互联网＋税收”在税务系统的广泛推广，“电子商务征税问题”被列入国家税务总局重点研究范围，国家税务总局于2013年4月1日起实行的《网络发票管理办法》，为电子商务征税提供了法律上支持。不过，电子商务税收征管在实务领域仍未实施具体的征管措施。

《报告》分析指出，我国政府之所以目前仍未对电子商务税收实施有效监管，或只是由于时机尚未成熟。国家在鼓励电子商务行业发展的同时，也在密切关注电子商务交易的应纳税额的动态趋势，当电子商务行业发展成熟且其应纳税收额度足够大时，政府必然会对电子商务实施有效的税收监管。

国务院发展研究中心研究员倪红日在会上指出，税收公平与税收优惠政策平衡的实质是市场与政府的关系问题，是公平与效率之间的关系问题，也是市场与产业政策的关系问题。她主张建立无差异的税收政策导向，基于调节收入分配、能力差别的税收制度设计，基于税务机关与纳税人关系平等的法律地位，推进立法和实践层面的税收公平。

“电商税收流失课题组”研究建议应尽快实现税收监管和有效征税。一是从税收公平视角分析，税收不应由于商业模式不同而有所差异；二是电子商务的巨大潜力将使未对电商有效监管严重侵蚀商品零售业税基，引起极大的财政收入损失。

应确立电子商务税收公平原则

与会专家建议，税收管理应适应电子商务发展要求，利用信息化手段创新税收征管方式，减少税收流失，创造有序竞争的市场环境和公平公正的税收环境。

中央财经大学中财—鹏元地方财政投融资研究所执行所长温来成教授就公平视角下的税制改革提出建议：一是要增进社会的共识加快税制改革步伐，比如个人所得税、社会保障税等；二是要通过税制改革有效控制收入差距扩大的现状；三是税制改革要能促进生产要素合理分配。

京东集团副总裁蔡磊指出，在一个行业存在显著税收流失的情况下，如果国家不关注，这对整个社会都会带来危害。行业的税收不公平会导致经营不公平，税收不诚信会导致经营不诚信，最终将导致社会不诚信。所以，税收流失不是单纯的税收问题，而是国家治理问题，甚至是社会诚信问题，对整个中国经济的运行带来重大影响。

国家税务总局副巡视员、中国税务学会副秘书长焦瑞进认为，税收流失的治理主要靠政府决心治理的力度。要明确电子商务的范畴，不同的时代对税源的认定也应有所差异。他认为，在未来大数据时代，对自然人信息的有效掌控是可以轻松实现的，在税制设计中可以实现对消费和资金流的控制，实行自动结算、代扣代缴，因此，电商征税并不存在技术难题。

九、公平视角下的电商税收博弈[①]

税收这柄尚未开启的“达摩克里斯之剑”始终高悬在中国电商的头顶之上，国家税务总局局长王军多次谈到，税务人要认真思考“互联网+税务”新课题，加紧制定行动计划。

2015年5月6日，国家税务总局出台的《关于坚持依法治税更好服务经济发展的意见》明确规定：要深入分析电子商务、“互联网+”等新兴业态、新型商业模式的特点，积极探索支持其发展的税收政策措施，特别是对处在起步阶段、规模不大但发展前途广阔、有利于大众创业、万众创新的新经济形态，要严格落实好减半征收企业所得税、暂免征收增值税和营业税等税收扶持政策，各级税务部门年内不得专门统一组织针对电子商务、某一新兴业态、新型商业模式的全面纳税评估和税务检查。中央财经大学税收筹划与法律研究中心主任蔡昌教授在近日的“公平视角下的税制改革暨电商税收流失报告发布会”上指出，2015年夏天，政府曾经对电子商务行业如箭在弦上的纳税评估、税务稽查等涉税检查暂告停顿，却对电商纳税持放任自由的态度。一石激起千层浪，社会各界对此有各种不同声音，道义层面、技术层面的争论一直没有停止过。

时隔一年，伴随中国跨境电商零售规模在逐年扩大，2016年我国网络交易规模将达到5.2万亿元，跨境电商交易规模能达到3900亿元，增幅达到85.7%，到2018年进口零售电商交易规模有望攀升到2018年的1.2万亿元。为了避免海外税收隐形蒸

① 原载于《首席财务官》，2017年第2期，作者为资深记者袁跃女士。

发，财政部联合海关总署和国家税务总局2016年4月8日共同推出《关于跨境电子商务零售进口税收政策的通知》，提出跨境电商零售进口商品将不再按邮递物品征收行邮税，而是按货物征收关税和进口环节的增值税、消费税。

跨境电商在节约成本、提高效率的同时，也面临着利益体系的挑战与压力，供应链则需要通过内部优化来提升竞争力，同时仓储物流具有成本高、库存费用高、整合时间长等问题。跨境电商税收新政实施后，众多中小跨境电商和个人代购压力陡增。为解决这一问题，多部委和海关总署相关人员深入各个综合试验区进行实地考察，决定新政暂缓执行一年到2017年5月11日，商务部为稳妥推进跨境电商零售进口监管模式过渡，对跨境电商零售进口有关监管要求给予一年的过渡期，再进一步延长至2017年底。

除了要简化税率，减少中间环节免税，还要考虑到不同企业和行业以及国内外之间的公平问题。国外对C2C交易并不征税，对于跨境电商税收新政这把双刃剑的利弊，中国社会科学院研究生院税务硕士教育中心副主任李为人博士表示，行邮税中有个规定是低于人民币50元或价值5000元之内，海关会免收关税，因此在实际运用中，跨境电商会采用包裹拆分的方式，将大包裹拆分成小包裹，使最高税额低于人民币50元或者价值在5000元之内，这会引起税收流失的问题。但是，若对传统零售进口企业征收关税、增值税和消费税，税负会高于行邮税，同样对国内零售企业销售商品的增值税消费税叠加，会使跨境电商税负增高，削弱它的竞争力，这样下去国内消费也会受到影响，进而影响经济的正常运行。

对消费者而言，商品价格有升有降，但总体上看，价格是呈现上升的趋势。李为人做了一个简单的测算，对比几种类型的商品：食品、100元以下化妆品、100元以上化妆品、奢侈品，新政前后应交税费情况和变化做了一个梳理，一是，测算结果显示税负呈上升趋势，这种做法的好处是有利于维护消费者权益、优化其购物体验，这与通关单制度有紧密联系，它可以从源头上控制商品的质量。二是对跨境电商进口商产生的影响，一个是其经营成本会上升，由于新政之后价格会上涨，消费者是原来的客户群体，因此会自己承担一部分税收负担，会把所有的成本转嫁给消费者，因此增加了跨境电商的经营成本。

李为人不温不火地开出三剂良方：一是把握我国税制改革的大方向，采取流转税为主体税种，从长远来看应该降低流转税的税负比重。二是我国税制应达到综合服务模式，相对于发达国家而言还处于初期阶段，在不同阶段要采取不同的策略，把握好市场的主导作用，给予适当的政府补助。三是加强跨境电商税收征管，逐步建立纳税登记、发票、审计等电子化监控手段，从源头上加强跨境电商税收征管，当然还要考虑借助第三方平台来协助征管。

“藏富于民”博弈“征税盲区”

与传统以纸质化会计凭证为交易证据不同，电子商务的无纸化程度越来越高，交易过程及所涉及的票据均以电子文档形式保存，减少了作为征税依据的纸质凭证，有人曾形象地将电子商务比作为21世纪税收最大的“隐形人”。蔡昌对此分析说：“电子商务的快捷性、隐匿性、无纸化，造成税收源泉扣缴的控管手段失灵，客观上促成了纳税人不遵从税法的随意性，加之税收征管技术的严重滞后性和系统法律法规的匮乏性，最终出现电子商务税收征管的真空地带。”

税务部门对电子商务进行税收征管存在一定的时滞效应，加上互联网、大数据技术在税收领域的应用还需要一个不断完善的过程，电商交易活动在某种程度上成为中国税务机关的“征税盲区”。如何走出征税盲区，首先要明确电子商务的范畴，不同的时代对税源的认定也有所差异。在新经济时代，认定税源的关键要素是人、消费和所得，比如亚马逊的无人商店，将商品和用户身份绑定，交易虽然是在实体店发生的但是通过网络支付来完成。税源认定明确之后税收流失的问题也就迎刃而解。中国税务学会副秘书长焦瑞进研究员认为，在未来大数据时代，对自然人信息的有效掌控是可以轻松实现的，在税制设计中可以实现对消费和资金流的控制，实行自动结算、代扣代缴，大数据未来会对很多部门会产生极大的影响。

北京中崇信会计师事务所戴琼所长强调，个体的公平和整体的公平、横向公平和纵向公平怎么权衡？大数据体系之下个人信息安全问题，在没有信息安全保护的前提下，企业或政府通过大数据进行信息的搜集整理，是不是涉及信息安全，是不是涉及个人信息侵权，这也需要引起征税机构足够的重视。

“达摩克里斯之剑”

对互联网税收持续深入研究的蔡昌认为，自 2015 年这次电子商务税务稽查暂停以来，一直到 2016 年年底，税务机关并未再出台任何相关税收政策，也未实施任何征管措施。但是，很多人还是意识到，对电子商务征税可能会在不久的未来，税收这柄“达摩克里斯之剑”依然悬挂在电商的头顶之上，我国未来对电子商务征税必然是不可扭转的大趋势。从另一视角分析，我国政府目前未对电子商务税收实施有效监管，是否意味着国家鼓励电子商务行业发展的同时，也在密切关注电子商务交易的应纳税额的动态趋势，没有对电子商务实施税收监管，只是时机未成熟而已。

当电商行业发展至应纳税收额度足够大时，政府必然会对其实施有效的税收监管。各国在重新审视电商税收政策时，大多以保持税收中性为原则，即为避免产生扭曲效应，在现有税收制度框架下，不建立新的税种及征税方法，电子商务税收政策与传统商贸税收政策一致。欧盟制定的电子商务税收原则主要考虑到两个方面：一是保证税收不流失；二是避免防止不恰当的税制影响电子商务行业发展。目前也原则上同意不再对电子商务征收新的税种，并就跨国电子商务的有关原则与美国达成了一致。

曾以高级访问学者身份亲身感受美国税收的蔡昌表示，回首1998年美国政府制定的以《互联网税务自由法》为代表的电子商务税收优惠政策，一是因为电子商务作为新兴产业，成长过程中需要一定支持；二是为了保持美国电子商务在世界上的优势地位；三是通过促进本国电子商务的迅速发展，带动其他相关行业的发展，从而促进经济增长。而加拿大对电子商务征税政策所持的原则有以下三点：一、政府应避免制定不适当的法令或限制措施妨碍电子商务的发展；二、加强与国际间的合作，制定有利于电子商务发展的政策以促进网络交易；三、注重公平，电子商务与非电子商务交易功能相同的纳税人，征税要一致，不能因交易形态而有所差别。

蔡昌表示，加快税收征管信息化建设与国民经济信息化建设步伐，税收部门要尽快实现与国际互联网的连接，以及与银行、海关、网上商业用户的连接，对生产、交易和消费活动进行有效的监控，真正实现网上监控与稽查。

对于公平视角下税制改革，讲了这么多年，即使是互联网时代的今天，进展也依然缓慢，原因是大家没有形成共识。在经济低迷期的现阶段，我们需要税收来体现社会公平，通过税制改革有效控制收入差距扩大的现状。如果税制改革达不到改进社会现实的话，这种状况很难体现税收职能，中央财经大学财政税务学院温来成教授坦言，税制改革要能促进生产要素合理分配，有些税负问题现在政府的观点和老百姓感受是相反的，官方认为现在税负不重还有提升的空间；但从众多企业的感受来讲，税负还是比较重，特别是民营企业。如果采用宽口径，宏观税负接近40%，特别是在互联网思维倾向民生的时代，应该减税，为企业创造发展空间，为更多的民营企业带来一些生机。

图9　蔡昌教授与维也纳经济大学全球税收政策研究中心主任 Jeffery Owens 交流

十、电商公平缴税应如何实现?[①]

新零售时代，必须切实解决电商公平纳税问题

数据显示，去年我国网上零售额突破5万亿元，增幅达

① 原载于《人民日报》，2017年4月24日，作者为人民日报记者吴秋余、李丽辉。

26.2%。互联网经济的快速崛起，使电商纳税话题越来越受到社会和行业的关注。目前，我国电商纳税的实际情况究竟如何？对电商征税存在哪些政策和技术上的难点？征税后，消费者网购还能享受到价格实惠吗？

电商，到底该如何缴税？

哪些电商没缴税？

大型电商缴税还算规范，个人开的网店不缴税或少缴税比较普遍，与实体店相比，去年少缴税逾500亿元。

“电商近年来增速很高，其中固然有技术进步的推动，但更多与逃避税收、低价倾销等带来的不正当竞争优势有关。”步步高集团董事长王填对记者直言。作为全国人大代表，今年两会期间，他提交了关于推进电商公平纳税征管办法的议案。王填说，进入“新零售”时代，线上线下将会高度融合，电商公平纳税到了必须切实解决的阶段，以便营造实体和电商公平竞争的环境。

京东集团首席执行官刘强东近期也表示，在电商平台上，存在部分企业法人以自然人名义开网店避税，造成实体店与网店税收不公平。

记者了解到，电子商务的运营模式以三种形式为主：企业对企业（B2B）、企业对消费者（B2C）、个人对个人（C2C）。企业对企业交易量较大，无论是销售方还是采购方，一般需要开发票入账，通常都是正常缴税。一般的网购主要指B2C和C2C两种模式，对电商纳税的争议也主要集中在这一块。那么，这两种电商的缴税情况如何？

今年初，中央财经大学税收筹划与法律研究中心发布的电商税收研究报告显示，大型电商缴税较为规范，天猫、京东商城、苏宁易购等10余家第三方平台的B2C电商均已进行税务登记并实施正常纳税。只有个别商户，会通过不开发票或虚开假发票进行避税。相比之下，C2C电商也就是个人开的网店不缴税或少缴税的情况比较普遍，在2012年至2016年期间，少缴的税收额呈现逐年增长趋势。

这份报告的分析样本，主要来自某大型电商平台B2C与C2C模式网店，各210家，涵盖电器、服装、食品、图书、酒水、家具和化妆品等7个行业。该课题组按照所在行业平均税负，测算了全国C2C电商少缴的两个主要税种即增值税、个人所得税的数额。与实体店相比，C2C电商2015年少缴税在436.6亿~614.33亿元之间；2016年少缴税在531.53亿~747.92亿元之间；课题组预测，2018年C2C电商少缴税数额可能会超过1000亿元。

“这个数据计算是比较保守和谨慎的，包括小微电商享受税收减免的情况，已经考虑在内了。”课题组组长、中央财经大学税收筹划与法律研究中心主任蔡昌介绍，调查结果具有广泛的代表性，可以较真实地反映出电商纳税问题的现状。不过，由于部分电商平台监管不严，存在刷单、夸大交易数据等现象，这部分数据无法进行鉴别，也可能一定程度上影响税收额度的测算值。

中国连锁经营协会也在近期发布了一份促进电商公平纳税问题的研究报告。报告估算，2015年约有1.8万亿元的C2C电商销售额税负基本为零，按2.5%的综合税率估算，比实体企业少缴税约450亿元。

公平缴税咋实现？

在当前减税降费的大背景下，实现电商与实体店之间的公平税负，应当主要做“减法”，对电商建立规范的纳税秩序，对实体店进一步降低税费负担。

“电商要不要纳税是一个伪命题，电子商务一直适用现有税法，并没有所谓的免税待遇。”中国社科院财经战略研究院税收研究室主任张斌表示，我国现行税法并没有针对电子商务交易的特殊规定，电商只是交易方式的改变，无论在网上销售货物还是提供劳务，均与线下传统交易适用相同的税法。

对此，蔡昌持有相同观点。他认为，从公平角度看，税收不应由于商业模式不同而有所差异，对电商征税，既不需要专门出台法律法规，也不需要为电商单独设立一个税种，现有税收体系里的财产税、行为税、货劳税、所得税等，都可以适用于所有的电商。只有对电商实现征税监管，才能有效规范市场行为，形成有序竞争、有效市场。

2016 年 11 月，国务院办公厅发出《关于推动实体零售创新转型的意见》，明确提出营造线上线下企业公平竞争的税收环境。

从国际经验看，发达国家普遍以保持税收中性为基本原则，对电商企业和传统企业进行公平课税，英国早在 2002 年就制定了《电子商务法》，明确规定所有在线销售商品都需缴纳增值税，税率与实体经营一致，实行“无差别”征收；美国也在 2013 年通过了开征在线销售税的《市场公平法案》。

事实上，我国的电商企业，特别是有长远发展规划的电商企业，并没有一味追求税收方面的特殊政策，而是在积极履行纳税义务：阿里巴巴集团披露的财务数据显示，该集团及蚂蚁金服去年合计缴税 238 亿元。随着行业发展，一些 C2C 电商收入和规模不断增长，也逐步成为纳税的主体。

百草味，原本只是杭州下沙高校周边的一家零食店铺，2011 年布局淘宝平台后，营收规模不断扩大，2015 年百草味纳税额跃升至4400万元。不仅是百草味，总部位于北京通州的裂帛、济南高新区的韩都衣舍、广州海珠的茵曼，都是在淘宝网诞生的互联网品牌，并成为当地的纳税主力。

“好的电商企业肯定不是靠税收优势生存的，阿里从一开始就建立了严格的税收制度，不希望税收问题成为企业发展的隐患。”阿里巴巴董事局主席马云说，目前集团平均每个工作日缴税1亿元，全年带动平台缴税至少2000亿元。

一位电商企业财务人员告诉记者，企业发展过程中，必然面临银行贷款、上市融资的问题，这些都与企业的纳税状况息息相关，电商纳税的问题迟迟不解决，长远看对企业发展壮大并不利。

“电商缴税，早晚要面对，而公平应该成为追求的主要目标。”上海财经大学公共政策与治理研究院院长胡怡建认为，解决电商纳税，应该兼顾线上与线下、效率与公平，在支持新兴产业的同时，更好体现行业公平，营造中性的税制环境。

胡怡建说，在当前减税降费的大背景下，实现电商与实体店之间的公平税负，应当主要做“减法”，对电商建立规范的纳税秩序，对实体店则进一步降低税费负担，逐步减小两者的税负差异。

税收征管难不难?

可通过电商平台实行“代扣代缴”，大部分小微电商符合免税条件，网店依然会有价格优势。

既然对电商征税不存在制度障碍，为何会出现电商少缴税的现象?

专家表示，电商与实体店的税负不公平，主要基于现实中的两个因素，即登记制度的缺失和保护新兴产业的考量。

我国目前对企业的税收管理是以税务登记为基础的，2014年工商总局出台的《网络交易管理办法》规定，从事网络商品交易的自然人，应当向第三方交易平台提交其姓名、地址等真实身份信息，具备登记注册条件的，依法办理工商登记。这一政策虽然简化了自然人经营网店的手续，但也客观上造成部分超过免税标准的企业以网店形式躲避税收征管。现实中，该规定被理解为自然人卖家只需要向平台登记，不需要工商登记，而工商登记是税务登记的前提条件。一些地方出于鼓励新兴产业发展的考虑，也没有对电商平台采取严格的征管措施。

“电子商务活动的数字化和虚拟性，是税收征管的一个难题。此外，社会上不少人认为网购不开发票、不需要缴税，也给税务机关‘以票控税’带来困难。但这些问题都是可以解决的。”蔡昌认为，在大数据条件下，网络交易会在资金支付和快递物流两个环节留痕，税务部门要获得电商的经营数据，一定程度上比实体店还要简单。

例如，虽然缺少工商登记，但税务部门可以依托电商平台实行“代扣代缴”制度。在美国，以亚马逊为代表的电子商务企业普遍被要求代征销售税，截至 2015 年 1 月，亚马逊已在美国 23 个州代征销售税，覆盖了美国一半以上的人口。

同时，电商纳税的法律环境正在完善，去年底提交全国人大常委会审议的电子商务法草案规定，电子商务经营主体应当依法履行纳税义务，依法办理工商登记。修订中的税收征管法要求建立纳税人识别号制度，今后自然人、法人都将有唯一的识别号，实现社会全覆盖。

也有人担心，电商与实体店一视同仁、规范纳税，会不会导致经营成本上升，消费者网购时就买不到便宜货了？

实际上，这是多虑了。相关数据显示，目前淘宝平台上 96% 的商家，都符合国家关于小微企业增值税免税条件。电商与实体店公平征税，对这些小网店几乎没有影响，消费者还是能淘到价廉物美商品的。再说，电商本身还有场地、人工、物流方面的成本优势，大多数网店依然有价格竞争力。

链接

国外对电商怎么征税?

国际社会对C2C电子商务模式税收政策在很大程度上具有一致性和可操作性，各国都努力减少征税对经济的扭曲，建立和维护公平公正的线上线下交易环境。在不区别对待纳税人、坚持税收公平原则的基础上，适当给予C2C电子商务模式卖家一定的税收优惠，结合各国实际条件划分税收管辖权，实名工商注册、税务登记，实行有效的税收监管。

1. 保持税收中性，不开征新税种

大多数国家都同意对C2C电子商务交易征税，并达成征税时不应开征新税种的基本共识，即保持税收中性。欧盟在1997年的《欧洲电子商务动议》和《波恩部长级会议宣言》一致通过对电子商务征税要保持税收中性，认为开征新税种没有必要；经济合作与发展组织国家于1997年通过的《电子商务对税收征纳双方的挑战》同样指出不会开征诸如比特税、托宾税等新税种。

2. 区分征税对象，合理选择税种

新加坡对电子商务征税对象区别对待，但税法没有对C2C电子商务税收问题进行具体规定。新加坡2000年通过的电子商务税收原则指出：网上销售有形货物与线下销售货物等同纳税，网上提供无形服务和数字化商品按3%课税；澳大利亚与新加坡类似，对网上提供有形货物课征销售税，对网上提供劳务等无形货物课征劳务税。

3. 法定税收优惠，促进经济繁荣

韩国2006年开始对C2C电子商务模式征税，但是其《税收例外限制法》有一定的税收优惠规定，《电子商务基本法》同时也规定，对促进电子商务所必须的基础设施建设项目中支出的费用，在预算内给予部分补贴；新加坡规定卖家从因特网上以非新加坡币取得的对外贸易所得按10%优惠税率课税，相关资本设备可享受50%的资本减免。

4. 规范网络注册，线下实体登记

英国2002年制定的《电子商务条例》规定C2C电子商务模式中个人卖家在网上进行货物销售时要提供线下登记证明、真实注册机构、姓名、地址和商品含税信息（是否包括增值税和运费等）。

5. 划分税收管辖权，防止税源流失

税收管辖权的划分以属人原则和属地原则为主，各国规定不尽相同。美国早在1996年通过的《全球电子商务的选择性税收政策》中就提出以属人原则对电子商务征税，克服网络交易地域难以确定的问题；加拿大规定提供货物或劳务的卖家居住地税务当局对C2C电子商务模式中的卖家负有征税义务。

6. 成立专门机构，加强税收监管

日本早在2000年就成立了电子商务税收稽查队，它隶属于东京市税务局，分设个人线上卖家、公司线上卖家等15个部门，涉及B2B、B2C、C2C三种主流电子商务模式，有效地实现对电子商务征税，合理监督税收流向；同样，法国也成立专门的电子商务税收监察部门，有效地解决电子商务税收监管问题；澳大利亚整合C2C电子商务模式个人卖家、买主和税务机关三方资源，建立电子税务平台，方便电子商务税收的征管，及时便捷地进行信息交换。

资料来源：中央财经大学《电商税收流失测算与治理研究》报告。

附录　蔡昌著作一览表

[1]《价值管理：增进现金流与提升企业价值》，海天出版社 2003 年版。

[2]《税收筹划：策略、技巧与运作》，海天出版社 2003 年版。

[3]《税收筹划八大规律》，中国财政经济出版社 2005 年版。

[4]《盈余管理》，西安交通大学出版社 2005 年版。

[5]《资本运营》，西安交通大学出版社 2005 年版。

[6]《提升现金流管理》，西安交通大学出版社 2005 年版。

[7]《解析会计难题》，西安交通大学出版社 2005 年版。

[8]《新会计准则与涉税处理技巧》（上、下），广东经济出版社 2006 年版。

[9]《税务风险：防范化解与控制》，机械工业出版社 2007 年版。

[10]《如何掌控企业第一枚多米诺骨牌：现金流》，东方出版社 2007 年版。

[11]《纳税有道》，中国财政经济出版社 2007 年版。

[12]《契约视角的税收筹划研究》，中国财政经济出版社 2008 年版。

[13]《税务稽查零风险》，北京大学出版社 2008 年版。

[14]《增值税转型与纳税操作实务》，中国财政经济出版社

2009 年版。

[15] 《新会计准则下的纳税工具箱》，机械工业出版社 2010 年版。

[16]《税务会计点睛》，中国财政经济出版社 2010 年版。

[17]《税务稽查维权》，中国财政经济出版社 2010 年版。

[18]《纳税操作实务》，中国财政经济出版社 2010 年版。

[19]《税收筹划谋略》，中国财政经济出版社 2010 年版。

[20]《涉税理财决策》，中国财政经济出版社 2010 年版。

[21]《税务风险揭秘》，中国财政经济出版社 2010 年版。

[22]《揭秘税收筹划》，清华大学出版社 2011 年版。

[23]《中国税制》，清华大学出版社 2011 年版。

[24]《税收原理》，清华大学出版社 2011 年版。

[25]《税务代理》，对外经贸大学出版社。

[26]《税收与公司理财》，中国人民大学出版社 2011 年版。

[27]《土地增值税筹划实战》，清华大学出版社 2012 年版。

[28]《税务会计：理论、方法与案例（第二版）》，中国财政经济出版社 2012 年版。

[29] 《财税名家蔡博士精解税收筹划》，中国市场出版社 2012 年版。

[30]《蔡老师教你做出纳》，中国纺织出版社 2012 年版。

[31] 《蔡老师教你做优秀会计》，中国纺织出版社 2012 年版。

[32]《蔡老师教你轻松做账》，中国纺织出版社 2012 年版。

[33]《会计准则与税法比较：差异解读与实际应用》，清华大学出版社 2013 年版。

[34]《税务理财：理论、实务与案例》，中国财政经济出版社 2013 年版。

[35]《税收筹划：理论、实务与案例（第二版）》，中国财政经济出版社 2013 年版。

[36]《税收筹划实战》，机械工业出版社 2013 年版。

[37]《“营改增”契机与操作指南》，中国财政经济出版社 2013 年版。

[38]《标杆房地产企业财税管理模式与财务分析技巧》，中国市场出版社 2013 年版。

[39]《房地产企业税收筹划八个实战方案》，中国市场出版社 2013 年版。

[40]《中国财税研究：前沿、政策、案例 2011~2012》，立信会计出版社 2012 年版。

[41]《中国财税研究：前沿、政策、案例 2012~2013》，立信会计出版社 2013 年版。

[42]《中国财税研究：产权、土地、税收 2013~2014》，立信会计出版社 2014 年版。

[43]《房地产企业全程会计核算与税务处理》，中国市场出版社 2014 年版。

[44]《税收信用论：基于产权与税收契约视角》，清华大学出版社 2014 年版。

[45]《中国税务操作实务》，中国财政经济出版社 2014 年版。

[46]《税收筹划理论与实务》，中国财政经济出版社 2014 年版。

[47]《房地产全程会计核算与税务处理（第二版）》，中国市场出版社 2015 年版。

[48]《中国财税研究：税收筹划思想与案例》，立信会计出版社 2015 年版。

［49］《税收筹划论：前沿理论与实证研究》，清华大学出版社 2015 年版。

［50］《构建税收诚信》，中国财政经济出版社 2015 年版。

［51］《资本运营：涉税处理与案例解析》，中国法制出版社 2015 年版。

［52］《避税那些事儿》，江西人民出版社 2015 年版。

［53］《卓越税控：新常态下的税务管理实战》，电子工业出版社 2016 年版。

［54］《金融业“营改增”新政与税收筹划》，中国财政经济出版社 2016 年版。

［55］《建筑、房地产业“营改增”新政与税收筹划》，中国财政经济出版社 2016 年版。

［56］《税收筹划：理论、实务与案例》，中国人民大学出版社 2016 年版。

［57］《中国税史》，中国财政经济出版社 2016 年版。

［58］《税收筹划》，经济科学出版社 2016 年版。

［59］《税法》，中国人民大学出版社 2017 年版。

［60］《互联网税收生态：共生·博弈·演化》，中国财政经济出版社 2017 年版。